COLECCIÓN ÁFRICA

Celso Salles

Celso Salles, hijo de Manuel Ferreira Salles y Horaide de Sousa Salles, nacido el 28 de mayo de 1959 en la ciudad de Itirapina - SP - Brasil, casado con Mírian Amorim Salles en 1988, padre de Leandro Amorim Salles (1994) y Lucas Amorim Salles (2000), licenciado en Ciencias Económicas - Administración de Empresas, por ITE - Instituto de Educación Toledo de Bauru - SP - Brasil. Especializado en Plataformas Digitales y Gestión de Proyectos, perteneciente mayoritariamente al Área Social, radicado en Luanda - Angola - África, en 2021, donde escribió otro libro de la Colección África.

2021

En esta obra, que cierra la Colección África y da título al libro, los lectores podrán apreciar los distintos contenidos publicados en la Colección, del escritor afrobrasileño Celso Salles, residente en Angola en el año 2021. En lo que podemos llamar "los mejores momentos" de cada libro, el autor selecciona extractos que, a su manera de ver, pueden ayudar mucho en la formación de una nueva generación de seres humanos que tiene que reducir las diferencias, así como cuidar el desfavorecidos, sus grandes y nobles metas. La Colección África cubre un gran vacío en el mercado editorial, ya que, redactada en portugués, con versiones en inglés, francés, alemán y español, acerca a lectores de todo el mundo una gran cantidad de conocimientos del continente africano. La gran ambición del autor con la Colección África es DESPERTAR mentes y corazones para REPARAR todos los grandes errores cometidos por generaciones pasadas y que, POR OBLIGACIÓN, nos corresponde CAMBIAR. Al final de este gran Proyecto, el autor ya advierte que se avecina otra COLECCIÓN ATREVIDA Y SIN PRECEDENTES cien por ciento centrada en África.
BUENA LECTURA.

IMPORTANTE:
En la versión de portugués a español de este libro, se utilizó la tecnología Translate de Google. Cualquier sugerencia de mejora, así como cualquier duda, envíenos a educasat@hotmail.com

DEDICACIÓN

Nacida en una familia pobre en Belo Horizonte, Maria da Conceição Evaristo de Brito emigró a Río de Janeiro a una edad temprana y se graduó en Artes en la Universidad Federal de Río de Janeiro (UFRJ). Se convirtió en maestra, rompiendo con la tradición de las mujeres de su familia, que se desempeñaban como sirvientas en las casas de familias más adineradas, algunas de ellas del mundo literario, como la de Otto Lara Resende.

Pero su estímulo a la literatura no vino de ahí. En debates y entrevistas, que hoy llenan la agenda de la escritora, Conceição informa que las relaciones entre su familia y los dueños de la casa eran de absoluta subordinación. Mucho trabajo y poco dinero fueron la nota clave de la socialización.

Su trayectoria, según la propia escritora, se construyó a partir del deseo y la insatisfacción con la desigualdad social. Su familia era numerosa, es la segunda de diez hermanos, y compaginaba sus estudios con lavar y repartir ropa. Es la primera de su familia en recibir un título universitario; hoy, Conceição tiene un doctorado en Literatura Comparada de la Universidade Federal Fluminense.

Escrevivência (Relatos escritos de sus experiencias de vida).

Tu escritura cuenta gran parte de tu historia. Conceição acuñó un término para su literatura, comprometida con la condición de una mujer negra en una sociedad marcada por los prejuicios: escribir.

El término apunta a una doble dimensión: es la vida que se escribe en la experiencia de cada uno, así como cada uno escribe el mundo al que se enfrenta. En este sentido, leer las novelas, ensayos y poemas de Conceição Evaristo es visitar la vida real de una mujer que luchó por conquistar lo que, debido al prejuicio, costó mucho.

Por tanto, la literatura significó para Conceição Evaristo una liberación. Una posibilidad de registrar las injusticias, dolores y silencios que de otro modo quedarían ocultos, como le ocurre a las personas que no son escuchadas.

Leer su obra es leer la historia de las mujeres que viven en un segundo plano, separadas de la esfera pública. Estos personajes, que se mezclan entre lo real y la ficción, aparecen en su obra de forma recurrente.

Entre sus obras más importantes se encuentran las novelas Ponciá Vicencio y Becos da Memória y el libro de poesía Poemas da Recordação e Outros Movimentos. Además, la escritora ha publicado tres colecciones de relatos breves: Lágrimas de mujer insumidas, Olhos d`água e Historias de leves errores y similitudes.

La escritura de Conceição Evaristo es una invitación a la

Conceição Evaristo
OLHOS D'ÁGUA

Maria da Conceição Evaristo

reflexión social y, por supuesto, a la lectura. Conozca mejor al escritor y sumérjase en la obra de uno de los principales artistas brasileños de principios de este siglo.

Fuente: Scielo, O Globo e Itaú Cultural.

ENAFRO EN VIVO: VIVIR AFRICÁN - DE LA ORALIDAD A LA ESCRITURA - 10 AÑOS EN ÁFRICA - ¡CONOZCA CELSO SALLES! - REALIZADO EL 09.2021

PONENTE: Gilson Ferraz Junior - Emprendedor, profesor y Consultor de Franquicias, especializado en formateo y principalmente en la estructuración de organizaciones franquiciadoras, más de 27 años de servicios dirigidos al segmento de franquicias. Vende, interactúa con inversores y emprendedores interesados en adquirir conocimientos y orientación. Ponente con adherencia al segmento de franquicias, realizando formación individual y colectiva. Su formación incluye el curso de administración en UFS, ampliando mis conocimientos en dirección de marketing en la UNG, y un MBA en dirección de empresas en ESAMC, CEO de CASA DA FRANQUIA. sitio web: www.casadafranquia.com - Instagram #casadafranquia -

GRACIAS ESPECIALES

Recuerdo, como si fuera hoy, a mi padre Manoel Ferreira Salles, hijo de Domingos y Luisa Ferreira Salles. Vivieron en Vinhedo cuando yo todavía tenía 8 años. Mis abuelos, descendientes de brasileños africanos, todavía tenían mucha cultura africana, heredada de la época de la esclavitud.

Mis abuelos hablaron mucho con mi padre Manoel Ferreira Salles y Luis Ferreira Salles, el hermano menor de mi padre, sobre una gran cantidad de tierra que heredaron de los amos para quienes los padres de mis abuelos aún trabajaban bajo la esclavitud.

Muchas de estas tierras estaban ubicadas en el área que ocupa actualmente la ciudad de Jundiaí, en el interior del estado de São Paulo y cerca de Campinas.

Resulta que la propiedad de la tierra era verbal, de hecho, como todavía lo es en gran parte del territorio africano, donde las SOBAS de cada región legitiman su respectiva propiedad de la tierra.

Luego, los hijos de los señores registraron todas las tierras a su nombre y la familia Ferreira Salles se quedó sin nada.

Mi padre y mi tío iban de registro en registro buscando cualquier documento que pudiera legitimar la posesión de las tierras de sus abuelos y bisabuelos.

Después de búsquedas incansables, vieron que no serviría de nada y se rindieron.

En una noche, en nuestra familia sentada, donde siempre había sambas y conversaciones regadas con vino, como mi abuelo era productor de vino, tenía un viñedo en su finca donde producía el vino de la familia y lo vendía a vecinos y bodegas de Vinhedo. , Valinhos, Louveira, hice uso de la palabra cuando tenía 15 años en ese momento, pronuncié un discurso que terminó silenciando a todos los presentes.

Me tomo la libertad de utilizar extractos de este discurso para expresar mi más sincero agradecimiento al CONTINENTE AFRICANO. AL PUEBLO AFRICANO.

Les dijo a los presentes en esa sesión familiar:

Voy a pedir un poco de silencio para que todos los presentes aquí puedan escuchar mis palabras. Quiero dirigirlos a mi padre Manoel y a mi tío Luis. He estado siguiendo sus esfuerzos para recuperar las tierras de la Familia Ferreira Salles. Una verdadera pelea, que lamentablemente no resultó en un solo centímetro de terreno a favor de la Familia Salles.

Quisiera decirles a los dos guerreros que los hijos de señores sí se llevaron la tierra que pertenecía a nuestra familia, pero qué tenemos que tener en cuenta, que lo principal, exactamente lo principal que no lograron robar. nosotros y, en cuanto dependa de mí, de mis hijos y nietos, nunca podrá sacarnos, que es la SANGRE AFRICANA. Esta sangre que corre por nuestras venas es sin duda NUESTRO GRAN LEGADO. NUESTRO HEREDITARIO.

De izquierda a derecha: Luis Ferreira Salles, Manoel Ferreira Salles, Horaide Sousa Salles y Maria Brandina. Foto tomada en 1940 en la Plaza Central de la ciudad de Itirapina - SP - Brasil

PREFACIO

Los principales registros, investigaciones y estudios sobre las historias de la humanidad, su origen y trayectoria, tejen sus raíces en un territorio espectacular: el continente africano.

A partir de estas fuertes raíces, las naciones se ramifican en todos los continentes de este simple planeta, al que llamamos Tierra.

Los frutos de esta diáspora humana dan como resultado aproximadamente 195 países según la ONU (Naciones Unidas). Registro el término que se le da aproximadamente a la volatilidad histórica en la formación de nuestras naciones, aún en una fase que se remonta a los diseños geopolíticos.

De asombrosa representación, alrededor del 28% de estos países están vinculados a las banderas del continente africano, alrededor de 55 países, según la AU (Unión Africana).

Con una lectura aguda del mundo, atravesada por una propuesta que respeta la mirada académica y el lugar del discurso, en cuanto a los conceptos de Djamila Ribeiro, de la diáspora vivida por el autor, acentuada en su brasileraidad, Celso Salles aborda la influencia integral que estos países, ubicados en África, representan al mundo y, en particular, a la formación de la nación llamada Brasil.

Los países de África, en un proceso acelerado de crecimiento económico, expansión de infraestructura urbana y macroestructuras nacionales, organización de arreglos turísticos, arrojan indicadores de aumento de su PIB (Producto Interno Bruto), algunos de los cuales se posicionan entre los 10 primeros países de relación con el crecimiento económico mundial.

Con un estilo narrativo refinado, el autor de la COLECCIÓN ÁFRICA habla de propuestas como filosofía de vida, como la parábola de la siembra de dátiles, en otros aspectos, la importancia de ampliar los intercambios académicos, culturales, emprendedores y empresariales entre nuestros países. , configura al involucrar tu autobiografía como una experiencia imbricada en la vida cotidiana de cada lector.

Finalmente, en esta hermosa e inspiradora colección de textos, África y Brasil se entrelazan proporcionando una lectura obligada, entendiendo la significativa relevancia que esta configuración representa para el mundo actual y su futuro cercano.

Profe. Dr. Odair Marques da Silva

Odair Marques da Silva desarrolla un perfil diverso en su carrera profesional. Actúa como profesor con licenciatura en Ciencias, suma el área de análisis de sistemas con especialización en tecnologías de la información en la PUCCAMP, complementado con una maestría en administración en FEM / UNICAMP y un doctorado en UTAD (Portugal) con concentración solapada. entre cultura digital y metodologías educativas. En otro aspecto, también se involucra con la docencia en el área de Pedagogía Social y la publicación de varios artículos y libros, en coorganización, sobre este tema. Publica el libro Atlas geocultural de África y el proyecto de difusión de los países de África a través del sitio web www.africaatual.com.br.

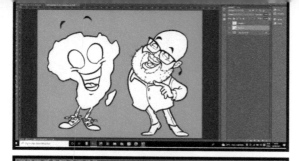

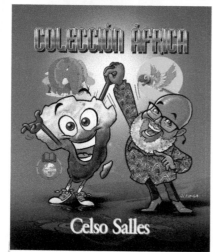

José Policena, más conocido por el apellido PoLICENA, es brasileño y ha trabajado durante más de 30 años en el campo gráfico y artístico. Trabajó para varios periódicos, estaciones de televisión. Tiene varios trabajos desarrollados para varias empresas en todo Brasil e incluso a nivel internacional, tales como: Filipinas, Estados Unidos, Francia, Rumanía, Japón y Angola.

Con un rasgo característico por la suavidad, elegancia y vida que le da a las caricaturas y personajes que crea, apuesta por lo propuesto y consigue trasmitir en la línea todo lo que solicita el cliente.

Especialista en diseño, desarrolló arte para cervecerías internacionales, caricaturas para autoridades locales y varios estados brasileños, participó en programas de televisión nacional, haciendo caricaturas.

Conozca más sobre su trabajo en: www.policena.com.br,

whatsapp: +55 14 99751-7513, o,

+55 14 99127-9519, correo electrónico: policena.design@gmail.com.

PRESENTACIÓN

Son 12 libros en total, ver índice en las páginas 12 y 13. En este 12º libro, hacemos un recorrido por los diversos contenidos y al final del Resumen de cada libro, proporcionamos el código QR para poder comprar y tener el contenido completo de cada libro.

Los libros de la Colección ÁFRICA del autor Celso Salles son comercializados por AMAZON.COM y otras librerías de todo el mundo.

educasatworld.com

INTRODUCCIÓN

Qué decir en este libro 12, COLECCIÓN ÁFRICA, que no se haya dicho ya en los otros libros de la Colección. De hecho, siempre hay algo que decir cuando se trata de África. En la dedicación que hice de este libro al pueblo africano, lo hice desde el fondo de mi alma, porque los que nacimos y crecimos fuera del continente africano necesitamos del ALMA AFRICANA para recomponernos como seres humanos. Lamentablemente, la prensa en general se preocupa por dar a conocer lo que África no tiene y se olvida de centrarse en lo que África tiene.

Traté de poner 21 años de trabajo a distancia y cara a cara en estos libros.

Como verá en el resumen de mi autobiografía en las páginas siguientes, de hecho puse un pie en territorio africano en septiembre de 2011. Cuando escribo este libro, completo exactamente 10 años en el continente africano. Al principio con idas y venidas y, gracias a Dios, ahora residiendo y bebiendo de la fuente africana innumerables conocimientos.

Nada más llegar aquí, nos sentimos tentados a ver las cualidades de África como si fueran defectos, precisamente porque asumimos que nuestra forma de vida en Occidente es la correcta. Nuestros valores son los mejores.

Sin embargo, cada vez que la tierra gira sobre su propio eje, aprendemos a admirar al pueblo africano, su fuerza, su alegría, su sabiduría y especialmente su NÚCLEO FAMILIAR.

En noviembre de 2013, estamos en la Misión Rakolo con 3 misioneros, Ashwin, Benedict y el hermano Thomas. La Parroquia tiene 34 comunidades, con un puesto de salud, una escuela hasta 4º grado y Hermanas que atienden esta misma escuela. Actualmente, estamos invirtiendo mucho en juegos de entrenamiento con la organización de diversas actividades espirituales para que se conviertan en comunicadores y entrenadores. Hemos visitado las comunidades aunque todavía hay mucha dificultad en cuanto al acceso, especialmente en época de lluvias. El propósito de las visitas, además del trabajo espiritual, es concienciar a la sociedad de su realidad para que ellos mismos puedan introducir un cambio. Hay una mente muy creativa entre los jóvenes porque ellos mismos construyen sus instrumentos musicales y su propia música en su idioma que cuenta historias de la Biblia.

ÍNDICE

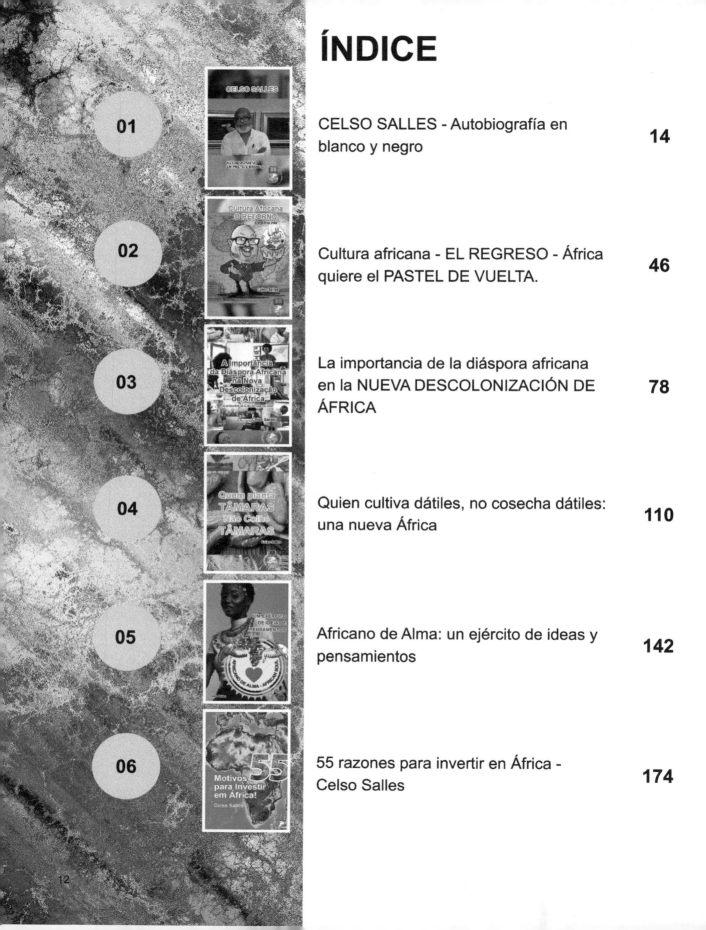

ÍNDICE

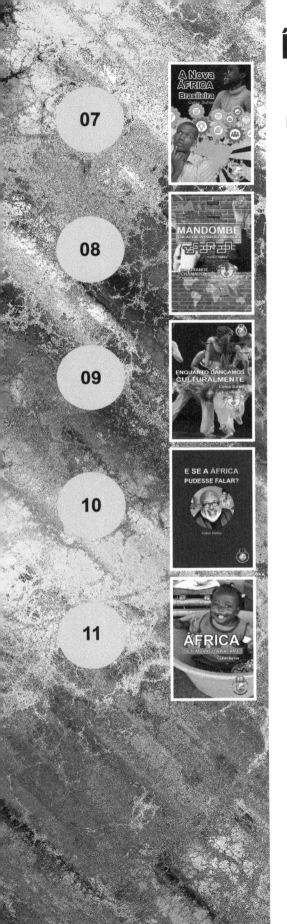

CELSO SALLES

AUTOBIOGRAFIA
EM PRETO E BRANCO

educasat

Editora

CELSO SALLES - AUTOBIOGRAFÍA EN BLANCO Y NEGRO

Hasta diciembre de 1958, mi madre, Horaide de Sousa Salles, estuvo 5 veces en el médico que estaba en Boa Esperança do Sul, en el interior del Estado de São Paulo - Brasil, cerca de Itirapina, la ciudad donde nací.

Hubo 5 intentos de aborto que podrían haber tenido éxito, dentro de las 14 semanas posteriores al primer día del último período de mi madre (Curetagem). En todos los intentos que se hicieron, la salud de mi madre empeoró y no permití que se realizara un aborto legal para salvar la vida de mi madre, quien, según el médico, cuyo nombre nunca supo, no resistiría el aborto, si fue hecho en las fechas que mi mamá fue a hacerlos.

Pasados los posibles meses de tener un aborto para salvar la vida de mi madre, en una situación de embarazo de riesgo, el único remedio era literalmente la ORACIÓN. De inmediato se activaron las oraciones de la ciudad de Itirapina y comenzaron las distintas novenas para que ella pudiera venir al mundo, sin que mi madre Horaide de Souza Salles muriera. Si yo naciera mujer, me llamaría María Aparecida Ferreira Salles, nombre que se le daría en agradecimiento a Nuestra Señora Aparecida, patrona de Brasil y madre de Dios. Y el 28 de mayo de 1959, un jueves, Celso Aparecido Ferreira Salles, yo, conocido como Celso salles, durante la Procesión del Corpus Christi (Cuerpo de Dios), celebrada por la fe católica, donde nací y crecí, mi padre, Manoel. Ferreira Salles, hubo que llamarla, porque con la fuerza de meses de oraciones, llegué al mundo a las 9 de la mañana, como me decía con tanta orgullo mi madre. En esa época (1959) eran comunes los partos de parteras. Y todavía nací de la mano de una partera.

Exactamente una semana después, el médico murió. Los dolientes de Itirapina decían ... "Mire, hijo, ha muerto el médico que quería matarlo". Confieso que el fantasma de estos 4 meses que angustió a mi padre y a mi madre, durante muchos años terminó persiguiéndolos a ambos porque se sentían culpables por haber ido a abortarme.

CADA NUEVO DÍA DE VIDA, MUCHAS GRACIAS A DIOS.

Este final feliz que tanto yo como mi familia acabamos teniendo, ha sido muy importante a lo largo de mi vida. Despertar todos los días y poder celebrar la vida es inexplicable. El regalo de la vida. La gracia de poder estar vivo y contemplar toda esta belleza creada por Dios por amor a la humanidad es algo inexplicablemente grande. Todos los días, cuando me despierto, levanto las manos en el aire y alabo a Dios.

Dentro de este clima, siempre me ha pasado por la mente y el corazón que NO VINO AL MUNDO PARA UN PASEO. Se me había confiado algo grande y muy importante y, con el tiempo, sabría cuál sería, de hecho, la misión que Dios me había encomendado.

Mi padre Manoel Ferreira Salles era gerente de estación en la Companhia Paulista de Estrada de Ferro, conocida en ese momento como FEPASA. Necesariamente siempre vivió en las ciudades donde trabajaba. Por eso nací en Itirapina, donde trabajaba mi padre en ese momento. A pesar de ser muy joven, todavía tengo muchos recuerdos. Vivíamos en una casa de la colonia de empleados. Itirapina siempre ha sido una zona turística, con su famosa presa BROA y otros encantos naturales. Itirapina o Ityrapina en lengua indígena significa "Morro Pelado", una montaña que no se puede pasar por alto al llegar a la ciudad.

Memórias   Papa João Paulo II no Brasil

Papa João Paulo II

Celso Salles

18

Na primeira visita, em 4 de julho de 1980, João Paulo II rezou uma missa campal que reuniu cerca de 400 mil pessoas no pátio da Basílica Nacional de Aparecida do Norte.

1965 - LLEGADA Y VIDA A BAURU - SP

Nuevamente, siguiendo la trayectoria de mi padre, que fue trasladado a trabajar en la Estación de Ferrocarril de Bauru y luego a la unidad Triagem, estación donde solo paraban trenes cargueros, terminé en Bauru, ciudad que se encuentra básicamente en el centro del Estado de São Paulo, a 335 km de la capital. Llegué a Bauru, junto a mis padres y hermanos: Ivany Ferreira Salles y Manoel Roberto Ferreira Salles. Fue en Bauru donde comencé mi ingreso a la Escola João Maringoni, en la Rua Marcílio Dias, muy cerca de donde vivía, en la Rua Bela Vista, 8-74, a partir de los 6 años. Hoy la residencia donde vivía se convirtió en el estacionamiento de una carnicería.

Después de la Escola João Maringoni fui a estudiar al Colégio Moraes Pacheco de Bauru, donde, en el octavo grado, terminé ganando un concurso para elegir el Hino do Colégio.

En Moraes Pacheco estudié el gimnasio completo. Hasta octavo grado.

Luego comencé a trabajar en una Oficina de Contabilidad, luego trabajé en Gráfica São João, donde con los recursos que obtuve fui a estudiar al C.T.I - Colégio Técnico Industrial de Bauru, graduándome como técnico en electrónica, profesión que nunca practiqué.

Aún en Bauru, trabajé en TILIBRA, Indústria Gráfica y poco después como Secretario Ejecutivo en CIESP - Centro da Indústria do Estado de São Paulo, oficina regional en Bauru.

Posteriormente, trabajé en Duratex Florestal - Lençóis Paulista - Companhia Cervejaria Brahma - Agudos y en PENTAGRAMA de Ribeirão Preto, agencia de publicidad, donde atendí CARREFOUR, McDONALD, Bolachas MABEL entre otros.

Trabajando en PENTAGRAMA me inicié en el mundo de PROPAGANDA como Copywriter y luego como Director de Arte.

Me licencié en Ciencias de la Administración en ITE - Toledo Institución Educativa de Bauru y luego estudié hasta el último año en la Facultad de Economía de la misma institución, sin terminar mis estudios en Economía por viajes y trabajo fuera de Bauru.

90'S, DESDE SAO PAULO HASTA SUDAMÉRICA Y EUROPA.

Tenía un gran desafío que superar, que era trabajar en la ciudad de São Paulo - Capital - Brasil. Sabía que ganar este desafío marcaría una gran diferencia en mi continuidad profesional. La Revista que creé para el Grupo PPA - Portal Porões Automáticos terminó por proporcionarme ingresos que durante mucho tiempo me permitieron abrir una oficina cerca del centro comercial Morumbi, en la zona de Marginal Pinheiros.

Fueron años de altibajos, ya que la vida en São Paulo, sin el respaldo económico de la familia o incluso de los inversores, nunca es fácil. En 1994 nació mi primer hijo, Leandro Amorim Salles, exactamente el 12 de abril. En 1998 realicé mi primer viaje a Europa, Italia (Brisighella, Bolonia), el sur de Francia y el Principado de Mónaco.

PRIMERA DÉCADA DEL SIGLO XXI.
EL COMIENZO DEL PENSAMIENTO DE ÁFRICA.

En 2000 realicé un segundo viaje a Bolonia - Italia, que incluye un viaje a Hannover e Isernhagen en Alemania, cuando visité una Fábrica Especializada en la fabricación de cancelas y automatismos. Tan pronto como regresé de Alemania, mi segundo hijo, Lucas Amorim Salles, nació el 26 de julio. El descubrimiento de mi misión principal tuvo lugar en el año 2000, cuando creé el Festival AFRICAN VIRTUAL. En ese momento, ya trabajando con la tecnología de Internet, con muy pocos recursos existentes, sin los principales actores de la actualidad, sentí la fuerte llamada a actuar a favor del continente africano. Logré obtener varios testimonios de personalidades brasileñas que se ocuparon de África. Algunas personas, incluidas las que ya habían estado en el continente y con buenos conocimientos. En posesión de los audios y fotos, hizo videos y los publicó en tecnología Flash, hoy prácticamente abolida en la mayoría de las plataformas de internet, ya que tardaba demasiado en subir.

2004, PRIMER CONTACTO REMOTO CON ANGOLA.
PLAN DE DESARROLLO DE BIÉ.

Un Plan que nació en 2004, dos años después del final de la Guerra de Angola, conectando a 8 angoleños, todos de Kuito, Bié y Celso Salles en Brasil. En ese momento no existían las tecnologías que existen hoy. Las dificultades en Kuito, prácticamente devastado por la guerra, fueron numerosas. Internet solo estaba disponible en la oficina de la ONU, donde João Selésio hizo la conexión conmigo y se plantó la semilla del Plan Bié Desenvolvimento. Mucho de lo que sucede hoy fue soñado en 2004 y el tiempo se ha materializado en varios nombres: Angola Conectada - Livros em Luanda - Los Meninos Pintores de Angola - Contenedor Solidario - Mente Sã Angola y muchos otros que siguen llegando.

2006, EL COMIENZO DEL VIAJE A AUSTRIA.

A continuación, hablaré de los viajes que comencé en 2006 a Austria y países europeos vecinos, debido a la importancia en la preparación que estaba teniendo para mi futuro viaje al Continente Africano, que solo tuvo lugar en 2011.

BRASIL 2 X AUSTRALIA 0
(UN POCO DE ALEMANIA)

Austria (en alemán: Republik Österreich), es un país de unos 8,9 millones de habitantes, ubicado en Europa Central. Limita con Alemania y Chequia (Chequia) al norte, Eslovaquia y Hungría al este, Eslovenia e Italia al sur, y Suiza y Liechtenstein al oeste. El territorio de Austria cubre 83 872 kilómetros cuadrados y está influenciado por un clima templado y alpino. El terreno de Austria es muy montañoso debido a la presencia de los Alpes; solo el 32% del país tiene menos de 500 metros de altitud y su punto más alto alcanza los 3.797 metros. La mayoría de la población habla alemán, que también es el idioma oficial del país. Otros idiomas regionales reconocidos son el croata, el húngaro y el esloveno.

Como son 3 h 16 min (224 km) por la B108 y A8, lejos de Munich en Alemania, aprovechando la amistad que hice con el austriaco Josef, casado con el brasileño Conceição, fuimos a Munich el 18 de junio de 2006. .

No salimos al campo a ver el partido, pero tuvimos la oportunidad de saborear todo el ambiente de un partido de la Copa del Mundo en el que participa la selección brasileña que venció 2-0 a la selección australiana, con goles de Adriano y Fred. Además de haber vivido todo el ambiente de la victoria brasileña en suelo alemán, pude hacer un turismo de altísima calidad, pues como Josef era un profundo conocedor de las carreteras que conectaban las dos ciudades, hizo un camino paradisíaco, donde Pude ver toda la región de cerca, tecnología alemana orientada a la agricultura, la ganadería y un profundo respeto por la naturaleza. Vi que no escatiman en tecnología. Lo usan en todo lo que hacen. No recuerdo haber pasado por ningún camino de tierra, todo asfaltado, como en la forma alemana de hacer las cosas, como ya lo había visto en mi viaje a Hannover en 2000.

PRINCIPALES PROYECTOS EN VIENA
CAPITAL DE AUSTRIA

En realidad, no era mi sueño viajar a Austria, Suiza o Alemania en ese momento. Mi sueño era ir a África. Sin embargo, una serie de eventos y oportunidades me llevaron a VIENA - La capital mundial de la cultura, donde pude trabajar en conjunto con ABRASA - Asociación Brasileña de Danza, Cultura y Arte, donde llevamos a cabo numerosos proyectos, destacando:

CARNAVIEN

La idea era llevar a Viena algo con el formato del Carnaval de Bahía-Brasil. Austria invierte en cultura, una cantidad que muchos países no invierten en salud, para tener una idea de la importancia de la salud para ellos.

CARNAVIEN 2009

Aunque no logramos que la película llegara a tiempo, y en su lugar proyectamos otra película, Carnaviena 2009 tuvo como estreno principal la expectativa del estreno de la película O JARDIM DAS FOLHAS SAGRADAS.

A pesar de haber realizado más de 40 películas en sus casi 30 años de carrera, es la primera vez que el cineasta bahiano Pola Ribeiro firma un largometraje de ficción y se proyecta en salas de cine del circuito nacional. El fin de semana inaugural de O Jardim das Folhas Sagradas, deshace la experiencia y confiesa que todo es nuevo.

"Es el proyecto más grande de mi vida, mi primer enfrentamiento en las salas de cine. Cuando es [producción] en televisión, es increíble, pero no sabes quiénes son las personas [que consumen] y también lo ven porque no tienen otra opción. En el cine hay competencia de otras películas, se reconoce más al público ", dice.

La preservación del medio ambiente, la intolerancia religiosa y los prejuicios racionales son los lemas de 'O Jardim das Folhas Sagradas'. En el centro de la discusión, la espiritualidad del Candomblé se urbaniza en el Salvador contemporáneo en un esfuerzo por desmitificar la religiosidad de su contenido primitivo o esclavista. "El gran vínculo [de la película] es el tema del candomblé, del prejuicio que sufre como religión, porque se trata como folclore. Sigo diciendo que la película no es sagrada, tiene besos, sexo, como cualquier otra ficción. Pero me conmueve la delicadeza del Candomblé. Los dioses están muy incorporados en las personas, es casi una cosa griega, increíble ", comenta sobre los 13 años de investigación y las más de 100 horas registradas durante la producción de la película.

El protagonista de la historia es Bonfim, un exitoso banquero negro, bisexual, casado con una mujer blanca que se convierte en evangélica. Bonfim es designado para montar un Candomblé terreiro en medio del Salvador contemporáneo y se enfrenta a las limitaciones propias de las grandes ciudades, como la especulación inmobiliaria. Para apreciar la ficción, incluso tuvo que hacer funcionar el metro de Salvador utilizando gráficos por computadora, un proyecto que en realidad ha estado en construcción durante once años.

Tatiana Maria Dourado de G1 BA

CARNAVIENA 2010

Destacar por la participación del Grupo BANKOMA, proveniente de Bahía y una importante delegación brasileña.

CUMPLEAÑOS DE BRASIL EN VIENA

Una fecha largamente esperada por brasileños, austriacos y otros pueblos que terminan interactuando con la alegría brasileña. Feijoada, samba y mucha fiesta.

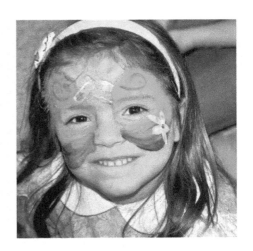

33

EXPOSICIÓN DE PINTORES DE ANGOLA EN VIENA AUSTRIA

En 2010, además de CARNAVIENA y el evento CELEBRANDO EL ANIVERSARIO DE BRASIL, me gustaría destacar la exposición de los Niños Pintores de Angola. Fue un hecho verdaderamente histórico. Cinco adolescentes angoleños, procedentes de África para exponer sus obras pictóricas en la tierra de Mozart, Strauss y Freud.

Las dificultades fueron de todo tipo. Comienza que los chicos eran del CACAJ Luanda, un proyecto social que tiene como objetivo sacar a los niños de las calles y acogerlos en un régimen semiabierto. Muchos de los niños no conocían a sus padres y la mayoría no conocía el día de su nacimiento e incluso su nombre real. Ahora imagina tener que cuidar la documentación de estos niños que iban acompañados de sor Rosa, empezando por cédulas de identidad, incluso pasaportes con visas. Recuerdo muy bien la carrera de la brasileña Eliane Araújo, residente en Luanda, y del hermano João Facatino. Por no hablar de las horas dedicadas a captar patrocinios para los billetes de avión. Mientras tanto, en Viena, buscábamos recursos para alojamiento, ropa de abrigo y comidas. Otro gran milagro. Contamos con el apoyo de la Embajada de Angola en Viena, BAI Bank y muchos otros patrocinadores en Angola y una agencia inmobiliaria en Suiza.

Eliane Araújo

En Viena, todavía logramos darle una cámara a cada pintor, para que pudieran grabar sus propias fotos.

UNIVERSIDAD DE ZURICH - SUIZA

En noviembre de 2009 estuve por primera vez en la hermosa ciudad de Zurich, Suiza, donde, con el apoyo de Anette Ourcheller, una mujer suiza que habla varios idiomas además de portugués, pude visitar la Universidad de Zurich. y ver de cerca sus instalaciones y funcionamiento. En todos los lugares a los que voy prefiero visitar Museos, Colegios y Universidades. Regresé dos veces más a suelo suizo, de nuevo a Zúrich y a Ginebra, acompañado de la Delegación de Inventores e Innovadores de Angola.

También tuve la oportunidad de conocer los Alpes suizos.

2011 - FINALMENTE EN EL CAMINO AL TERRITORIO AFRICANO

Agosto - Brasil
Septiembre - Angola
Octubre - Zimbabwe

El escenario de este encuentro, una vez más programado por Dios, fue el hotel IBIS, ubicado en la Avenida 9 de Julho - São Paulo - Brasil. Com está muy cerca del Consulado de Angola en São Paulo y yo había ido a buscar mi pasaporte con la visa para Angola, terminé reuniéndome de inmediato, Silva Lopes Etiambulo Agostinho, presidente de ANDA - Asociación Nacional de Discapacitados de Angola y Sugar Chagonda - Jefe de Relaciones Públicas - Eventos y Protocolo - Autoridad de Turismo de Zimbabwe.

EN LA SEGUNDA DÉCADA DEL SIGLO XXI
FINALMENTE EN SUELO AFRICANO

Luanda, Angola, fue donde pisé por primera vez suelo africano. Lo que me permitió, finalmente, adentrarme en suelo africano, fue el trabajo que realicé en Viena - Austria, llevando a los 5 Niños Pintores de Angola del CACAJ Luanda y la hermana Rosa, como pude mostrar. Con eso logré que el CACAJ Luanda, bajo la coordinación del hermano João Facatino, me enviara la carta llamada. Compré boletos aéreos con mis propios recursos, a precios especiales, ofrecidos por TAAG, para una estadía de 20 días en suelo angoleño. Traje lo que llamé ANGOLA CONECTADA, que permitió a los chicos de CACAJ Luanda adentrarse en el mundo de la tecnología.

EN LA FERIA INTERNACIONAL
TURISMO DE ZIMBABWE
Sanganai / Hlanganani - Octubre de 2011

Con todo pagado por el Ministerio de Turismo de Zimbabwe, participé en la Feria Sanganai / Hlanganani en 2011, en compañía de la periodista brasileña Karis Koser y del periodista y africanista brasileño, ya fallecido, Antônio Lúcio.

AGOSTO 2012

ANTÔNIO GERALDO Y ANA FERNANDO EN BRASIL

NOVIEMBRE 2012

MALANGE, MI PRIMERA PROVINCIA EN ANGOLA

NOVIEMBRE 2012

PROVONCIA DE BENGO EN KABALA

ABRIL 2013
REGRESO A ANGOLA, VOLVER AL DESVÍO

MAYO 2016
CONGO BRAZZAVILLE

FOTO BRAZZA VILLE 25/5/2016

FOTO BRAZZA VILLE 25/5/2016

Octubre de 2016
IFIA - NUREMBERG - ALEMANIA

MARZO 2017
IFIA - GINEBRA - SUIZA

REFINAMIENTO

En este resumen del libro 1, Celso Salles - Autobiografía en blanco y negro, pongo algunos de los principales momentos vividos en mi trayectoria. Cuando en Europa decía que mi destino era África, casi siempre me reprendía la mayoría de los que me hablaban. Y dije, aquí en Europa estoy en la sala de espera de la muerte. No tengo mucho que hacer, crear o incluso contribuir a la evolución de la humanidad en su conjunto. La llamada de África en mi corazón siempre estuvo muy latente.

En estas páginas que acabas de leer logras tener una mínima noción de quién es el escritor Celso Salles, cómo nació, adónde fue y sus antepasados.

El mundo capitalista nos mueve a acumular riquezas. Cuanto más tengamos, más éxito tendremos, incluso si tenemos a nuestro alrededor un mar de hambre y abandono.

En los resúmenes de los próximos libros de la Colección, verá numerosos textos destinados exactamente a CAMBIAR ESTE PENSAMIENTO.

Tenemos que pensar que, cuanto más ricos seamos y seremos, más ricos somos todos.

¿Por qué solo mi familia y yo tenemos derecho a una gran calidad de vida? ¿Por qué como los ojos blancos, verdes o azules tienen todo el derecho a la felicidad sobre la felicidad de los demás?

Por mucho que intentemos encontrar razones lógicas para esto, vemos que estamos en muy mal estado. Nuestra generación ha heredado pensamientos y acciones que necesitamos cambiar urgentemente.

Aquí en África es muy común ver el SHARE, la oferta. A los que estamos contaminados por el marcado egoísmo que vivimos en Occidente nos cuesta mucho compartir. Si hacemos un análisis exhaustivo vemos que los verdaderamente pobres somos nosotros.

Toda biografía tiene un gran potencial porque siempre está a punto de escribirse. La velocidad con la que cada uno de nosotros puede autoevaluarse y cambiar marca una gran diferencia.

Las tecnologías de la comunicación son muy rápidas, pero la mayoría de las personas tienen dificultades para interactuar con los cambios. Absorber conceptos nuevos e importantes es difícil para muchos.

Quienes logran absorberlo con celeridad y constancia terminan dictando nuevos paradigmas para sí mismos y para los demás.

Los libros de la Colección África están disponibles en AMAZON.COM y se pueden adquirir en 3 acabados diferentes: Tapa blanda, Tapa dura, Portada y Sobre tapa.

Se entregan impresos a su dirección.

Cultura Africana
O RETORNO

O BOLO de volta

Celso Salles

CULTURA AFRICANA EL RETORNO.
EL PASTEL DE VUELTA.

educasat

Editora

CONFERENCIA DE BERLIN

Al momento de escribir el resumen de este libro, informo que ha sido el más vendido en la Colección África. Es sorprendente cuánto se desconoce y se ha ocultado esta historia.

La Conferencia de Berlín, centrada en el canciller Bismarck (figura iluminada, con cabello blanco). Ilustración de la revista alemana "Illustrierte Zeitung", noviembre de 1884.

Entre el 15 de noviembre de 1884 y el 26 de febrero de 1885, representantes de trece países europeos y Estados Unidos se reunieron en Berlín para organizar, en forma de reglas, la ocupación de África y la explotación de sus recursos naturales. La Conferencia de Berlín, también llamada Conferencia del Congo ya que la disputa por esa región motivó la reunión, selló el destino del continente africano, poniendo fin a la autonomía y soberanía de las naciones africanas. Al mismo tiempo, África se convirtió en el nuevo escenario del enfrentamiento y las viejas rivalidades europeas, el tablero de ajedrez sobre el que se decidiría el frágil equilibrio de las potencias europeas.

La disputa por el Congo Diez años antes de la conferencia, Leopoldo II, rey de

Bélgica entre 1865 y 1909, organizó por cuenta propia estudios exploratorios sobre la inmensa cuenca del Congo (o Zaire), en el centro de África Ecuatorial. En 1878, le confió al explorador Henry Morton Stanley la misión secreta de organizar lo que se conocería, en agosto de 1885, como el Estado Libre del Congo. Francia descubrió los planes del rey belga y, también interesada en el Congo, se apresuró a izar la bandera francesa sobre la recién fundada Brazzaville, en lo que hoy es la República del Congo (1881). Poco después, tomó el control de Guinea y Túnez. Portugal, temiendo por sus colonias -la desembocadura del río Congo estaba en la frontera con Angola- intentó fortalecer su imperio colonial en África, reivindicando sus derechos sobre Angola y Mozambique. Incluso propuso vincular las dos colonias controlando todo el territorio entre ellas, al que denominó el "mapa rosa" bajo la justificación de facilitar el comercio y el transporte de mercancías.

En febrero de 1884, el gobierno de Londres firmó un tratado con Lisboa reconociendo la soberanía de Portugal sobre la desembocadura del Congo, una medida para contrarrestar una posible expansión del dominio belga en la región. "Mapa rosa" como se llamó al territorio que pretendían los portugueses que unía Angola y Mozambique.

Inglaterra, a su vez, al darse cuenta de la extensión geopolítica del control portugués y la penetración de Francia a través de África Central hacia el Nilo, intervino en el Egipto otomano (1884) para asegurar su control en el país, una importante ruta de acceso a los dominios británicos en la India. Los alemanes, finalmente, estaban comenzando a interesarse por el África subsahariana. El 24 de febrero de 1884, el Reich puso bajo su protección los asentamientos alemanes en el suroeste de África.

En este contexto de carrera europea por las colonias africanas, el canciller alemán Bismarck convocó a representantes de 13 naciones de Europa y Estados Unidos para participar en la Conferencia de Berlín con el objetivo de elaborar una política conjunta en el continente africano.

La Conferencia de Berlín y sus resultados

La conferencia se inauguró el sábado 15 de noviembre de 1884 en la residencia del canciller Bismarck. Estuvieron presentes representantes de los países directamente involucrados en la disputa por el Congo:

1) Bélgica,

2) Francia,

3) Portugal,

4) Inglaterra,

5) Alemania,

6) Holanda,

7) España,

8) Austria-Hungría,

9) Suecia,

10) Dinamarca,

11) Italia,

12) Rusia,

13) Turquía otomana

14) Estados Unidos.

Sin rey ni representante de África
incluso fue invitado como observador.

Desde el principio, los participantes, empezando por Bismarck, se fijaron nobles objetivos, como la erradicación de la esclavitud y la trata de esclavos musulmanes. Se declaró la intención de "asociar a los nativos africanos con la civilización, abriendo el interior del continente al comercio, proporcionando a sus habitantes los medios de educación, fomentando misiones y emprendimientos destinados a difundir conocimientos útiles, preparando la supresión de la esclavitud" - en la práctica hermosa y generosos pretextos sobre los que los "nativos" no habían sido llamados a hablar y que camuflaban fuertes intereses económicos y comerciales de las potencias europeas.

La mayor parte de la atención se centró en la cuestión del Congo, pomposamente descrita por Bismarck como "el Danubio de África". Allí se concentraban los tesoros codiciados por las potencias europeas: oro, piedras preciosas, carbón, cobre, caucho, petróleo, etc. Después de tres meses y medio de negociaciones y sólo ocho sesiones plenarias intercaladas con recepciones, bailes, banquetes y otros entretenimientos, los participantes finalmente firmaron, el 26 de febrero de 1885, el Acta General de la conferencia.

El Acta General fue un resumen de lo discutido y acordado en la conferencia y contenía las cláusulas que los participantes se comprometieron a cumplir. Las principales disposiciones fueron: Libertad de comercio en la cuenca del Congo, sus desembocaduras y regiones circundantes. Libertad de navegación en los ríos Níger y Congo, los principales ríos africanos. Prohibición de la trata de esclavos y el comercio de alcohol y armas de fuego entre poblaciones nativas. Definición de regiones donde cada potencia europea tenía el derecho exclusivo de ejercer la propiedad legal de la tierra Confirmación como propiedad privada de Leopoldo II, rey de Bélgica, de un vasto territorio en el corazón del África subsahariana, que pasó a llamarse el "Estado Libre del Congo".

El rey belga fue el principal beneficiario de que se cumplieran sus demandas en la Conferencia de Berlín. Él mismo se ocupó de explotar su colonia para extraer la máxima cantidad de recursos naturales, especialmente caucho, a expensas del trabajo forzoso. En su testamento, legó el Congo a Bélgica. La partición de África A diferencia de lo que se dice comúnmente, la Conferencia de Berlín no dividió África entre las potencias europeas.

El intercambio no se incluyó en el Acta General, un tema que ni siquiera estaba en la agenda de la conferencia. Sin embargo, ella creó las condiciones para que esto sucediera unos años después. Las disposiciones de la ley fueron las líneas principales que guiaron la futura partición del continente y la creación de Estados africanos en su formato actual. Además, el artículo 35 estipulaba que "el Estado europeo que ocupa un territorio costero debe poder demostrar que ejerció autoridad suficiente para hacer cumplir los derechos adquiridos, la libertad de comercio y tránsito en las condiciones en las que se estipularían".

El canciller alemán Bismarck ofrece a sus invitados un pastel en rodajas que dice "África". Aunque la Conferencia de Berlín no dividió a África entre las potencias europeas, creó las condiciones para que esto sucediera unos años más tarde. "Todos reciben su parte", caricatura francesa, L'Illustration, 1885.

Esta demanda consagró la teoría de la "ocupación efectiva", acto que dictó la sumisión y colonización de los africanos. En solo quince años (de 1885 a 1898) los europeos formalizaron las fronteras de la mayoría de los países africanos. La rápida ocupación y dominación del continente, de 28 millones de km2, fue facilitada, entre otras razones, por la predicación del evangelio, la construcción de ferrocarriles y la exploración anticipada del interior del continente por parte de geógrafos y otros aventureros europeos.

Ocupación colonial europea

La conferencia de Berlín, que finalizó el 26 de febrero de 1885, tuvo poca repercusión en Europa, la opinión pública no se interesó por la conquista colonial. Pero fue crucial para las poblaciones africanas.

La ocupación europea en el continente africano ha crecido de forma espectacular. Si en el momento de la conferencia, alrededor del 80% de África estaba bajo el control de poblaciones nativas tradicionales con solo las áreas costeras colonizadas por europeos, en 1902 la situación era diferente: el interior del continente había pasado al dominio europeo que significó que el 90% de la tierra africana fue tomada por naciones europeas.

El explorador Henry Morton Stanley, presente en la conferencia como representante de Estados Unidos y experto en el continente africano por el que viajó en tres expediciones, agudizó aún más la codicia europea: "Hay 40 millones de personas desnudas al otro lado del cae y los fabricantes textiles de Manchester están esperando para vestirlos ". Los dominios europeos en África no respetan las fronteras culturales, étnicas y lingüísticas establecidas tradicionalmente por las poblaciones africanas.

En menos de veinte años, África se dividió en 50 países artificiales que se superponían a las mil culturas nativas del continente. A principios del siglo XX, las potencias europeas tenían los siguientes territorios en África:

Gran Bretaña: sus colonias atravesaron todo el continente, desde el norte con Egipto y Sudán al sur, con la Unión Sudafricana (ahora Sudáfrica).
Francia: ocupó vastos territorios en África del Norte y Occidental, así como Madagascar y otras islas del Océano Índico.
El canciller Bismarck esperaba que con esto Francia se resignara a la pérdida de Alsacia-Lorena, lo que no hizo.
Portugal: mantuvo sus colonias de Cabo Verde, Santo Tomé y Príncipe, Guinea, Angola y Mozambique.
España: continuó con sus colonias en el norte de África y en la costa de África occidental;
Alemania: obtuvo territorio en la costa atlántica, actual Camerún y Namibia, y en la costa india, actual Kenia, Tanzania, Burundi y Ruanda.
Italia: Somalia ocupada y Eritrea. Trató de establecerse en Etiopía, pero fue derrotado.
Bélgica: ocupó el centro del continente, en el área correspondiente a Congo y Ruanda.

África a principios del siglo XX compartida por las potencias europeas.

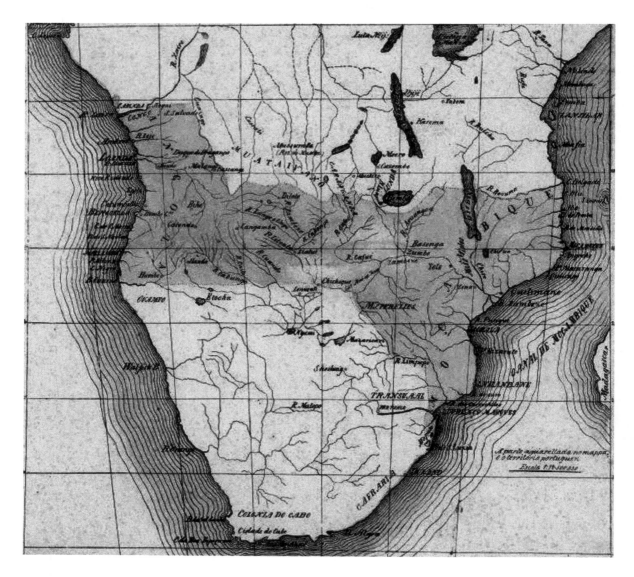

Resalte el territorio previsto por el
que unía Angola y Mozambique.

Fuente: https://ensinarhistoria.com.br/a-conferencia-de-berlim-e-o-destino-da-africa/ - Blog: Historia de la enseñanza - Joelza Ester Domingues

COMPENSACIONES POR COLONIALISMO

En 2010, en el 125 aniversario de la Conferencia de Berlín, representantes de muchos estados africanos en Berlín pidieron reparaciones por la era colonial. La división arbitraria del continente entre potencias europeas, que ignoraron las leyes, la cultura, la soberanía y las instituciones africanas, es un crimen contra la humanidad, dijeron en un comunicado. Exigieron el financiamiento de monumentos en sitios históricos, la devolución de tierras robadas y otros recursos, la restitución de tesoros culturales y el reconocimiento de que el colonialismo y los crímenes cometidos bajo él eran crímenes de lesa humanidad.

Pero nada de esto sucedió. Los historiadores de Nigeria y Alemania no se sorprenden. "Se habla mucho de reparaciones por la trata de esclavos y el Holocausto. Pero se hace poca mención de los crímenes cometidos por las potencias coloniales europeas durante los cien años o más que pasaron en África ", dijo Pesek.

Olyaemi Akinwumi no cree que jamás haya ningún tipo de reparación.

Autor Hilke Fischer / Madalena Sampaio

dw.com

Las consecuencias de la Conferencia de Berlín fueron muchas y crueles. En este genocidio cometido por Alemania en 1904, 60.000 hereros huyeron al desierto, donde las tropas alemanas bloquearon sistemáticamente el acceso al agua. Se estima que murieron más de 60.000 hereros.

Alemania reconoce haber cometido genocidio en Namibia

Berlín reconoce que la masacre de los pueblos Herero y Nama por parte del Imperio Alemán durante la época colonial fue un genocidio y se compromete a pagar una indemnización al gobierno del país africano.

Sobrevivientes del pueblo Herero del genocidio
cometido por el Imperio Alemán

Más de un siglo después de las atrocidades cometidas en la entonces colonia alemana del suroeste de África, Alemania reconoció este viernes (28/05) que los crímenes cometidos por las autoridades coloniales alemanas contra los pueblos Herero y Nama son un genocidio.

El presidente de Alemania, Frank-Walter Steinmeier, se disculpará por el genocidio, ocurrido entre 1904 y 1908, en una ceremonia en el Parlamento de Namibia, país africano que sucedió a la ex colonia alemana del suroeste de África.

El canciller alemán, Heiko Maas, se mostró complacido y agradecido por el acuerdo alcanzado entre Alemania y Namibia después de más de cinco años de negociaciones.

"A la luz de la responsabilidad histórica y moral de Alemania, nos disculparemos con Namibia y los descendientes de las víctimas", declaró. "Como gesto de reconocimiento del dolor inconmensurable que se infligió a las víctimas, queremos apoyar a Namibia ya los descendientes de las víctimas con un importante programa de 1.100 millones de euros para la reconstrucción y el desarrollo".

"Llamemos sin eufemismos ni mitigaciones a los acontecimientos que tuvieron lugar en la época colonial alemana en la actual Namibia y, en particular, a las atrocidades que ocurrieron entre el período 1904 y 1908. Llamemos a estos acontecimientos, ahora también oficialmente, como de la perspectiva actual: un genocidio ", declaró Maas.

La presidencia de Namibia dijo que el acuerdo era "un primer paso" en el camino correcto. La compensación, que se pagará a lo largo de 30 años, debe destinarse a programas de infraestructura, salud y educación, según el gobierno del país africano.

La oposición de Namibia criticó el acuerdo y afirmó que los descendientes de los pueblos Herero y Nama no estaban suficientemente cubiertos. "Si Namibia recibe dinero de Alemania, debe ir a los líderes tradicionales de las comunidades afectadas y no al gobierno", dijo un miembro de la oposición del parlamento.

Crimen más grave en la historia colonial alemana

La actual Namibia fue una colonia alemana entre 1884 y 1915. Los historiadores estiman que entre 1904 y 1908, las tropas del emperador alemán Wilhelm II masacraron aproximadamente a 65.000 hereros (de un total de aproximadamente 80.000) y 10.000 namas (de unos 20.000) después. ambos grupos se rebelaron contra el dominio colonial.

La masacre de Herero y Nama es el crimen más grave en la historia colonial alemana. El comandante, el general Lothar von Trotha, ordenó el exterminio. Durante años, la ONU ha reconocido la masacre como el primer genocidio del siglo XX.

El plan sistemático para exterminar a hombres, mujeres y niños incluía matar con armas de fuego, bloquear el acceso al agua en el desierto y los campos de concentración.

En 2018, Alemania devolvió a Namibia los huesos de las víctimas de la masacre de los pueblos Herero y Nama, que habían estado guardados durante décadas en los archivos de la Clínica Universitaria Charité, en Berlín, entre otros lugares.

Además de Namibia, Tanzania y Burundi también exigen reparaciones por los crímenes cometidos durante el período colonial alemán.

Alemania se convirtió en una potencia colonial relativamente tardía, que solo ocupó suelo africano en la década de 1880. Bajo el canciller Otto von Bismarck, el Imperio alemán estableció colonias en los territorios actuales de Namibia, Camerún, Togo, partes de Tanzania y Kenia.

El emperador Guillermo II, coronado en 1888, buscó expandir aún más las posesiones coloniales creando nuevas flotas de barcos. Estos territorios luego se perdieron durante la Primera Guerra Mundial.

El comandante, el general Lothar von Trotha, ordenó el exterminio

"Nuestro futuro está en el agua"

Bajo el canciller Otto von Bismarck, el Imperio Alemán estableció colonias en los territorios actuales de Namibia, Camerún, Togo, partes de Tanzania y Kenia. El emperador Guillermo II, coronado en 1888, buscó expandir aún más las posesiones coloniales creando nuevas flotas de barcos. El imperio quería su "lugar en el sol", declaró Bernhard von Bülow, un canciller posterior, en 1897.

El genocidio perpetrado contra Herero y Nama en el sureste de Alemania, hoy Namibia, fue el crimen más grave de la historia colonial alemana. Durante la Batalla de Waterberg en 1904, la mayoría de los rebeldes Herero huyeron al desierto, con las tropas alemanas bloqueando sistemáticamente su acceso al agua. Se estima que más de 60.000 herero murieron en ese momento.

Solo 16.000 herero sobrevivieron a la campaña de exterminio. Fueron encarcelados en campos de concentración, donde muchos murieron. El número exacto de víctimas nunca se ha encontrado y sigue siendo un punto de controversia. ¿Cuánto tiempo sobrevivieron estos Herero debilitados en el desierto? En cualquier caso, perdieron todas sus posesiones, su estilo de vida y sus perspectivas de futuro.

guerra colonial de largo alcance

De 1905 a 1907, una amplia alianza de grupos étnicos se rebeló contra el dominio colonial en el África Oriental Alemana. Alrededor de 100.000 lugareños murieron en el levantamiento de Maji-Maji. Aunque más tarde fue un tema poco discutido en Alemania, este capítulo sigue siendo importante en la historia de Tanzania.

Renovaciones en 1907

Tras las guerras coloniales, se reestructuró la administración en los territorios alemanes con el objetivo de mejorar las condiciones de vida allí. Bernhard Dernburg, un exitoso hombre de negocios (en la foto, llevado en África Oriental Alemana), fue nombrado Secretario de Estado de Asuntos Coloniales en 1907 e introdujo reformas en las políticas del Imperio Alemán para sus protectorados.

Los planes de Hitler para África

El 1 de septiembre de 1939, Alemania invadió Polonia y comenzó la Segunda Guerra Mundial. Adolf Hitler quería conquistar Europa, pero Alemania había planeado durante mucho tiempo crear un imperio colonial en África.

Cuando Adolf Hitler llegó al poder en 1933, Alemania ya no tenía colonias. Después de derrotar a Alemania en la Primera Guerra Mundial, el Reino Unido, Francia y Bélgica se dividieron las colonias alemanas entre ellos. Sudáfrica llegó a gobernar Namibia, que entonces se llamaba África sudoccidental alemana.

Perder las colonias fue un hueso duro de roer para muchos de los contemporáneos de Adolf Hitler. Pero el dictador alemán solo pensó en conquistar Europa. Hitler quería expandir el "imperio alemán" a Francia y la Unión Soviética.

Andreas Eckert, historiador alemán, afirma que "África no era necesariamente parte de la visión de Hitler de la dominación mundial". Según Eckert, Hitler "miró mucho más hacia otras regiones", pero "no iba en contra de los intereses de los que lo rodeaban con respecto a África".

La megalomanía nazi en el continente africano

Un año después de que Hitler llegara al poder, los nazis establecieron su propio departamento de política colonial: el Kolonialpolitisches Amt. Más tarde, Hitler pidió públicamente la restitución de las colonias alemanas, bajo la presión de grandes actores económicos en ese momento, interesados en las ganancias que podrían obtener en África, un nuevo mercado, con muchas materias primas a su disposición.

Al sueño de los empresarios alemanes se sumaba el deseo de muchos alemanes que se quedaron en África de volver a la época colonial, en Camerún, Tanzania o Namibia.

Andreas Eckert explica que "en todas estas regiones había delegaciones locales del partido nazi" y, en las antiguas colonias, "había un pequeño grupo de personas decididas a volver a poner estos territorios bajo el dominio alemán". A fines de la década de 1930, los planes para un nuevo territorio colonial ya eran más concretos. "En los primeros años de la guerra hubo varias conquistas militares, que reforzaron la megalomanía nazi", dice Eckert.
el imperio colonial nunca se materializó

El director de Deutsche Bank, Kurt Weigelt
uno de los hombres de negocios que convenció a Hitler de que se mudara a África

Una racha de victorias contra Francia y Bélgica le dio a Alemania la sensación de estar muy cerca de recuperar colonias en África. El departamento de política colonial nazi apuntó a un "imperio colonial" en el Golfo de Guinea, que se extendería desde lo que ahora es Ghana hasta Camerún, un territorio con abundantes materias primas que podrían cubrir las necesidades del Gran Reich Alemán.

Los nazis también pensaron en conquistar varios territorios a lo largo de una franja que se extendía hasta el Océano Índico. Con la excepción de Sudáfrica, considerada en ese momento como un posible socio.

Pero estos planes quedaron en el papel. A principios de 1943, Alemania tuvo que concentrar sus fuerzas para responder a la ofensiva de la Unión Soviética. En febrero de 1943, se disolvió el departamento de política colonial. Fue entonces cuando los rusos ganaron la batalla de Stalingrado, un punto de inflexión que allanó el camino para la derrota alemana y el final de la Segunda Guerra Mundial dos años después.

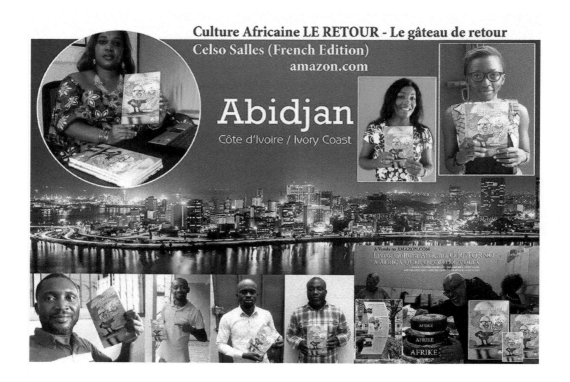

Culture Africaine LE RETOUR - Le gâteau de retour
Celso Salles (French Edition)
amazon.com

Abidjan
Côte d'Ivoire / Ivory Coast

Cronología 1415-1961:

Desde la conquista de Ceuta hasta sus inicios de la lucha armada contra la colonización

1415: expansión marítima portuguesa

La conquista de la ciudad de Ceuta, hoy enclave español en el norte de África, por las tropas portuguesas, el 22 de agosto de 1415, marca el inicio de la expansión marítima portuguesa. La ocupación de este importante centro comercial y de comunicaciones allanaría así el camino para el proceso de consolidación de las colonias portuguesas en la costa africana.

1434: Reconocimiento de la costa africana

El navegante Gil Eanes va más allá del cabo Bojador, en la costa de lo que hoy es el Sahara Occidental, que hasta entonces era el punto más austral conocido en la costa de África. El inicio de las expediciones de reconocimiento por la costa africana contó con la protección del Infante D. Henrique. En 1487, Bartolomeu Dias sobrepasa el Cabo das Tormentas, que luego pasaría a llamarse Cabo da Boa Esperança (Sudáfrica).

1446: los portugueses llegan a la costa de Guinea

Los portugueses llegaron a la costa de Guinea, actual Guinea-Bissau, en 1446. En 1479 se fundó una fábrica en Cacheu (foto). Portugal estableció una serie de enclaves y puestos comerciales en la costa africana para intentar mantener el control de una extensa ruta marítima. La presencia portuguesa en África también estuvo motivada por la captura de esclavos y la búsqueda de metales preciosos.

1460: descubrimiento de Cabo Verde

Diogo Gomes y António de Nola descubren el archipiélago deshabitado de Cabo Verde en 1460, cuando regresaban de Guinea. Dos años después, los primeros pobladores portugueses se asentaron en la isla de Santiago. En el futuro, el archipiélago serviría, sobre todo, como centro de acopio de esclavos enviados desde África a las plantaciones del continente americano.

1471-1472: Llegada a Santo Tomé

Los navegantes João de Santarém y Pedro Escobar descubren las islas de Santo Tomé y Príncipe, hasta entonces deshabitadas. La colonia se convertiría en uno de los primeros productores de cacao del mundo. Estas islas del golfo de Guinea también se convertirían en un importante puesto comercial de esclavos.

1479: Firma del Tratado de Alcáçovas

El Tratado de Alcáçovas, que puso fin a la guerra de Sucesión en Castilla (España), atribuye a Portugal el señorío de Guinea, Cabo Verde (foto), Azores y Madeira, además de la conquista de Fez (Marruecos). España se concede al señorío de Canarias y la conquista del reino de Granada. La división entre la expansión portuguesa y castellana se convierte en el paralelo de Canarias.

1482: descubrimiento de Angola

Las carabelas portuguesas comandadas por el navegante Diogo Cão llegaron al estuario del río Congo en 1482. Seis años más tarde llegaron al entonces reino de Ngola. El sistema económico colonial en Angola se basaría, sobre todo, en el lucrativo comercio de esclavos. La mayor parte de la mano de obra esclava fue a Brasil, Madeira y Santo Tomé. Además de los propósitos de evangelización, durante los varios siglos de colonización Portugal trató de aprovechar comercialmente el territorio angoleño, extremadamente rico en recursos naturales (petróleo, diamantes, oro, plomo, tungsteno, hierro, cobre, etc.).

1498: Vasco da Gama en Mozambique

La flota del navegante portugués Vasco da Gama desembarcó en Mozambique en 1498, de camino a la India. A partir de Sofala e Ilha de Moçambique, los exploradores portugueses comenzaron a establecer los primeros puestos comerciales y a otorgar tierras a los colonos. En 1537 se establece la fábrica de Tete y, en 1544, la fábrica de Quelimane, lugar de concentración de esclavos. Oro, plata, perlas, marfil, especias y pieles son algunos de los recursos que los portugueses llegan a controlar. En 1898, Lourenço Marques (ahora Maputo) se convierte en la capital, reemplazando a Ilha de Moçambique, sirviendo así para vender productos de la vecina Sudáfrica.

1500: Pedro Álvares Cabral llega a Brasil

Una flota comandada por el navegante portugués Pedro Álvares Cabral llega al territorio donde actualmente se ubica Brasil. En la carta que posteriormente envía al rey Manuel, Pero Vaz de Caminha da una descripción detallada del lugar, al que denominan "Tierra de Veracruz". Brasil sería la más grande y rica de las colonias portuguesas y la primera en independizarse, en 1822. Aún en 1500, la flota de Pedro Álvares Cabral continuó su viaje hacia la India, contribuyendo así al establecimiento de las bases del "Imperio Portugués". Dos años después, Vasco da Gama realiza su segundo viaje a la India. Luego conquistó Calicut y estableció un puesto comercial en Cochin.

1884: "Pink Map" presentado en Berlín

El proyecto portugués para unir Angola y Mozambique, denominado "Mapa Cor-de-Posa", fue presentado en la histórica Conferencia de Berlín. El objetivo de Portugal era controlar una amplia gama geográfica que se extendía desde el Atlántico hasta el Océano Índico. Inglaterra, que tenía la intención de unir El Cairo con el Cabo de Buena Esperanza por ferrocarril, no está de acuerdo con el plan. La conferencia dividió África entre los países europeos y estableció la presencia local como un requisito para mantener el dominio. Gran Bretaña y Francia se quedaron con el mayor número de territorios. Tras la reunión, comienza la ocupación efectiva de las colonias.

Angola portuguesa (1885) y Mozambique (1887). También en 1884, Hermenegildo Capelo y Roberto Ivens cruzaron África, de Luanda a Tete.

1933: Formación del "Nuevo Estado"

Bajo el liderazgo del general Costa Gomes, tuvo lugar en Braga el golpe de Estado fundacional de la dictadura militar en Portugal. Es a partir de este régimen autoritario que se estructura el llamado "Estado Novo", liderado por António de Oliveira Salazar (foto), vigente en Portugal hasta la revolución del 25 de abril de

1974. Basado en los pilares de "Dios, Patria y Familia ", la doctrina del régimen dictatorial, inspirada en el fascismo italiano de Benito Mussolini, se basa en el nacionalismo y el culto a la nación. En octubre se promulga el "Estatuto Político, Civil y Penal de los Pueblos Indígenas de Angola y Mozambique", que redefine la condición de los habitantes de las principales colonias. "La esencia orgánica de la nación portuguesa es cumplir la función histórica de poseer y colonizar dominios de ultramar y civilizar poblaciones indígenas" se lee en el Acto Colonial, una especie de "Constitución de los territorios de ultramar", en palabras del historiador portugués Oliveira Marques.

1934: Intento de derrocar al Estado Novo

En enero, un grupo formado por civiles protagonizó el primer intento revolucionario de derrocar al régimen. A raíz del fallido golpe, el régimen arrestó y deportó a muchos activistas sindicales y políticos comunistas y anarquistas. Mientras tanto, el Estado Novo sigue afirmando su orientación "imperial" y su "misión colonizadora", claramente visible en la I Exposición Colonial Portuguesa, inaugurada en junio, en Oporto.

1935: Carmona "reelegido" presidente

Óscar Carmona, único candidato del régimen, fue reelegido presidente de la República en febrero. El 1 de mayo, las celebraciones oficiales del Día del Trabajo tienen lugar por primera vez en Portugal. En septiembre, un nuevo intento de derrocar al régimen termina con arrestos y deportaciones. Muchos dirigentes del Partido Comunista Portugués (PCP), incluido el secretario general Bento António Gonçalves, fueron detenidos por la PIDE a finales de año. Fundado en Lisboa en 1921, el PCP sería considerado ilegal a partir de 1926. El PCP, que jugó un papel fundamental en la oposición al régimen, era perseguido constantemente por la PIDE, la policía política de Salazar. Muchos de sus miembros serían enviados al campo de concentración de Tarrafal en Cabo Verde.

1936: Ley de Acondicionamiento Industrial

La Ley de Acondicionamiento Industrial sirvió para proteger a la industria portuguesa contra la competencia. Sin embargo, contribuyó simultáneamente al estancamiento tecnológico y la creación de monopolios. La función principal de las colonias africanas era comprar productos fabricados en Portugal, como maquinaria y conservas, y suministrar materias primas, como minerales o algodón, a la metrópoli.

1943: Casa de estudiantes del Imperio

Por iniciativa del Gobierno de Salazar, se funda en Lisboa la Casa dos Estudantes do Império (CEI). Esta asociación de jóvenes de territorios de ultramar que estudian en la metrópoli jugaría un papel fundamental en la lucha por la independencia. El régimen de Salazar pretendía fortalecer la mentalidad imperial entre los estudiantes de las colonias. Sin embargo, la CEI despertó en ellos una conciencia crítica sobre la dictadura y el sistema colonial, así como el deseo de valorar las culturas de los pueblos colonizados. Por el CEI pasaron varios líderes africanos, como Amílcar Cabral, fundador del PAIGC, Agostinho Neto, primer presidente de Angola y Marcelino dos Santos, uno de los fundadores de FRELIMO. Acusado de servir de base para la realización de actividades de propaganda política contra el Estado portugués, sería clausurado por la PIDE en 1965.

1946: Provincias de Ultramar

En 1946, Portugal cambió el nombre de "colonia" a "provincia de ultramar". El "Estado Novo" portugués creó la división administrativa para evitar que Portugal fuera considerado una potencia colonial a nivel internacional. La primera colonia portuguesa en adoptar el nuevo estatus fue India Portuguesa (foto). Angola, Guinea, Mozambique, Santo Tomé y Príncipe, Cabo Verde, Macao y Timor pasaron a tener esta designación en 1951. Con la reforma de la Constitución en 1951, la condición de indígena también se define como transitoria.

1953: Masacre de Batepá

Los portugueses querían obligar a los indígenas negros de Santo Tomé y Príncipe a trabajar en el campo, produciendo cacao y otros productos para la exportación, ya que la mano de obra traída de Angola, Mozambique y Cabo Verde no era suficiente. Después de su negativa, el ejército portugués inició una búsqueda de los indígenas que resultó en la muerte de cientos de personas. Los hechos se conocieron como la Masacre de Batepá.

1954: Movimientos de liberación

En la década de 1950, comenzaron a surgir los embriones de importantes organizaciones políticas. En 1954 se creó la Unión de Poblaciones del Norte de Angola (UPNA), que en 1958 pasó a denominarse Unión de Poblaciones de Angola (UPA). En 1962, la UPA y el Partido Democrático de Angola (PDA) formaron el Frente Nacional de y Liberación de Angola (FNLA). El Movimiento Popular para la Liberación de Angola (MPLA) fue fundado en 1956, año en que Amílcar Cabral creó el Partido Africano por la Independencia de Guinea y Cabo Verde (PAIGC, en la foto). En 1960 se crea el Comité para la Liberación de Santo Tomé y Príncipe (CLSTP) y en 1962 se crea el Frente para la Liberación de Mozambique (FRELIMO), resultado de la fusión de tres movimientos: Unión Nacional Democrática de Mozambique (UDENAMO) , Unión Nacional Africana de Mozambique Independiente (UNAMI) y Unión Nacional Africana de Mozambique (MANU). La Unión Nacional para la Independencia Total de Angola (UNITA) surgió en 1966.

1957: Independencia de Ghana: Fusible de la descolonización

La descolonización africana comenzó en 1957 con la independencia de Ghana, antes Gold Coast, que animó a otros países del continente a luchar por la independencia. Kwame Nkrumah (foto), ex primer ministro y presidente de Ghana, fue un firme partidario de la descolonización y uno de los fundadores del panafricanismo. El principal período de descolonización africana tuvo lugar entre 1960 y 1970. La Organización de las Naciones Unidas (ONU) apoya a los países colonizados en su lucha contra las potencias coloniales europeas. En 1968, habían surgido 34 nuevos estados independientes en África. Además de las colonias portuguesas, solo sobreviven Rhodesia, el suroeste de África y el Sahara español.

1958: Humberto Delgado se postula a la presidencia

Con el apoyo de la oposición democrática, el general Humberto Delgado se presenta como independiente en las elecciones presidenciales del 8 de junio de

1958. El presidente electo terminaría siendo el almirante Américo Thomaz, el candidato del régimen, pero el "general intrépido" deja un legado que marcaría el camino de Portugal hacia la libertad. Ese año, la Junta de Libertação Nacional, un movimiento político opositor al régimen, también apareció en la clandestinidad. Al año siguiente, la elección de presidentes se vuelve indirecta y la responsabilidad de la Asamblea Nacional.

1959: Masacre de Pidjiguiti

El 3 de agosto de 1959, los trabajadores portuarios se declararon en huelga en el muelle pidjiguiti en Bissau para exigir mejores salarios. La protesta fue reprimida por la policía y resultó en la muerte de unas 50 personas. Tras la masacre, el PAIGC (foto), que había estado detrás de la organización de la huelga, cambió su estrategia para escapar de la represión del régimen portugués y se reforzó la conciencia nacionalista del partido.

1960: Nace el Comité de Liberación de Santo Tomé y Príncipe

El Comité de Liberación de Santo Tomé y Príncipe (CLSTP) se creó en Accra, Ghana, en 1960. El gobierno ghanés de Kwame Nkrumah apoya al CLSTP, que más tarde se instaló en la República Popular del Congo (Brazzaville), Guinea Ecuatorial y Gabón. Nunca logró iniciar la lucha armada en Santo Tomé y Príncipe. El primer secretario general fue Tomás Medeiros y el segundo Manuel Pinto da Costa (foto), el futuro primer presidente de Santo Tomé y Príncipe. A partir de 1972, pasó a llamarse Movimiento de Liberación de Santo Tomé y Príncipe (MLSTP).

16 de junio de 1960: Masacre de la Mueda

El 16 de junio de 1960, la aldea mozambiqueña de Mueda, en la provincia de Cabo Delgado, fue escenario de una manifestación de miles de campesinos exigiendo mejores salarios, que culminó con la muerte de un número indeterminado de manifestantes. La Masacre de la Mueda es considerada uno de los últimos episodios de resistencia contra el colonialismo portugués antes del inicio de la guerra en Mozambique en 1964. Según el historiador João Paulo Borges Coelho, constituye "un hito en el discurso de las fuerzas nacionalistas, una especie de punto de no retorno desde el cual se entendió que no había camino negociado hacia la independencia ". También fue a partir de 1960, con las independientes que empezaron a producirse en África, cuando aumentó la oposición a la política colonial portuguesa.

20 de enero de 1960: Kennedy asume la presidencia de Estados Unidos.

John F. Kennedy asume el cargo como 35° presidente de los Estados Unidos de América (EE. UU.) El 20 de enero de 1961. La política estadounidense hacia las colonias portuguesas ha cambiado. En 1961, el Congreso de Estados Unidos decretó un embargo militar contra Portugal, su aliado de la OTAN, la Alianza Atlántica.

22 de enero de 1961: Desviación del transatlántico "Santa María"

1961 es un año fatídico para el régimen de Salazar. El 22 de enero, el capitán Henrique Galvão (a la derecha de la foto) encabeza un comando de 23 revolucionarios que asaltan el buque portugués "Santa María", en el Mar Caribe. Os idealizadores da "Operação Dulcineia", levada a cabo em colaboração com o general Humberto Delgado (à esq. na foto), não chegaram a assumir o poder em Angola como tinham previsto, mas conseguiram chamar a atenção da comunidade internacional para a situação política de Portugal. Ese mismo mes, Adriano Moreira, ministro de Ultramar (1961-62) puso fin al Estatuto Indígena. Al menos en el papel, todos son iguales ante la ley. El Código de Trabajo Rural tiene como objetivo poner fin al trabajo obligatorio. Angola es testigo del levantamiento del valle de Massanga contra Cottonang, Empresa belga productora de algodón, por impago de salarios a los trabajadores. El Ejército y la Fuerza Aérea reprimen la revuelta, provocando una masacre.

BIBLIOGRAFÍA:

Cervelló, Josep Sánchez, La revolución portuguesa y su influencia en la transición española (1961-1976), Lisboa, Assírio & Alvim, 1993.

Marques, A. H. Oliveira, Breve historia de Portugal, Lisboa, Editorial Presença, 2006.

Rodrigues, António Simões (coordinador), Historia de Portugal en Dates, Lisboa, Temas e Debates, 2000 (3ª edición).

Cronología 1961-1969:

Inicio de la Guerra Colonial y el punto de inflexión en el destino de las colonias

Cronología 1970-1974:

De la intensificación de la lucha armada a la Revolución de los Claveles

Cronología 1974-2002: desde la independencia hasta el fin de la guerra en Mozambique y Angola

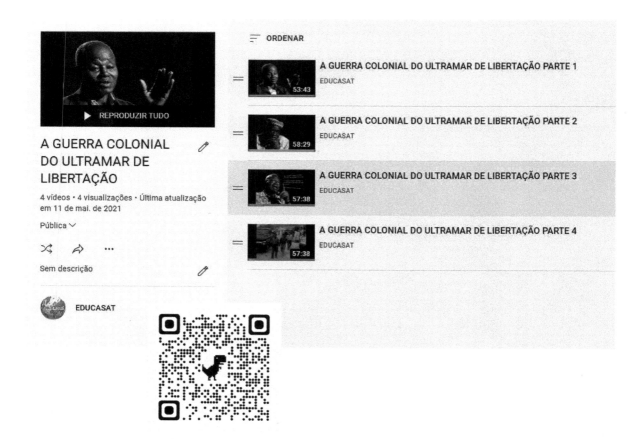

A GUERRA COLONIAL DO ULTRAMAR DE LIBERTAÇÃO

4 vídeos • 4 visualizações • Última atualização em 11 de mai. de 2021

Pública

Sem descrição

EDUCASAT

A GUERRA COLONIAL DO ULTRAMAR DE LIBERTAÇÃO PARTE 1
EDUCASAT

A GUERRA COLONIAL DO ULTRAMAR DE LIBERTAÇÃO PARTE 2
EDUCASAT

A GUERRA COLONIAL DO ULTRAMAR DE LIBERTAÇÃO PARTE 3
EDUCASAT

A GUERRA COLONIAL DO ULTRAMAR DE LIBERTAÇÃO PARTE 4
EDUCASAT

Hay 04 documentales donde se pueden ver ambos lados de los conflictos por la liberación de las colonias portuguesas de ultramar.

En el texto de divulgación del libro, dijimos lo siguiente:

África quiere recuperar el pastel. Vale la pena leer este libro y conocer gran parte de una historia relativamente no revelada que el autor Celso Salles tiene el privilegio de contar. En la mayoría de sus textos aparecen dos términos importantes: REPARACIÓN y TRANSFORMACIÓN. UNA NUEVA ÁFRICA a ser forjada por una nueva generación, muy educada y con el propósito de hacer digno de vivir al continente africano, desde su propia visión. El rescate comienza con la cultura africana, la más rica y diversa del mundo. Es totalmente posible hacer REPARACIÓN, especialmente cuando África y la Diáspora africana comienzan a trabajar juntos, con inteligencia, ciencia y conocimiento, en busca de un nuevo orden mundial, donde el PODER HUMANO se equilibra cada vez más con el PODER FINANCIERO: LA TRANSFORMACIÓN.

En los textos finales ponemos:

NADIE HACE NADA SOLO. Dios, en su infinita sabiduría, quiere contar con todos nosotros para construir la humanidad que tanto ama. Infundirá buenos pensamientos y sentimientos en el corazón de sus hijos. Llega un momento en que todos se encuentran y están LISTOS, ocurre el milagro. Veo claramente que así es como tenemos que actuar. Llegó el buen pensamiento, el sueño, la buena idea, todos están haciendo su parte. El momento del encuentro ya está definido. La coincidencia es una forma que Dios creó para permanecer en el anonimato. Además, cuando algo se detiene, no se detiene, simplemente gira.

2021, EL COMIENZO DEL TERCER DÉCADA DEL SIGLO XXI

Tenemos que comenzar este nuevo momento de la humanidad con pasos muy firmes y fuertes hacia el desarrollo autosostenible en África, comenzando por nosotros mismos. No tengo una bola de cristal para saber qué sucederá realmente. Sin embargo, basándonos en lo que hacemos, podemos estar seguros de que sucederán muchas cosas.

No es nada complicado ver que, como humanidad, no podemos seguir en el sesgo del capitalismo financiero, quemando nuestros bosques, aumentando el nivel de desigualdad entre las personas.

El PODER ECONÓMICO y el PODER HUMANO deberán buscar un equilibrio. El "ese no soy yo" desaparecerá gradualmente. Porque todo está también conmigo. El planeta Tierra necesitará, durante las próximas décadas o centenarios, buscar nuevas formas de energía y para eso tiene que generar desarrollos donde, principalmente las naciones pobres, puedan reducir su dependencia del petróleo.

Aquí en África, siento esta visión de los gobernantes de la mayoría, si no de todos, los países africanos. Pero no es algo que puedan hacer sin un panorama general. Sin el resto del mundo, en lugar de seguir codiciando y dominando, comprenda que esta tierra tiene dueños y los dueños necesitan una REPARACIÓN que los lleve a crecer. Es lo menos que se puede hacer por todo un continente tan destruido por la ambición y la falta de respeto a la humanidad por parte de la generación de la Conferencia de Berlín.

Cada uno de nosotros puede contribuir mucho. Por poco que sea, puede contribuir. En particular, siento la gran dificultad que tienen la mayoría de las personas que viven conmigo para comprender mi forma de pensar y mi forma de vida. Estoy seguro de que muchos entenderán lo que pondré en los 12 libros de la Colección AFRICA.

Tenemos el derecho y el deber de elegir muchas cosas en nuestra vida, pero no podemos evitar contemplar que MUCHAS COSAS EN LA VIDA TAMBIÉN NOS ELIGEN.

Dentro de esta premisa, debemos estar siempre muy preparados para dar una excelente respuesta a LAS COSAS DE LA VIDA QUE NOS ELIGEN. Lleva la felicidad donde quiera que estemos. EJEMPLO y CREDIBILIDAD lo dicen todo.

Hablan mucho más que palabras y palabras y, a menudo, EL SILENCIO ES EL

GRITO MÁS PROFUNDO DE TODOS. Aquí viene la sabiduría, que suele ir de la mano de la paciencia: SABER EL MOMENTO DE HABLAR Y, MÁS IMPORTANTE, SABER EL MOMENTO DE CALLAR. De todo esto surge lo que nos da paz, EQUILIBRIO.

Cuando se le pregunte, esté preparado, la respuesta sabia es siempre, ESTOY EN PREPARACIÓN, porque con la velocidad del cambio ESTOY PREPARADO demuestra exactamente CUÁNTO NO ESTÁ PREPARADO.

En el libro CULTURA AFRICANA, O RETURN - O Bolo de Volta, puedes encontrar en sus 120 páginas una gran serie de información. Lo que acabas de leer son unos pasajes tremendamente importantes, información que los pueblos colonizadores intentan ocultar, pero los gritos de millones y millones de africanos no dejan de resonar por los cuatro rincones del continente africano.

A Importância da Diáspora Africana na Nova Descolonização de África

OS AFRICANOS DE ALMA ENTRAM EM CENA

Celso Salles

LA IMPORTANCIA DE LA DIASPORA AFRICANA EN LA NUEVA DESCOLONIZACIÓN DE ÁFRICA.

Este libro es básicamente una continuación del Volumen "CULTURA AFRICANA EL REGRESO - EL REGRESO DEL PASTEL". En él, el autor coloca importantes reflexiones sobre cómo la diáspora africana, presente en todo el mundo, puede y debe contribuir mucho al desarrollo de todo el continente africano.

REPARACIÓN por el daño causado al continente africano, que aún hoy, a principios de la tercera década del siglo XXI, presenta los efectos de la ESCLAVITUD Y COLONIZACIÓN en forma de hambre, pobreza, enfermedades y otros males, hay que ver como misión también de la DIASPORA AFRICANA. Acciones importantes deben ser parte de la NUEVA DESCOLONIZACIÓN DE ÁFRICA que comienza con la DESCOLONIZACIÓN DE LA MENTE.

Una cosa es cierta, esta generación no fue responsable de la cantidad de absurdos cometidos por las generaciones de colonizadores y esclavistas. Sin embargo, nos toca a nosotros iniciar un proceso de cambio, detener la codicia de las naciones desarrolladas, partiendo de la visión capitalista y entender definitivamente que África tiene dueños y que de lejos no son pueblos occidentales ni orientales. Todo lo que fue apropiado ilegalmente, que generó toda forma de miseria, hambre y enfermedad, debe ser reparado y detenido. Aquí viene la importancia de la diáspora africana en la NUEVA DESCOLONIZACIÓN DE ÁFRICA que da título a este libro.

Si no recibimos nada en este sentido de las generaciones pasadas, tenemos que señalar caminos importantes para las nuevas generaciones, no solo con ideas sino principalmente con acciones prácticas.

Un desarrollo que se basa en la muerte de millones y millones de personas en África, que se produce año tras año, se alimenta de esta forma de pensar, realmente debe detenerse.

Quienes formamos parte de la diáspora africana, dondequiera que estemos, debemos ser las grandes voces de África, que, por mucho que griten, no pueden hacerse eco de sus diversos llamamientos. Seguir echando toda la responsabilidad del hambre del continente africano sobre los hombros de los actuales gobernantes de África, sin asumir las responsabilidades de nuestros antepasados, no me parece una acción digna de la raza humana.

El primer e importante paso es INTERESARSE EN ÁFRICA. Hoy, con el advenimiento de internet y las redes sociales, entablar amistad en varios países africanos y tratar de comprender sus angustias reales, la mayoría de ellas, ocultas tanto por los gobiernos como por la prensa, que aún no ha alcanzado su libertad, dependiendo en gran medida de capital financiero para su supervivencia. Y en esta dependencia se esconden errores y más errores y el caos sigue reinando para millones, por qué no decir miles de millones de personas que viven, sin poder llamar vida, por debajo de la línea de pobreza que es menos de un dólar / día.

Por la imagen que he visto en países africanos que ya conozco e incluso en los que no conozco, pero veo más fácilmente porque estoy en suelo africano, la principal ayuda está ligada al DESARROLLO DEL SECTOR AGRÍCOLA. La diáspora afrobrasileña, por ejemplo, puede contribuir en gran medida al desarrollo agrícola en África. Incluso sin tener el mando de la Agricultura en Brasil, la Diáspora Afrobrasileña, al estar más ligada a África, puede llegar a los ruralistas brasileños y no solo eso, para crecer, no necesitan destruir la selva amazónica, de hecho, no bosque.

En África se pueden encontrar muchas tierras buenas para la agricultura, así como una gran fuente de ríos. Con el crecimiento de la agricultura en los países africanos, se generan innumerables puestos de trabajo, mientras se lucha contra el hambre, ya que los alimentos cuestan menos en todo el continente africano. El flujo de producción agrícola en África calentará todo el mercado de equipos agrícolas como tractores, pulverizadores, cosechadoras, sembradoras, etc. El mercado de insumos agrícolas también se verá fuertemente calentado.

Brasileño diseña invernaderos para producción de alimentos del desierto en África

El proyecto Marvella Farms generará puestos de trabajo y aumentará la producción agrícola en Djibouti, uno de los países más cálidos del mundo

El brasileño Guilherme Moreira, ingeniero ambiental y sanitario egresado de la Universidad Federal de Juiz de Fora (UFJF), es socio gerente del proyecto Marvella Farms (Foto: Divulgación)

AFRICANO DE ALMA - AFRICAN SOUL

REFLEXIÓN IMPORTANTE:

Vea en la foto que el brasileño Guilherme Moreira, ingeniero ambiental y sanitario, no es afrobrasileño en color, cabello y facciones, pero su trabajo, por todo lo que beneficiará al pueblo africano en general, lo hace más que afrobrasileño. Crearé aquí un nuevo término llamado AFRICANO DE ALMA y empezaré a designar a personas como el brasileño Guilherme Moreira con este título a partir de ahora, en este y otros libros de la COLECCIÓN ÁFRICA.

Con temperaturas que alcanzan los 43°C y una alta humedad del aire, Djibouti siempre se ha enfrentado a dificultades para desarrollar su agricultura local. Actualmente, la agroindustria representa solo el 3% del PIB del país africano, que necesita importar el 90% de sus alimentos debido a la imposibilidad de producirlos en su territorio desértico de 23.200 kilómetros cuadrados, solo un poco más grande que Sergipe, el estado más pequeño. Brasileño. Como si las condiciones climáticas extremas no fueran suficientes, en los últimos años las plantaciones de Djibouti se han visto afectadas por plagas de langostas, una de las consecuencias del cambio climático en la región.

Como resultado, la lucha contra el hambre y la búsqueda de la seguridad alimentaria se han convertido en prioridades para el gobierno local, que ha apoyado iniciativas extranjeras destinadas a solucionar esta situación. Este es el caso de Marvella Farms, un proyecto creado por las empresas norteamericanas Agro Fund One, Universal Construction y DJR Architecture. El brasileño Guilherme Moreira, ingeniero ambiental y sanitario egresado de la Universidad Federal de Juiz de Fora (UFJF), en Minas Gerais, y autor del blog Hidroponia in Practice, es el socio gerente del proyecto.

Brasil diseña invernaderos para la producción de alimentos en el desierto de Djibouti (Foto: Divulgación)

"La misión de Marvella Farms es cultivar productos orgánicos y locales durante todo el año para abastecer el mercado local y también servir para las exportaciones", dice Moreira, quien presentó el proyecto este jueves (15) en el Open Food Innovation Summit, el mayor evento brasileño sobre el futuro de la alimentación.

Ingeniería y técnicas agrícolas

Para ello, el proyecto combinará los mejores aspectos de diferentes sistemas hidropónicos en un solo sistema, una técnica para cultivar plantas sin la presencia de suelo. El sistema se llama SAEF (Shallow Aero Ebb and Flow) y se caracteriza por ser un sistema de subirrigación. En este sistema, los chorros de agua con una solución nutritiva se lanzan periódicamente a las raíces de los alimentos a intervalos cortos, mientras que las plantas se apoyan en una espuma de poliestireno en un banco, lo que permite un excelente aislamiento térmico.

Además, los ingenieros también utilizan el concepto de agricultura protegida: en los invernaderos, podrán crear un ambiente controlado con las condiciones más adecuadas para cultivar diferentes tipos de alimentos, obteniendo la máxima tasa de producción.

Proyecto de los invernaderos Marvella Farms (Foto: Publicidad)

Una de las principales preocupaciones de Moreira a la hora de evaluar las opciones más sostenibles para enfriar los invernaderos fue el consumo de energía, que sería inviable si se utilizara aire acondicionado en todo el entorno. Por tanto, la propuesta es que solo se enfríe el agua destinada a nutrir las plantas. "Al alimentarse con agua helada, la comida podrá enfriarse de adentro hacia afuera", explica el ingeniero.

En cuanto a la circulación del aire en los invernaderos, fundamental para mantener la temperatura adecuada y alejado del calor externo extremo, se utilizarán extractores en la parte superior de los edificios, que dirigirán el aire caliente del ambiente hacia las ventanas laterales. La idea es que el aire de todo el lugar se cambie cada cinco minutos.

Una de las principales preocupaciones de Moreira a la hora de evaluar las opciones más sostenibles para enfriar los invernaderos fue el consumo de energía, que sería inviable si se utilizara aire acondicionado en todo el entorno. Por tanto, la propuesta es que solo se enfríe el agua destinada a nutrir las plantas. "Al alimentarse con agua helada, la comida podrá enfriarse de adentro hacia afuera", explica el ingeniero.

En cuanto a la circulación del aire en los invernaderos, fundamental para mantener la temperatura adecuada y alejado del calor externo extremo, se utilizarán extractores en la parte superior de los edificios, que dirigirán el aire caliente del ambiente hacia las ventanas laterales. La idea es que el aire de todo el lugar se cambie cada cinco minutos.

Implementación

Aún no programada para inauguración, pospuesta debido a la pandemia, la estructura de Marvella Farms se implementará en dos fases. El primero consiste en un invernadero piloto que ocupará una superficie aproximada de 490 metros cuadrados. Resistente al clima y basado en sistemas hidropónicos y energía solar, el medio ambiente podrá producir alrededor de 4.5 mil kilos de productos frescos, como hojas verdes, tomates y frutos silvestres.

En una segunda etapa, el proyecto se ampliará a 40 hectáreas y tendrá una producción de alimentos más diversificada (incluyendo productos muy utilizados en la región, como pimientos, ajos y hierbas). En esta etapa, los procesos se pueden automatizar, aunque Djibouti no tiene una industria robótica consolidada.

Una de las misiones más importantes del proyecto es emplear y capacitar a la población local, demostrando que la agricultura, que nunca fue sinónimo de abundancia en el país, puede ser una opción de carrera para los más jóvenes. "En Djibouti, tenemos el problema del desempleo entre los jóvenes y la falta de aprecio por las mujeres. A través de nuestras fincas, queremos brindar oportunidades de empoderamiento para estos grupos", señala Moreira.

Además de la producción de alimentos únicamente, el proyecto también podría traer beneficios para la salud de la población, garantizando la seguridad alimentaria. Además, también fomenta la economía circular, el desarrollo sostenible y el intercambio de conocimientos. Parte de la solución de nutrientes utilizada en los invernaderos de Marvella Farms se donará a los agricultores locales para que la utilicen en sus propias tierras.

TENEMOS QUE CONOCER AFRICA

CARLOS LOPES

Carlos Lopes. El académico guineano fue asistente de Kofi Annan en la ONU y ahora es profesor en la Escuela de Gobernanza Pública Nelson Mandela, en Ciudad del Cabo. Habló con DN en Lisboa en octubre de 2019, cuando participó en una conferencia sobre África organizada por IPDAL - Instituto para la Promoción de América Latina y el Caribe.

El primer error al hablar de África se hace como si fuera todo lo mismo, porque nos estamos refiriendo a realidades muy distintas. Solo me refiero a la división tradicional entre África del Norte, África Árabe y África Subsahariana. Me refiero a un país como Sudáfrica, que no es comparable a Etiopía. Mozambique es bastante diferente de Nigeria. Entonces, ¿eres el mejor hablar en África?

Si. Este sería el más correcto, porque, desde el punto de vista del contexto histórico, hay muchas diferencias. Pero al mismo tiempo, hay un sentido hallar de África para ciertas cosas. Por ejemplo, todos los países africanos dependen en gran medida de las materias primas. Si bien no tiene una gran riqueza de materias primas, debido a dificultades logísticas, un poco de esta relación depende de esta relación que África tiene con las materias primas. En el ranking de Naciones Unidas hay 35 países de África que dependen en gran medida de las exportaciones de materias primas. Y esta definición incluye países que tienen menos del 80% de sus exportaciones.

Esto puede ir desde un gigante petrolero como Nigeria hasta un país pequeño ...

Podría ser un país pequeño como Guinea-Bissau que exporta anacardos. Puede que sean materias primas más extractivas, otras no, pero casi todos los países tienen estas características y creo que la transformación estructural de África implica necesariamente este cambio. Y luego vemos cómo un país como Argelia puede verse muy diferente de un país como Angola, pero desde el punto de vista de la estructura económica, son muy similares. Un país como Marruecos, que está en vías de industrialización, puede verse muy diferente de un país como Etiopía, pero el programa de transformación estructural de Etiopía en términos de industrialización es muy similar. Hay similitudes y también diferencias. Y otra característica que creo que es importante desde un punto de vista estadístico: África se ha dividido mucho en dos partes. El norte de África siempre se presenta en los organismos internacionales junto con Oriente Medio, con el que menos tiene que ver, salvo el idioma, pero, desde el punto de vista de la estructura económica, los países del Golfo no tienen nada que ver con él. los países del norte de África. Y el África subsahariana a menudo está entrelazada con el Caribe y el Pacífico, como es el caso de las negociaciones con Europa. Pero también tiene muy poco que ver con el Caribe y muy poco que ver con el Pacífico. Es decir, tenemos una especie de mentalidad colonial que ha dividido el mundo en distintas piezas que son reconocibles y que hay una cierta comodidad en el tipo de análisis que se hace y que acaba encajando, digamos, en el gestión de esa comodidad. Por ejemplo, en geografía seguimos utilizando la proyección cartográfica de Mercator, que nada tiene que ver con la masa terrestre, cuando hay una proyección, la de Peters, que efectivamente da un planisferio correcto.

Evidentemente en esta edición de Mercator, Angola parece tener el tamaño de España cuando en realidad es tres veces más grande.

Exactamente. Ahí tenemos la situación en la que una empresa de alta tecnología como Google, en su Google Maps, sigue usando Mercator. Tiene que ver con una especie de comodidad que hace que la gente mire a África desde cierto ángulo.

¿Crees que Mercator devalúa África?

Estoy seguro. No es una devaluación accidental, porque si la gente supiera que África es del tamaño de Estados Unidos, China, India y Europa Occidental y Japón juntos, la gente tendría otra imagen del continente en términos de diversidad. Y, entonces sí, pudieron entender que, de hecho, África es mucho más compleja de lo que uno imagina. Por otro lado, sabemos que seis economías representan el 70% del PIB de África. Por lo tanto, tenemos un grupo de países, unos 40 países, que son muy pequeños desde el punto de vista económico, a escala mundial, y por lo tanto, si no hay semblanza de unidad para poder brindar, digamos, el cosas para estos países que pueden evolucionar, desarrollar, negociar ... es muy difícil.

Mirando a un África anglófona, lusófona, francófona, ¿el legado colonial marca una diferencia hoy en día, o después de 50 años de independencia se ha desvanecido?

Aún quedan muchos rastros que se pueden verificar de diferente herencia colonial en diferentes países, pero, en general, creo que se ha desvanecido. Por ejemplo, tenemos países anglófonos del sur de África que parecen mucho más organizados y estructurados y que han tenido, digamos, una consecuente urbanización, descentralización administrativa y que tienen características mucho más cercanas a la era industrial, pero también tenemos ejemplos de países anglófonos como ya que Nigeria o Sierra Leona están en completo caos. Actualmente también tenemos países que están creciendo mucho en el África francófona, como Costa de Marfil, como Senegal, y luego tenemos países que están en total letargo en términos de desarrollo, que es el caso de un país como Camerún.

El África lusófona es más coherente ...

No. Tenemos el caso de Cabo Verde, que tiene una trayectoria constante, y tenemos a Guinea-Bissau, que está en perenne conflicto.

Estos dos países incluso tenían un proceso de lucha de liberación común ...

E incluso, digamos, con una historia colonial muy cercana y con una administración común durante la mayor parte de su experiencia colonial. Esto prueba que son las características y contextos específicos de cada país los que determinan de alguna manera la política. Pero hay grandes rasgos de la política africana que son comunes a todos. Por ejemplo, la construcción del estado poscolonial en África, en su mayor parte, fue una extensión de los derechos adquiridos por los ciudadanos a los súbditos. Porque lo que existía durante el período colonial era que había una categoría, una élite, digamos, que se consideraba ciudadana y tenía todos los derechos de ciudadanía. Y eso incluía a una parte de la población africana, a la que llamamos asimilados.

Con la independencia, todos se convirtieron automáticamente en ciudadanos ...

En retórica. Porque si ni siquiera tiene un registro civil -y en el caso del 40% de la población africana no lo tiene- para el Estado no existe. Se habla mucho de informalidad en el sector económico, pero es una informalidad que va mucho más allá de la economía. Si la persona no tiene registro civil, no tiene acta de nacimiento o incluso acta de defunción, no existe para el Estado. Y así realiza transacciones económicas y sobrevive más allá de su existencia legal.

Estamos hablando de personas que no tienen acceso a la salud, a la educación, porque no existen oficialmente. ¿Dijiste 40%?

40% de africanos. Y esto es transversal en casi todos los países. Algunos lo tienen de una manera más profunda y otros no. Y hoy en día todo esto se puede superar a través de la biometría. Como se hizo, dicho sea de paso, en la India, que tenía el mismo problema. Por lo tanto, se conoce la técnica y la tecnología para hacer esto, pero aún no es así. También tenemos otras características como la forma en que la administración se ha orientado hacia las industrias extractivas. Todo es colonial. No se trata solo, por ejemplo, de exportar petróleo, diamantes u oro u otras cosas por el estilo. También es la infraestructura que se pone en marcha para este tipo de producción y para este tipo de economía. Y esto no es diferente en el norte de África, no es diferente en Sudáfrica, en Sudáfrica será platino, en Argelia será gas y petróleo, pero siempre tenemos la infraestructura ligada a la extracción.

Puede verse, por ejemplo, que en el período inmediatamente posterior a la independencia quizás no existían élites preparadas para gestionar una economía más compleja. Pero, una vez más, hablamos de 50 años después.

Hoy en día, no existe tal problema, digamos, de capacidades. Durante mucho tiempo el problema y el debate en la ayuda al desarrollo fue la creación de habilidades técnicas y para eso hubo cooperación internacional. Hoy en día, no tenemos este problema. Tenemos el problema de que en la mayoría de los países africanos no hay capacidad para absorber toda la calidad de la mano de obra disponible. Y es por eso que la diáspora se alimenta de la exportación de, digamos, cerebros africanos. Tenemos estadísticas para demostrarlo. Por ejemplo, en los Estados Unidos, de los diversos grupos de inmigrantes en el país, los más educados son los nigerianos.

Pensamos en los inmigrantes africanos, sobre todo como desesperados por probar el Eldorado europeo. Pero hay otra migración africana que es de personas altamente calificadas.

Exactamente. El sistema nacional de salud en Gran Bretaña tiene alrededor del 5% de sus enfermeras que son de origen africano. Entonces, hay otra migración altamente calificada que a menudo es binacional. Pasa desapercibido en las estadísticas porque son personas que, incluso por su nivel de integración, acceden fácilmente a las nacionalidades de los países de acogida. Terminamos teniendo una impresión distorsionada de los migrantes. Pero la definición de migrante de las Naciones Unidas incluye a todos aquellos que nacieron en un país y viven en otro, independientemente de su nacionalidad y documentos. Y según esa estadística, ahora hay alrededor de 250 millones de personas en el mundo que tienen estas características. Y, de esos 250 millones, si tuviéramos que mirar las estadísticas en términos de continentes y no de países, África tiene la menor cantidad. Y, de los africanos que emigran, el 80% emigra a otro país africano. Estamos hablando de que aproximadamente el 20% de los inmigrantes africanos salen de África. Lo que constituye, en términos de cifras de las Naciones Unidas, mucho en la migración mundial extracontinental de aproximadamente el 26% de los migrantes mundiales. Y Europa tiene el 34%. Por tanto, Europa tiene más inmigrantes que África.

Lo que contradice los discursos populistas ...

Si nos fijamos únicamente en la migración de África a Europa, las cifras también son muy claras. Estos números son de Frontex, ni de las Naciones Unidas. Muestran que el 94% de los africanos que viven en Europa, migrantes, son personas que han entrado legalmente. Entonces hay un 6% que ingresa ilegalmente. Y de ese 6% tenemos un gran porcentaje que llega del Mediterráneo, que son objeto de atención mediática y opinión pública. Pero estos son números muy pequeños. El año pasado, hubo mucho más que este año. Y el año anterior hubo mucho más que en 2018 y así sucesivamente. Ha ido disminuyendo drásticamente.

Entonces, cuando dices que son legales, significa que obviamente los países de acogida están fomentando esa emigración.

Al menos están dando visas. La gente no transgredió el tipo de visa que tenía. De lo contrario, son ilegales. Es un número muy pequeño. Pero es un número que deleita las estadísticas y genera mucha discusión.

Pero luego mirando a los países africanos. ¿Esta pérdida de personas calificadas, esta pérdida de juventud, es una de las explicaciones de los problemas del continente?

No lo creo, porque la diáspora está haciendo una contribución muy clara al desarrollo de los países. ¿Por qué digo esto? Porque durante mucho tiempo la diáspora había perdido sus conexiones con los países de origen. Por varias razones. Hubo problemas de comunicación, el transporte no era lo que es hoy, el acceso a internet no era lo que es hoy, etc ... Nosotros, hoy en día, tenemos una situación donde la conexión entre la diáspora y las familias de los países de origen es mucho mayor . Y esto se traduce, por ejemplo, en remesas de emigrantes. Las remesas de emigrantes en 2000 rondaron los seis mil millones de dólares. Hoy son 81 mil millones de dólares. Europa-África.

¿Significa esto también que la diáspora cree de alguna manera en África?

No solo cree, sino que contribuye más que la ayuda al desarrollo. Porque estamos hablando de ayuda al desarrollo que se ha estancado alrededor de 50 mil millones hace más de una década y el aumento no proviene de la ayuda al desarrollo. Proviene de remesas de emigrantes. Por lo tanto, cuando se les pida a los países africanos que detengan la migración, dirán que sí, pero en realidad va en contra de sus intereses.

Para muchos países ya puede ser una de las principales fuentes de divisas.

Por supuesto, sin duda alguna. Este es el caso de un país como Cabo Verde que recibe más remesas de emigrantes que ayudas al desarrollo. Pero también es cierto para Egipto, para Túnez ... Es cierto para una multitud de países. Etiopía, etc. Tenemos una situación aquí en la que a los países africanos no les conviene detener la migración. Quizás regularlo. Pero sin detenerlo.

Cabo Verde se señala a menudo como un ejemplo no solo de éxito en el desarrollo sino también de éxito democrático y ya cuenta con al menos dos décadas de diversos cambios políticos. ¿Es un mito decir que la democracia es una excepción en África?

Te voy a dar una estadística que puede resultar sorprendente para muchos, pero solo tienes que comprobarla para ver si es verdad. Durante los últimos 26 meses ha habido 20 cambios de líderes en África. Este es un promedio de casi un líder por mes y alcanza su punto máximo. Y esa es la realidad. Hoy en día, como la edad promedio de la población del continente es de 19 años, existe una gran presión para cambiar la estructura y distribución del poder. Tenemos muchos debates sobre qué es realmente la democracia representativa en África. ¿Podría ser una copia de lo que se hace en Europa? Parece que no. Porque incluso Europa está atravesando una pequeña crisis. Entonces, ¿cuál es la situación real en el debate sobre la gobernanza en África? Es un debate sobre lo que podríamos llamar las características intrínsecas de África que más necesitan una transformación estructural. La transformación estructural en sí misma está, por ejemplo, ofreciendo a la gente nuevas formas. Como trabajo decente, nuevas formas de integrar la modernidad ... Estamos hablando de alejar a la gente de una agricultura de subsistencia que todavía ocupa alrededor del 50% de los africanos por una mayor productividad que tiene que ver con la era industrial, tiene que ver con la urbanización. Tenemos uno de los procesos de urbanización más rápidos de la historia. Y esta transformación a menudo equivale no al momento político que están viviendo las sociedades occidentales, sino al momento político que vivieron las sociedades occidentales hace unas décadas. ¿Y qué hicieron durante décadas? Tenían políticas proteccionistas que ahora son muy difíciles en África porque el comercio mundial ha cambiado. Tenían fácil acceso a la tecnología porque la propiedad intelectual no era lo que es hoy en términos de regulación. Por supuesto, tenían acceso a métodos de financiación que ahora son prohibitivos para África debido a la evaluación de riesgos, etc.

África llega más tarde y tiene que hacer lo que hicieron los europeos pero en condiciones más difíciles.

En condiciones mucho más difíciles. Y para eso, no se puede tener un sistema político igual al que están viviendo los países occidentales en este momento. La gente suele pensar que tiene que ser lo mismo ...

No puede ser solo un voto de un hombre, ¿es más complejo que eso?

Es mucho más complejo que eso. Normalmente tengo esta idea en una oración. ¿Debemos democratizar África o africanizar la democracia? Africanizar la democracia es adecuarla a la realidad local, que debe tener ciertas características que permitan una gobernanza compatible con las necesidades del momento.

¿Estás hablando de incluir, por ejemplo, las tradiciones de gobernanza local …

Exactamente. Y consenso, mucho consenso. Porque el principal problema de África es el síndrome del ganador se lo lleva todo. Y para que seamos capaces de respetar la diversidad, que es fundamental en África por la diversidad étnica, por las características que tienen que ver con la llegada tardía de la modernidad misma, necesitamos necesariamente construir consensos, construir lo que llamaríamos nación, entonces que las identidades son mucho más nacionales y menos étnicas. Y para eso no podemos tener un proceso democrático donde haya siquiera un voto que pueda ser capturado por la identidad étnica. Tiene que ser más sofisticado.

También dijo que la globalización en este momento dificultaba la gobernanza en África. A saber, algunas reglas proteccionistas que no se pueden hacer. Hace unos años se hablaba de la competencia entre estadounidenses y franceses en África y hoy son los chinos los que destacan. ¿Puede África aprovechar estas rivalidades en su beneficio?

Creo que África hoy en día, y eso se puede ver en las estadísticas de inversión extranjera directa, del brutal aumento de la infraestructura, de la diversificación de las exportaciones, que aún es tímida pero ha comenzado, tiene una mayor capacidad de negociación porque hay competencia. Y esta competencia, en gran parte, es el resultado de la llegada de China.

China ha estado en África durante mucho tiempo, pero ahora regresa con una perspectiva más capitalista.

Creo que siempre vale la pena señalar, mencionar, el hecho de que, desde el punto de vista de la presencia económica, Europa sigue teniendo la posición dominante en África. Tanto en términos de stock de inversión como en términos de evolución de la inversión, así como en términos de intercambio. África tiene la Europa de los 28 como su primer socio comercial. Pero cuando lo miras en términos de países, está claro que Europa se divide en un conjunto de países y luego China es lo primero. Pero es una ilusión. Lo que sí existe es un aumento acelerado de la presencia china en términos de infraestructura, en términos de intercambio y también cada vez más en términos de inversión. Pero es necesario dar los números para que la gente se haga una idea de lo que estamos hablando.

¿Siente alguna reacción adversa en África ante la llegada de los chinos?

Los chinos tienen un total del 4% de su inversión global en África. Esto significa que África no es tan importante como parece. El 4% es relativamente bajo y para todo un continente es una inversión que vale la pena porque es de bajo costo. Por ejemplo, la marca de teléfonos más vendida en África es Tecno, una marca que fue creada por los chinos solo para África. Por tanto, existe incluso marketing para África en determinados productos que no existen en el resto del mundo. Es un terreno de experimentación, es una expansión del mercado y, sobre todo, es un mercado consumidor potencial de futuro. Si tenemos una población tan joven, y es la que más crece, y que en muy poco tiempo, en 2034, tendrá una plantilla superior a China. Y que para el 2050 tendrá dos mil millones de habitantes, vale la pena invertir a bajo costo. El equivalente a lo que África obtiene de la inversión china es lo que obtiene Pakistán. ¿Cuál sería el mejor trato? ¿Por la misma cantidad tener todo un continente o solo Pakistán? Pakistán es estratégico para China debido a la India, pero aún así. Creo que, desde un punto de vista geoestratégico, hacen, con muy poco esfuerzo, una zona de influencia muy amplia. Y la nueva ruta de la seda tiene algo que ver con eso. Es un gran proyecto de infraestructura. Para eso, necesitaba su propio banco porque el sistema de crédito internacional no apoyaría tanta inversión en infraestructura y no necesariamente lo haría como lo hacen los chinos. Y, por lo tanto, necesitaban su propio banco, que es el banco de infraestructura que estableció China y que tiene un capital más alto que el banco mundial, solo para que te hagas una idea. Y África es el final de esta ruta de la seda en términos de ruta marítima.

En su perspectiva, en la relación África-China, ¿ambas partes están ganando?

Están ganando porque China no quiere mirar al Pacífico porque el Pacífico tiene sus competidores históricos. Japón, mayores y Estados Unidos, y por tanto necesitan mirar hacia Occidente y ocupar una franja que desde el punto de vista de su influencia económica todavía es posible ocupar. Ya es muy difícil de ocupar, por ejemplo, en Europa, aunque hay inversión china en puertos mediterráneos para llegar al final final de la ruta de la seda, pero es sobre todo Asia vista hacia Occidente, no el sudeste asiático donde China ya lo hará. tienen dificultades y África, que son los mercados potenciales para conquistarla.

Hace un momento habló de los dos mil millones de africanos. Esto se ve casi como una condena a la capacidad del continente para responder a tanta gente. ¿Es realmente dramático o puede tener ese lado positivo de más fuerza laboral y más juventud?

La transición demográfica en África se está produciendo en un momento en que el resto del mundo está envejeciendo muy rápidamente. Esto nunca ha sucedido antes, históricamente. Por lo tanto, no conocemos muy bien los contornos de este evento demográfico. Porque siempre ha habido transiciones demográficas en un momento determinado de la historia de diferentes regiones. La última gran transición demográfica es la experimentada por China y, en este momento, el movimiento está llegando a India y África. Estos son los dos grandes polos de crecimiento demográfico que aún existen en el mundo. ¿Y qué tiene esto que ver con la economía del futuro? Es solo que vamos a tener una economía cada vez más intensa tecnológicamente. Por tanto, genera poco empleo, y esta intensidad requiere otro tipo de empleo, no los puestos de trabajo que tenemos actualmente disponibles en las economías más maduras y desarrolladas. Y, desafortunadamente para Europa, Japón y los países que envejecen rápidamente, este otro tipo de trabajo es necesariamente joven. Porque suele ser para cuidar a los ancianos. África será una especie de reservorio para la juventud del mundo hasta el punto de que uno de cada dos niños en el mundo, a partir de 2040, será africano. Incluso para la preservación de la especie en sí, necesitaremos africanos, porque habrá un proceso de envejecimiento muy rápido. Ya hay 78 mil personas en Japón con más de 100 años y es el país más antiguo del mundo, pero es una tendencia que está muy extendida en todos los países occidentales. Lo que parece ser un problema africano debe verse como parte de un pacto más global, porque supongamos que queremos obtener un alto rendimiento de las nuevas tecnologías. Teléfonos inteligentes. Hay quienes tienen la patente, que son países occidentales. Hay quienes tienen, digamos, control de marca, y son países occidentales. Y ahí radica la mayor parte del valor. Hay quienes controlan la logística y la financiación y se puede decir que también son países occidentales. Pero luego tenemos un problema. ¿Dónde está el mercado de crecimiento del consumo? Será África e India porque habrá menos o más personas mayores, a menos que a la gente le importe, se acepta la movilidad. Si esto no se acepta, la población de Japón disminuirá de 110 millones a 90 millones a finales de siglo, y con esa disminución hay un gran proceso de envejecimiento. El consumo de nuevas tecnologías es con los jóvenes. Porque es muy difícil que las nuevas tecnologías sean absorbidas por la población que envejece a medida que avanza la inteligencia artificial. Entonces África es parte del todo. Para tener la rentabilidad que permita a quienes controlan la propiedad intelectual, quienes controlan la marca, aprovechar los beneficios que permitan a su población seguir teniendo el nivel de vida que tienen, necesitan un mercado consumidor que será el mercado africano y el mercado indio primero. Aquí tenemos que construir una especie de pacto global que no sea muy diferente de lo que dijo Jean-Jacques Rousseau hace 300 años cuando redactó el contrato social. Dijo que tenemos que ejercer una solidaridad intergeneracional que va de la familia a la comunidad. Y que luego pasó de la nación a la región de la Unión Europea y que ahora tiene que pasar al mundo porque los jóvenes estarán en una parte del mundo diferente a los mayores. En cierto modo, hazlo duro, pero esa es la gran tendencia. ¿Para quién vamos a preservar el planeta? Para la generación venidera. Pero preservar el planeta para la generación venidera es preservar el planeta, en gran parte, para los africanos porque son la generación venidera. Porque estos países tienen cada vez menos fecundidad y esta fecundidad es tan baja que aún no hay estadísticas pero ya existen estudios que demuestran que incluso una parte significativa de la población tiene nacionalidad y tiene todas las características para ser considerados ciudadanos de origen de países occidentales. , suelen ser niños adoptados, in vitro, etc. Entonces ya no es fertilidad natural. Hay tal disminución de la fertilidad que las formas de reemplazo de la fertilidad natural están cada vez más extendidas.

Este contrato social global es una prueba en el sentido de que es imposible detenerlo. Pero está claro que habrá fuerzas políticas sobre todo en Europa y Estados Unidos que intentarán frenar esto a todos los niveles. Intentarán detener la africanización del mundo.

Sí, por ejemplo. Pero esto no es muy diferente, digamos, desde un punto de vista filosófico de lo que provocaron las ideas de Rousseau en ese momento. Cuando dijo "no, no podemos solo cuidar de la familia, tenemos que tener estructuras políticas que se ocupen de la comunidad y luego de la nación", tampoco fue pacífico. Hubo muchas luchas, hubo personas que se rindieron y luego fue una transición política hacia una gobernanza más sofisticada e inclusiva. Estamos en este momento de inclusión que es imparable, pero también hay fuerzas que van a tener reacciones muy negativas. Creo que el fenómeno Trump, el fenómeno Bolsonaro, ese tipo de fenómeno populista tiene algo que ver con esto. Es la negativa a discutir la demografía porque también hay un grave problema demográfico en Brasil. La transición demográfica en Brasil ya terminó, por lo que la población comenzará a envejecer y comenzará a disminuir también. Tenemos esta reacción casi natural de quienes tienen los privilegios de darse cuenta de que hay un desmantelamiento del estado de bienestar y los beneficios sociales del estado. Y este desmantelamiento debe entenderse como el hecho de que el número de cotizantes disminuye y el de beneficiarios aumenta. Y el número de beneficiarios aumenta y los costos de retener beneficiarios también aumentan porque la medicina ha progresado, hay acceso a muchas más posibilidades de tratamientos y se requiere mucho más dinero. No menos, sino más dinero. Porque antes era solo penicilina y ahora estamos en otra fase donde los costos sociales son mucho más altos que distribuir penicilina. Esto significa que tenemos que obtener los ingresos que nos permitan mantener el estado de bienestar en alguna parte.

Los portugueses tienen la idea de que conocen muy bien África y tal vez conocen muy bien el África de habla portuguesa. Pero, ¿verá lo rápido que está cambiando?

La gente tiene que darse cuenta de que África tiene hoy un nivel de sofisticación más alto que hace 15 años, es una África que crece. Tiene seis de los diez países de más rápido crecimiento del mundo, tiene diez de los 20 países de más rápido crecimiento del mundo, África es el segundo destino de inversión en términos de crecimiento mundial. Todo esto comienza desde una base muy débil y baja, pero, digamos, estas son las tendencias.

Publicado originalmente el 12 de octubre de 2019

Índice Global da Fome 2020

■ Muito grave | 35,0 – 49,9 — Muy serio

■ Grave | 20,0 – 34,9 — Grave

■ Moderado | 10,0 – 19,9 — Moderar

■ Baixo | ≤ 9,9 — Bajo

□ Não registrado / não classificado — No registrado desclasificado

 Fonte: Deutsche Welthungerhilfe e.V.

Hace cinco años, la Organización de las Naciones Unidas (ONU) definió como uno de sus objetivos erradicar el hambre en el mundo para el 2030. En otras palabras: todo ser humano, incluso en los países más pobres, debe tener una alimentación adecuada. Pero, ¿cuál es la situación mundial hoy? ¿Y estamos en el camino correcto para lograr este objetivo?

En 2015, esto parecía ambicioso pero alcanzable. Después de todo, la situación alimentaria mundial ha mejorado mucho en tan solo unos años. En 2000, el Índice Global del Hambre (GHI) le dio a todo el planeta una puntuación de 28,2, lo que significa que la situación era grave. Hoy, con una puntuación de 18,2, el hambre se considera solo moderada: cero, nen este caso, significaría no tener hambre, mientras que 100 sería la peor puntuación posible.

El GHI se calcula sobre la base de cuatro indicadores componentes del hambre:

• Desnutrición (porción de la población con una ingesta calórica insuficiente)

• emaciación infantil (proporción de niños menores de 5 años que tienen un peso inferior al normal para la altura, un reflejo de la desnutrición aguda)

• Niños de baja estatura (proporción de niños menores de 5 años que tienen estatura baja para su edad - evidencia de desnutrición crónica)

• Mortalidad infantil (tasa de mortalidad entre los niños menores de 5 años)

fracaso moral

A pesar de los avances, las estadísticas recientes siguen siendo asombrosas: casi 690 millones de personas en todo el mundo sufren desnutrición; 144 millones de niños tienen trastornos del crecimiento; 47 millones de niños están extremadamente demacrados y, en 2018, 5,3 millones de niños murieron antes de cumplir cinco años, a menudo debido a la desnutrición.

En su último informe, la organización humanitaria alemana Welthungerhilfe se refiere al hambre en el mundo como "el mayor fracaso moral y ético de nuestra generación". Aunque el promedio mundial ha mejorado, las diferencias entre regiones y países son enormes. África subsahariana (27,8) y Asia meridional (26,0) son las regiones con las peores tasas de hambre del mundo.

¿Qué está frenando el progreso en la solución de este problema? Simone Pott, portavoz de Welthungerhilfe, cita "las crisis y los conflictos, junto con la pobreza, la desigualdad, los sistemas de salud deficientes y las repercusiones del cambio climático" como los principales factores de esta ecuación.

Da el ejemplo de Madagascar: "El GHI es más alto hoy que en 2012. Entre los problemas del país están el aumento de la pobreza y la inestabilidad política, así como las consecuencias del cambio climático". Pero el Congo y la República Centroafricana son los farolillos del informe, dice, con "conflictos violentos y eventos climáticos extremos que retrasan cualquier desarrollo positivo".

Los éxitos de Nepal

Pero también hay ejemplos positivos. En 2000, la situación en dos países, Camerún y Nepal, se clasificó como "muy grave", pero hoy ambos se encuentran entre las naciones con tasas moderadas de hambre.

En Camerún, la producción económica per cápita se duplicó con creces entre 2000 y 2018, de 650 a 1534 dólares, según datos del Banco Mundial.

En el caso de Nepal, Simone Pott explica las razones del progreso: "Las inversiones en desarrollo económico han reducido la pobreza. Las intervenciones en el sector de la salud han llevado a una menor tasa de mortalidad infantil y una mejor salud en general. En mayor seguridad alimentaria", dice.

Angola, Etiopía y Sierra Leona también han mejorado mucho desde 2000, y sus puntuaciones GHI se han reducido en más de 25 puntos. En 2000, los tres países todavía estaban en la categoría de "muy graves", principalmente debido a las guerras civiles, que son una de las principales causas del hambre y la desnutrición.

¿Medicina peor que la enfermedad?

Ahora una gran incógnita ha entrado en la ecuación: covid-19 y sus consecuencias. Nada de esto se tiene en cuenta en el informe. Las crisis económicas provocan una disminución de los ingresos. Para muchos países, esto significa que tendrán que importar menos alimentos. Según estimaciones de la Organización de las Naciones Unidas para la Agricultura y la Alimentación (FAO), esto podría conducir a la desnutrición de hasta 80 millones más de personas en países con importaciones netas de alimentos solamente.

Mathias Mogge, secretario general de Welthungerhilfe, tiene temores similares. "La pandemia y sus consecuencias económicas tienen el potencial de duplicar el número de personas afectadas por crisis alimentarias agudas", dice.

Incluso en los países occidentales, a menudo surge la pregunta de si las consecuencias económicas de las medidas adoptadas para frenar la propagación del coronavirus no serían peores que los problemas de salud causados por el propio virus, es decir, si el remedio no sería peor que el enfermedad.

Pott cree que este es el caso en muchos países del hemisferio sur. "El cierre ha tenido consecuencias nefastas, especialmente para los millones de personas que trabajan en el sector informal", dice. "De la noche a la mañana perdieron sus ingresos, los mercados locales tuvieron que cerrar y los pequeños agricultores ya no podían cultivar sus campos". Por tanto, no es fácil calcular qué es peor en cada país.

Con respecto a la erradicación del hambre en el mundo para 2030, Pott tampoco es optimista. "Desafortunadamente, no estamos en el camino correcto", dice. "La tendencia general es positiva, pero el progreso es muy lento. Si la situación alimentaria se desarrolla como se ha observado hasta ahora, es poco probable que 37 países alcancen un nivel bajo de hambre en la escala de GHI para 2030. Aproximadamente 840 millones de las personas pueden estar desnutridas, y los efectos de la pandemia de coronavirus aún no se han incluido en este cálculo ".

¿TERMINAREMOS CON EL HAMBRE?

2030 | 2040 | 2050 | 2060 | 2070 | 2080 | 2090 | 2100 | 2110 | 2120 | 2130 ...
La forma en que hemos actuado como humanidad
ni siquiera en 1000 años acabaremos con el hambre.

Podemos acabar rápidamente con el hambre si:
- Dejar de alimentar los conflictos armados;
- Detengan la maldita fabricación de armas;
- Para reparar todos los daños causados a África
como la esclavitud y la colonización:
- Cambiar la dominación de los pueblos por la AID;
- Descolonizar MENTALMENTE África;
- Invertir en el Tercer Mundo y África;
- Eliminar todas las causas de la pobreza.

Celso Salles
El autor

Cuando le doy comida a los pobres, me llaman santo. Cuando les pregunto por qué son pobres, me llaman comunista.

Dom Hélder Câmara

El hambre no es más que el resultado de una serie de errores a lo largo de cientos de años que ha venido cometiendo nuestra humanidad. Solo tenemos que adoptar nuevos valores donde sea evidente el respeto a la vida y el amor al prójimo, y acabaremos con el hambre de la faz de la tierra.

Celso Salles
El autor

PENSAMIENTO NUEVO
Para que yo sea aún más rico, tengo que hacer rico al pobre. ELIMINE LA POBREZA POR TIEMPO. Esto triplicará mi riqueza. Mantener la pobreza es eliminar la riqueza a largo plazo.
Calidad de vida para todos, absolutamente para todos.

Celso Salles
El autor

TERMINAR CON EL HAMBRE EN ÁFRICA
¿En 100 o 1000 AÑOS?
REFLEXIONES IMPORTANTES

¿Cómo puede la Diáspora Africana contribuir mucho a TERMINAR EL HAMBRE EN ÁFRICA en los próximos 100 años?

Es una pregunta muy pertinente, ya que la diáspora africana, con raras excepciones, todavía está lejos del poder financiero e incluso del poder político. Básicamente, el 100% de su tiempo está dedicado a su propia supervivencia en su país de nacimiento o elección.

Si pensáramos en lo que no tenemos o en lo que no somos, rápidamente llegaremos a la conclusión de que no podemos hacer nada en mil años, y mucho menos en cien.

Sin embargo, tenemos muchas cualidades y recursos que, cuando se suman, pueden ayudar mucho a eliminar el hambre en África en los próximos 100 años. Hay acciones mediáticas espectaculares vinculadas a los EFECTOS DE LA OME que de hecho están muy alejadas de los afrodescendientes. Sin embargo, se pueden y se deben realizar pequeñas acciones, sabiendo que nos será difícil conseguir el foco de la prensa, los premios Nobel y el reconocimiento general, pero que una vez multiplicados, traerán cambios significativos.

Una vez libre de cualquier tipo de vanidad, es el momento de iniciar acciones prácticas encaminadas a RESCATE AFRICANITY en nosotros, en los grupos que se reúnen e investigan en Internet para mostrarnos el África de hoy, lo más cerca posible de la realidad.

El trabajo que vengo haciendo desde julio de 2007 en el canal de Youtube de Educasat: www.youtube.com/educasat tiene como finalidad no quedarme con todas y cada una de las percepciones que pueda registrar en territorio africano, ya que termino teniendo un ultra especial condición de estar en territorio africano. De hecho, una planificación empezó mucho antes de pisar suelo africano, como cuento en mi libro de autobiografía.

En mi visión de cómo contribuir mucho para acabar con el hambre en África, siento que tengo que multiplicarme, dentro y fuera del continente africano, LA COLECCIÓN DE ÁFRICA en sí se está escribiendo exactamente para eso. Despertar NUEVO Celso Salles, mucho mejor, mucho mejor preparado para continuar y expandir esta y nuevas líneas de pensamiento y acción.

En mis interacciones con personas de todo el mundo, donde podría estar presente, siempre percibo el siguiente pensamiento: en cuanto me haga rico ayudaré a los pobres. Desafortunadamente, la mayoría, tan pronto como su vida mejora, lo primero que olvidan es exactamente este pensamiento y rápidamente, una buena parte, el pensar que son verdaderos elegidos comienza a hacer exactamente lo contrario.

Cuando hablamos del hambre, aunque existe en distintas proporciones alrededor del mundo, por lo que pudimos ver en las páginas anteriores de este libro, África es el EPICENTRO DEL HAMBRE EN EL MUNDO, por lo que incluso las reflexiones en estas páginas estarán enfocadas en África.

LA GRAN CONEXIÓN DE ÁFRICA Y DIÁSPORA AFRICANA

En mi opinión, el gran punto de partida es exactamente esta conexión. Como podría decirlo en el libro African Culture O RETURN, he estado usando CULTURA, más específicamente MÚSICA, para acercar África y su Diáspora. Sin lugar a dudas, quienes nacieron en África y viven en la Diáspora tienen una mejor visión de África hoy. Quienes nacieron fuera de África y nunca han estado en África terminan teniendo una visión que está lejos de la realidad, ya que dependen de la información de la prensa que, además de ser escasa, es muy estereotipada / sesgada, mostrando solo la pobreza en África. , lo que acaba alejando a la gente, a los inversores en general.

La pobreza en África, así como el no desarrollo, siguen siendo de gran interés para gran parte del mundo occidental, como se puede ver en el video:
LA RESPUESTA DE ÁFRICA ES PERDÓN, AMOR Y ACCIÓN, COMPROBAR:

https://youtu.be/QXpjtO3tbzQ

LUCHA CONTRA LAS CAUSAS DE LA POBREZA

Es una pelea dura que debe pelearse en varios frentes. El tiempo para que esto suceda dependerá exactamente del grado de unión de fuerzas en todo el mundo.

Usted que está leyendo este texto debe estar pensando, "SOLO POR UN MILAGRO ESTO PUEDE SUCEDER".

Sin embargo, recuerdo que no siempre fuimos así y que todo gran incendio comienza con una pequeña chispa.

Cada uno de nosotros debe tomar la decisión de ser parte de esta gran lucha. "SOY YO TAMBIÉN". Abandonar la postura de víctimas y asumir el papel de agentes de cambio, estar donde estamos es el gran camino a seguir.

El primero en cambiar tengo que ser yo, luego transmitir la idea y dejar que brote como una semilla en el corazón de las personas.

Las luchas entre personas de diferentes colores y credos deben eliminarse de la faz de la tierra.

En este nuevo momento surgirá un nuevo régimen político que muy bien se puede llamar RÉGIMEN POLÍTICO DE SOLIDARIDAD.

No es porque hayamos heredado el mundo, sino por lo que tenemos que seguir así. Si ya estamos sufriendo las consecuencias de los errores del pasado, depende de nosotros cuidar el futuro y hacer historia como una nueva e importante generación humana en la tierra.

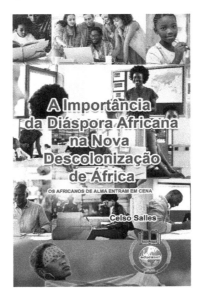

Quem planta TÂMARAS Não Colhe TÂMARAS

Celso Salles

educasat
Editora

Quien cultiva dátiles, no cosecha dátiles

Hay un dicho: "Quien planta dátiles no cosecha dátiles" porque las palmeras datileras tardan de 80 a 90 años en dar los primeros frutos. Una vez, un joven encontró a un anciano plantando dátiles e inmediatamente le preguntó: ¿por qué siembras dátiles si no vas a cosechar? El señor respondió: si todos pensaran como tú, nadie comería dátiles. Cultiva, construye y planta acciones que no sean solo para ti, sino que sirvan a todos. Nuestras acciones hoy reflejan el futuro. Si no es el momento de cosechar, es el momento de sembrar. Nacemos sin traer nada, morimos sin traer nada.

Y, en medio de la brecha entre la vida y la muerte, luchamos por lo que no trajimos y no tomaremos. Piénsalo: vive más, ama más, perdona siempre y sé más feliz. | Autor desconocido.

Y así se ha escrito la Colección África. Empecé este libro número cuatro de la colección, que tiene este título, precisamente porque refleja, en gran medida, el trabajo que he estado haciendo y que al leer este y otros libros que he escrito o incluso escribiré, es muy claro que, la mayor parte de lo que he plantado, difícilmente cosecharé.

Cuando cumples 61 años, mi edad el 27 de enero de 2021, la fecha en que comencé a escribir este libro, tienes la visión de que, por mucho que no queramos, nuestro tiempo está llegando y "nacimos sin traer nada, morimos sin tomar nada ", tal vez se pueda incrementar con el" morimos, pero dejamos lo que sembramos. ¿Y por qué es tan importante que dejemos nuestra plantación, sobre todo cuando es una buena plantación?

Dentro del enfoque de África, especialmente, la visión de la necesidad de plantar algo que quizás no coseches en la vida es fundamental. La visión a corto plazo, dentro del estilo de vida capitalista, es muy fuerte. Pocas personas tienen el privilegio de pensar a medio y largo plazo.

Y esto es mucho de lo que África necesita, porque los cientos de años que ha vivido y aún vive bajo el mando de colonizadores que buscan superarse mentalmente y con acciones estructurales, con el fin de mantener cautiva a África y la deriva de sus intereses. , Es fundamental pensar y delinear acciones a corto, mediano y largo plazo hacia una NUEVA DESCOLONIZACIÓN DE ÁFRICA.

Dentro de los objetivos marcados por la ONU para acabar con el hambre en 2030, vemos que estamos muy lejos de eso, como pude detallar en el libro La importancia de la diáspora africana en la NUEVA DESCOLONIZACIÓN DE ÁFRICA.

El hambre no es más que el salario de la pobreza, una pobreza plantada no solo en África, sino en varias partes del mundo. Acabar con el hambre es básicamente acabar con la pobreza.

¿ES IMPOSIBLE?

De alguna forma. Solo tenemos que enfrentar las raíces de la pobreza. Si no tenemos el coraje y la inteligencia para cambiar, viviremos con este ESCÁNDALO MUNDIAL durante mucho tiempo. Durante varias generaciones.

Acabar con la pobreza y consecuentemente con el hambre empieza PENSANDO EN EL OTRO PRIMERO, a todos los niveles, personal y gubernamental.

Ir en contra de innumerables intereses que alimentan a algunos grupos con millones de dólares, a los que nunca les importa si esos dólares provienen de guerras plantadas y venta de armas o incluso de cualquier otro tipo de acción dañina para los seres humanos.

Como primer tema, veamos una de las estructuras mejor organizadas del mundo. LA UNIÓN EUROPEA. A través de la Plataforma Digital, con foco en el Servicio Europeo de Acción Exterior - SEAE: eeas.europa.eu, un servicio que completó el 1 de enero de 2021, exactamente 10 años de existencia.

SEAE - Servicio Europeo de Acción Exterior: es el servicio diplomático de la Unión Europea. Ayuda al jefe de asuntos exteriores de la UE, el Alto Representante para Asuntos Exteriores y Política de Seguridad, a llevar a cabo la Política Exterior y de Seguridad Común de la Unión.

Un aspecto clave del trabajo del SEAE es su capacidad para trabajar en estrecha colaboración con los Ministerios de Asuntos Exteriores y Defensa de los Estados miembros de la UE y otras instituciones de la UE como la Comisión Europea, el Consejo y el Parlamento. También tiene una sólida relación de trabajo con las Naciones Unidas y otras organizaciones internacionales.

Con sede en Bruselas, pero con una amplia red de presencia diplomática de la UE en todo el mundo, el SEAE reúne a funcionarios europeos, diplomáticos de los servicios exteriores de los Estados miembros de la UE y funcionarios locales en países de todo el mundo.

Cuartel general
El SEAE está encabezado por el Alto Representante de la UE para Asuntos Exteriores y Política de Seguridad / Vicepresidente de la Comisión Europea (AR / VP) Josep Borrell.

La mayor parte del trabajo diario en la sede del SEAE está supervisado por el Secretario General, asistido por los Vicesecretarios Generales.

El SEAE se divide en direcciones geográficas y temáticas:

Cinco departamentos principales cubren diferentes áreas del mundo: Asia-Pacífico, África, Europa y Asia Central, Gran Medio Oriente y América.

Los departamentos separados cubren cuestiones globales y multilaterales que incluyen, por ejemplo, derechos humanos, apoyo a la democracia, migración, desarrollo, respuesta a crisis y cuestiones administrativas y financieras.

El SEAE también cuenta con importantes departamentos de planificación y respuesta a crisis en el marco de la Política Común de Seguridad y Defensa (PCSD). El Estado Mayor de la UE es la fuente de conocimientos técnicos militares colectivos en el SEAE y también asesora al Alto Representante / Vicepresidente sobre cuestiones militares y de seguridad.

Conozca el SEAE en su país y HAGA CONTACTO.
ÁFRICA NECESITA APROVECHAR LAS SINERGIAS POSITIVAS DE LAS DELEGACIONES DEL SEAE.

COMERCIALIZACIÓN Y DIFUSIÓN

Todavía en Brasil en 2012, cuando estaba dando las conferencias BRAND AFRICA, era notorio que la mayoría de los presentes, si no todos, desconocían la existencia de la Unión Africana. Una percepción de la Unión Africana, que incluso en África es todavía pequeña para la mayoría de los africanos. Falta de comercialización y difusión sistemática de la Unión Africana, dentro y fuera del continente africano.

https://youtu.be/MOIyr8PyZWw

LA IMPORTANCIA DEL LADO SOCIAL

El aspecto social, especialmente en África, adquiere una gran importancia, ya que está vinculado a la mayoría de los africanos.

DESAFÍOS SOCIALES:
- Distribución de medicamentos;
- - Generación de puestos de trabajo;

- Lucha contra el hambre;
- Campañas de atención médica;
- Campañas de lucha contra el analfabetismo;
- Almuerzo escolar;
- Valorización y enseñanza de idiomas nacionales en las escuelas;
- Obras de saneamiento básico;
- La agricultura de subsistencia;
- Talleres de profesión;
- Transporte;
- Vivienda de bajo costo.

Con el neoliberalismo privatizándolo todo y el capitalismo financiero cada vez más voraz, los estados debilitándose, nos queda una pregunta: ¿Quién responderá en el lado social en los próximos años?

Tal vez tengamos que crear BENEFICIO SOCIAL, bolsa de valores y todo. La verdad es que estamos insertos en un orden económico abrumador y PENSAR EN NUEVO dentro de este orden económico es un gran desafío. Pero eso es lo que tenemos que hacer. Este es un desafío que no podemos dejar a la próxima generación, ya que puede que sea demasiado tarde.

Los valores dedicados a la RESPONSABILIDAD SOCIAL pueden considerarse CERCA DE CERO si consideramos el volumen de necesidades sociales en todo el mundo y especialmente en África.

¿RIQUEZA PERSONAL O RIQUEZA SOCIAL?

Crecimos en el sueño: NECESITO SER RICO. Y para hacerse rico SE PERMITE TODO. Todo vale trae la LEY DEL MÁS FUERTE. Es como si solo un pequeño porcentaje de la humanidad tuviera derecho a lo mejor. Todas las voces y pensamientos opuestos se consideran enemigos mortales.

LA NUEVA DESCOLONIZACIÓN DE ÁFRICA

¿Cómo es esto posible si el PENSAMIENTO que gobierna el mundo está todo en el aspecto de PODER, de DOMINACIÓN DE LOS MÁS FUERTES, DE SALVARSE QUIEN PUEDE? Entre los afrobrasileños solemos decir que quienes prestaron su civilización al continente sudamericano fueron los africanos y no los europeos que, de hecho, lo saquearon todo.

En los 10 años que he tenido la oportunidad de vivir en el continente africano, cerca de innumerables culturas, puedo afirmar categóricamente que la cultura africana es mucho más civilizada y socializada que las culturas que estuvieron aquí y aún continúan, dominando mentalmente una buena parte. de los líderes africanos.

Este pensamiento tradicional africano es lo que hizo que el continente resistiera los siglos de dominación y siguiera existiendo con gran fuerza en los kimbos, pueblos y pechos familiares.

LA FORMA AFRICANA DE PENSAR está mucho más ligada al EQUILIBRIO DE LA NATURALEZA DEL HOMBRE que el resto del mundo.

El complejo de superioridad de pueblos de otros continentes que han impuesto un complejo de inferioridad a los pueblos africanos es algo que necesita ser eliminado urgentemente, porque a la larga, las posibilidades de que la especie humana continúe en África son mucho mayores.

Esto me permite decir que la NUEVA DESCOLONIZACIÓN DE ÁFRICA puede ser algo beneficioso no solo para África sino para todo el mundo que puede revisar muchos de los conceptos que se han impuesto como verdades únicas. Lo que no sucedió en el pasado, es decir, la convivencia de diferentes culturas y pensamientos, llama a lo que debemos buscar en los años venideros.

EL PELIGRO DE UNA HISTORIA ÚNICA
Escritor Chimamanda Adichie

Nuestras vidas, nuestras culturas se componen de muchas historias superpuestas. La escritora Chimamanda Adichie cuenta la historia de cómo encontró su auténtica voz cultural: nos advierte que si escuchamos solo una historia sobre otra persona o país, corremos el riesgo de crear grandes malentendidos.

Soy un narrador y me gustaría contarles algunas historias personales sobre lo que me gusta llamar "el peligro de una sola historia". Crecí en un campus universitario en el este de Nigeria. Mi mamá dice que comencé a leer a los 2 años, pero creo que 4 probablemente esté más cerca de la verdad. Entonces yo era un lector precoz. Y lo que leí fueron libros para niños británicos y estadounidenses.

También fui un escritor precoz. Y cuando comencé a escribir, alrededor de los 7 años, cuentos con ilustraciones de lápices de colores que mi pobre madre se vio obligada a leer, escribí exactamente el tipo de cuentos que leía. Todos mis personajes eran blancos con ojos azules. Jugaban en la nieve. Comieron manzanas. (Risas) Y hablaron mucho sobre el clima, lo maravilloso que fue que saliera el sol. (Risas) Ahora, a pesar de que solía vivir en Nigeria. Nunca había estado fuera de Nigeria. No teníamos nieve, comíamos mangos. Y nunca hablamos del clima porque no era necesario.

Mis personajes también bebieron mucha cerveza de jengibre porque los personajes de los libros británicos que leí bebían cerveza de jengibre. No importaba que no tuviera idea de lo que era la cerveza de jengibre. (Risas) Y durante muchos años después, quise desesperadamente probar la cerveza de jengibre. Pero esa es otra historia.

En mi opinión, lo que esto demuestra es lo impresionables y vulnerables que somos ante una historia, especialmente cuando somos niños. Como todo lo que había leído eran libros en los que los personajes eran extranjeros, estaba convencido de que los libros, por su propia naturaleza, tenían que tener extranjeros y tenían que tratar sobre cosas con las que no podía relacionarme. Bueno, las cosas cambiaron cuando descubrí los libros africanos. No había muchos disponibles y no eran tan fáciles de encontrar como libros extranjeros, pero debido a escritores como Chinua Achebe y Camara Laye pasé por un cambio mental en mi percepción de la literatura. Me di cuenta de que personas como yo, chicas de piel color chocolate, cuyo pelo rizado no podía formar una cola de caballo, también podían existir en la literatura. Empecé a escribir sobre cosas que reconocí.

Bueno, me encantaron esos libros estadounidenses y británicos que leí. Agitaron mi imaginación, me abrieron nuevos mundos. Pero la consecuencia inesperada fue que no sabía que personas como yo pudieran existir en la literatura. Entonces, lo que hizo por mí el descubrimiento de los escritores africanos fue: me salvó de tener una sola historia sobre lo que son los libros.

Vengo de una familia nigeriana convencional de clase media. Mi padre era maestro. Mi madre, administradora. Así que teníamos, como de costumbre, una sirvienta, que a menudo venía de las aldeas rurales cercanas. Entonces, cuando cumplí 8 años, tuvimos un niño nuevo en la casa. Su nombre era Fide. Lo único que nos dijo mi madre de él fue que su familia era muy pobre. Mi madre envió ñame, arroz y nuestra ropa usada a su familia. Y cuando no comía todo para la cena, mi madre decía: "¡Termina tu comida! ¿No sabes que la gente como la familia de Fide no tiene nada?" Así que sentí una enorme lástima por la familia de Fide.

Luego, un sábado fuimos a visitar su pueblo y su madre nos mostró una canasta con un hermoso patrón, hecha de rafia seca por su hermano. ¡Estaba sorprendido! Nunca había pensado que alguien de su familia pudiera crear algo. Todo lo que había oído hablar de ellos era lo pobres que eran, por lo que se me había hecho imposible verlos como algo que no fuera pobre. Su pobreza fue mi historia única sobre ellos.

Años después, pensé en esto cuando dejé Nigeria para ir a la universidad en Estados Unidos. Yo tenía 19 años. Mi compañero de cuarto estadounidense se sorprendió por mí. Me preguntó dónde había aprendido a hablar inglés tan bien y se confundió cuando le dije que Nigeria tenía el inglés como idioma oficial. Me preguntó si podía escuchar lo que ella llamaba mi "música tribal" y, en consecuencia, se sintió muy decepcionada cuando puse mi cinta de Mariah Carey. (Risas) Ella asumió que no sabía cómo usar una estufa.

Lo que me impresionó fue eso: sintió pena por mí incluso antes de verme. Su posición predeterminada hacia mí, como africana, era una especie de arrogancia bien intencionada, lástima. Mi compañero de cuarto tenía una historia única sobre África. Una sola historia de catástrofe. En esa única historia no había posibilidad de que los africanos fueran como ella en absoluto. No hay posibilidad de sentimientos más complejos que la lástima. No hay posibilidad de una conexión con humanos iguales.

Debo decir que antes de ir a Estados Unidos, no me identificaba conscientemente como africano. Pero en los Estados Unidos, cada vez que surgía el tema de África, la gente se dirigía a mí. No importaba que no supiera nada de lugares como Namibia. Pero terminé abrazando esta nueva identidad. Y en muchos sentidos ahora me considero un africano. Sin embargo, todavía me irrita un poco cuando se habla de África como país. El ejemplo más reciente fue mi maravilloso vuelo desde los lagos hace 2 días, si no fuera por un anuncio de un vuelo de Virgin sobre obras de caridad en "India, África y otros países". (La risa)

Entonces, después de pasar varios años en los Estados Unidos como africano, comencé a comprender la reacción de mi colega hacia mí. Si no hubiera crecido en Nigeria y si todo lo que supiera sobre África viniera de imágenes populares, también pensaría que África es un lugar de hermosos paisajes, hermosos animales y gente incomprensible, librando guerras sin sentido, muriendo de pobreza y SIDA, incapaces de hablar por sí mismos y con la esperanza de ser salvados por un bondadoso extranjero blanco. Vería a los africanos de la misma forma en que, cuando era niño, veía a la familia de Fide.

Creo que esta historia única de África proviene de la literatura occidental. Así que aquí hay una cita de un comerciante de Londres llamado John Lok, que navegó a África Occidental en 1561 y mantuvo un relato fascinante de su viaje. Después de referirse a los africanos negros como "bestias que no tienen hogar", escribe: "También son personas sin cabeza, que tienen la boca y los ojos en el pecho".

Me río cada vez que leo esto, y hay que admirar la imaginación de John Lok. Pero lo importante de su escritura es que representa el comienzo de una tradición de narración africana en Occidente. Una tradición del África subsahariana como lugar negativo, de diferencias, de oscuridad, de personas que, en palabras del maravilloso poeta Rudyard Kipling, son "mitad diablo, mitad niño".

Y luego comencé a darme cuenta de que mi compañera de cuarto estadounidense debió haber visto y escuchado, durante toda su vida, diferentes versiones de una sola historia. Como profesor, que una vez me dijo que mi novela no era "auténticamente africana". Bueno, estaba bastante dispuesto a afirmar que había una serie de cosas mal en la novela, que había fallado en varios lugares. Pero nunca hubiera imaginado que no había logrado algo llamado autenticidad africana. De hecho, no sabía qué era la "autenticidad africana". El maestro me dijo que mis personajes se parecían mucho a él, un hombre educado de clase media. Mis personajes conducían autos, no tenían hambre. Por eso no eran auténticamente africanos.

Pero debo agregar rápidamente que yo también soy el culpable del problema de una sola historia. Hace unos años visité México desde Estados Unidos. El clima político en Estados Unidos en ese momento era tenso. Y hubo debates sobre inmigración. Y, como suele ser el caso en Estados Unidos, la inmigración se ha convertido en sinónimo de mexicanos. Había un sinfín de historias de mexicanos como personas que saqueaban el sistema de salud, cruzaban la frontera a escondidas, eran arrestados en la frontera, ese tipo de cosas.

Recuerdo caminar en mi primer día por Guadalajara, ver a la gente ir a trabajar, enrollar tortillas en el supermercado, fumar, reír. Recuerdo que mi primer sentimiento fue desconcertado. Y luego me sentí abrumado por la vergüenza. Me di cuenta de que había estado tan inmerso en la cobertura mediática de los mexicanos que se habían convertido en una cosa en mi mente: el inmigrante abyecto. Había asimilado la única historia de los mexicanos y no podría estar más avergonzado de mí mismo. Así es como creas una sola historia: muestra a las personas como una sola cosa, como una sola cosa, una y otra vez, y eso es en lo que se convertirán.

Es imposible hablar de una sola historia sin hablar de poder. Hay una palabra, una palabra igbo, que recuerdo cada vez que pienso en las estructuras de poder del mundo, y la palabra es "nkali". Es un sustantivo que se traduce libremente: "ser más grande que el otro". Como nuestro mundo económico y político, las historias también se definen por el principio de "nkali". Cómo se cuentan, quién las cuenta, cuándo y cuántas historias se cuentan, realmente todo depende del poder.

El poder es la capacidad no solo de contar la historia de otra persona, sino de convertirla en la historia definitiva de esa persona. El poeta palestino Mourid Barghouti escribe que si quieres destituir a una persona, la forma más sencilla es contar su historia y empezar con "segundo". Empiece una historia con flechas de nativos americanos, no con la llegada de los británicos, y tendrá una historia completamente diferente. Empiece la historia con el fracaso del estado africano y no con la creación colonial del estado africano y tendrá una historia totalmente diferente.

Recientemente hablé en una universidad donde un estudiante me dijo que era una pena que los hombres nigerianos fueran agresores físicos como el personaje del padre en mi novela. Le dije que acababa de terminar de leer una novela llamada "American Psycho" - (Risas) - y que era una lástima que los jóvenes estadounidenses fueran asesinos en serie. (Risas) (Aplausos) Es obvio que dije eso en un leve ataque de irritación. (La risa)

Nunca se me había ocurrido pensar que solo porque había leído una novela en la que un personaje era un asesino en serie, era de alguna manera representativa de todos los estadounidenses. Y ahora, eso no es porque sea mejor persona que ese estudiante, sino por el poder económico y cultural de Estados Unidos, tenía muchas historias sobre Estados Unidos. Había leído a Tyler, Updike, Steinbeck y Gaitskill. No tenía una sola historia sobre Estados Unidos.

Cuando supe hace unos años que los escritores deben haber tenido una infancia realmente infeliz para tener éxito, comencé a pensar en cómo podría pensar en cosas horribles que mis padres me habrían hecho. (Risas) Pero la verdad es que tuve una infancia muy feliz, llena de risas y amor, en una familia muy unida.

Pero también tuve abuelos que murieron en campos de refugiados. Mi primo Polle murió porque no tenía la atención médica adecuada. Uno de mis amigos más cercanos, Okoloma, murió en un accidente aéreo porque nuestros camiones de bomberos no tenían agua. Crecí bajo gobiernos militares represivos que devaluaban la educación, por lo que a veces a mis padres no les pagaban. Y luego, de niño, vi desaparecer la mermelada del desayuno, luego desapareció la margarina, luego el pan se puso muy caro, luego la leche se racionó. Y sobre todo, una especie de miedo político normalizado ha invadido nuestras vidas.

Todas estas historias me hacen quien soy. Pero insistir solo en estas historias negativas es superficializar mi experiencia y descuidar las muchas otras historias que me dieron forma. La historia única crea estereotipos. Y el problema con los estereotipos no es que sean falsos, sino que son incompletos. Hacen que una historia se convierta en la única historia.

Por supuesto, África es un continente lleno de catástrofes. Las hay enormes, como las terribles violaciones en el Congo. Luego están los deprimentes, como el hecho de que 5.000 personas soliciten trabajo en Nigeria. Pero hay otras historias que no tratan de catástrofes. Y es muy importante, es igual de importante, hablar de ellos.

Siempre me resultó imposible relacionarme adecuadamente con un lugar o una persona sin relacionarme con todas las historias de ese lugar o persona. La consecuencia de una sola historia es la siguiente: roba a las personas su dignidad. Hace difícil reconocer nuestra humanidad compartida. Enfatiza en qué somos diferentes en lugar de en qué somos similares.

¿Y si antes de mi viaje a México hubiera seguido los debates migratorios de ambos lados, Estados Unidos y México? ¿Y si mi madre nos hubiera dicho que la familia de Fide era pobre Y trabajadora? ¿Qué pasaría si tuviéramos una cadena de televisión africana que transmitiera diversas historias africanas en todo el mundo? Lo que el escritor nigeriano Chinua Achebe llama "un equilibrio de historias".

¿Qué pasaría si mi compañero de cuarto supiera sobre mi editor nigeriano, Mukta Bakaray, un hombre extraordinario que dejó su trabajo en un banco para perseguir su sueño y comenzar una editorial? Bueno, la sabiduría popular era que a los nigerianos no les gusta la literatura. Él no estuvo de acuerdo. Sintió que las personas que supieran leer leerían si la literatura se volviera accesible y disponible para ellos.

Inmediatamente después de que publicó mi primera novela, fui a una estación de televisión en Lagos para una entrevista. Y una mujer que trabajaba allí como mensajera se me acercó y me dijo: "Me gustó mucho tu novela, pero no me gustó el final. Ahora tienes que escribir una secuela, y eso es lo que va a pasar ..." (Risas) Y continuó diciéndome qué escribir a continuación. Ahora no solo estaba impresionado, estaba conmovido. Aquí estaba una mujer, parte de las masas comunes de nigerianos, que se suponía que no debían ser lectores. No solo había leído el libro, sino que se había hecho cargo de él y se sentía con derecho a decirme qué escribir a continuación.

Ahora, ¿qué pasaría si mi compañera de cuarto supiera sobre mi amiga Fumi Onda, una mujer valiente que presenta un programa de televisión en Lagos y que está decidida a contar las historias que preferimos olvidar? ¿Y si mi compañero de cuarto supiera de la cirugía cardíaca que se realizó en el hospital de Lagos la semana pasada? ¿Y si mi compañero de cuarto supiera sobre la música nigeriana contemporánea? Gente talentosa cantando en inglés y pidgin, igbo, yoruba e ijo, mezclando influencias de Jay-Z a Fela, de Bob Marley a sus abuelos. ¿Qué pasaría si mi compañera de cuarto supiera sobre el abogado que recientemente acudió a los tribunales en Nigeria para impugnar una ley ridícula que requería que las mujeres tuvieran el consentimiento de su esposo antes de renovar sus pasaportes? ¿Qué pasaría si mi compañero de cuarto supiera sobre Nollywood, lleno de gente innovadora que hace películas a pesar de los grandes problemas técnicos? Películas tan populares que realmente son los mejores ejemplos de cómo los nigerianos consumen lo que producen. ¿Qué pasaría si mi compañera de cuarto supiera sobre mi maravillosamente ambiciosa trenzadora de cabello que acaba de comenzar su propio negocio de ventas de extensiones de cabello? ¿O sobre los millones de otros nigerianos que inician negocios y, a veces, fracasan, pero continúan fomentando la ambición?

Cada vez que estoy en casa, me enfrento a las fuentes comunes de irritación para la mayoría de los nigerianos: nuestra infraestructura fallida, nuestro gobierno fallido. Pero también por la increíble resistencia de la gente que prospera a pesar del gobierno, más que por él. Doy talleres de escritura en Lagos todos los veranos. Y es extraordinario para mí ver cuántas personas se inscriben, cuántas personas están ansiosas por escribir, por contar historias.

Mi editor nigeriano y yo iniciamos una ONG llamada Farafina Trust. Y tenemos grandes sueños de construir bibliotecas y restaurar bibliotecas existentes y proporcionar libros a las escuelas públicas que no tienen nada en sus bibliotecas, y también organizar montones y montones de talleres de lectura y escritura para todas las personas que están ansiosas por contar las nuestras, muchas historias. Las historias importan. Muchas historias importan. Las historias se han utilizado para expropiar y hacer mal. Pero las historias también se pueden utilizar para empoderar y humanizar. Las historias pueden destruir la dignidad de un pueblo, pero las historias también pueden reparar esa dignidad perdida.

La escritora estadounidense Alice Walker escribió esto sobre sus parientes del sur que se habían mudado al norte. Les presentó un libro sobre la vida sureña que habían dejado atrás. "Se sentaron a leer el libro solos, escuchándome leer el libro y se recuperó una especie de paraíso". Me gustaría terminar con este pensamiento: cuando rechazamos una sola historia, cuando nos damos cuenta de que nunca hay una sola historia sobre ningún lugar, recuperamos una especie de paraíso. Gracias. (Aplausos)

De hecho, se han dicho verdades únicas durante cientos de años y necesitamos deconstruir este tipo de cosas. Incluso hoy en día se cuentan verdades que sirven a diferentes intereses, sin tener en cuenta otras verdades existentes. La suma de las verdades es fundamental para que tengamos una visión más real.

La expresión "tiene un núcleo de verdad" es quizás la más apropiada, ya que se tienen en cuenta otros puntos de vista importantes.

Si pensamos en la REALIDAD, podemos contemplar innumerables verdades. Si usamos el término VISIÓN, incluso podemos mejorar la VERDAD, que puede estar compuesta por varios puntos de vista.

VALOR AÑADIDO DE PERSONAS Y ESTRUCTURAS

Llevo años usando este término VALOR AÑADIDO para analizar varios contactos que llegan a diario. En esto, Google ayuda mucho, porque al poner el nombre de la persona o incluso de la Organización en la búsqueda de Google, se puede tener acceso a buena parte de los logros de estos contactos. Con la información recopilada, puede separar el trigo de la paja mucho más fácilmente. Compare lo que se hace con lo que se dice que se haga.

LA IMPORTANCIA DE CONSTRUIR MEMORIAS

Todos los que pueden escribir sus memorias. Por simples que parezcan, o incluso sin gran interés, son fundamentales para realizar innumerables análisis y terminan sirviendo de base importante para la construcción de innumerables verdades.

Lo que son los medios de comunicación no siempre es lo que más importa. Famosos y más famosos han quedado en el camino con el paso del tiempo, precisamente porque quedaron encantados con el ruido de los medios y se olvidaron de escribir sus memorias, biografías y visiones.

Otro impedimento que acaba influyendo mucho para que pocas personas escriban sus verdades es el famoso: ESTO NO DA DINERO. Ahí, una vez más la visión capitalista limitando todo.

Recuerdo muy bien, cuando nació la Televisión, muchos visionarios decían que la Radio se iba a acabar. Estos visionarios, muchos han muerto y Radio sigue más viva que nunca.

Lo mismo se dijo de la comunicación escrita, libros, periódicos y revistas. Todos iban a morir con la llegada de Internet. Ni murieron ni morirán. Los medios físicos para acceder a Internet todavía pueden considerarse de élite en gran parte del mundo.

En muchos salones podemos ver revistas de hace 3 e incluso 5 años siendo utilizadas como distracción mientras el cliente espera su turno para ser atendido.

Los libros llevan tiempo, pero llegan. Y cuando llegan, tienen un gran poder de transformación. La velocidad de la comunicación no siempre es la más importante a medio y largo plazo.

LA NUEVA DESCOLONIZACIÓN DE ÁFRICA implica necesariamente la escritura de VERDADES AFRICANAS o incluso verdades DE VISIONES AFRICANAS.

Foto de Fatima Garnacho-Engelke

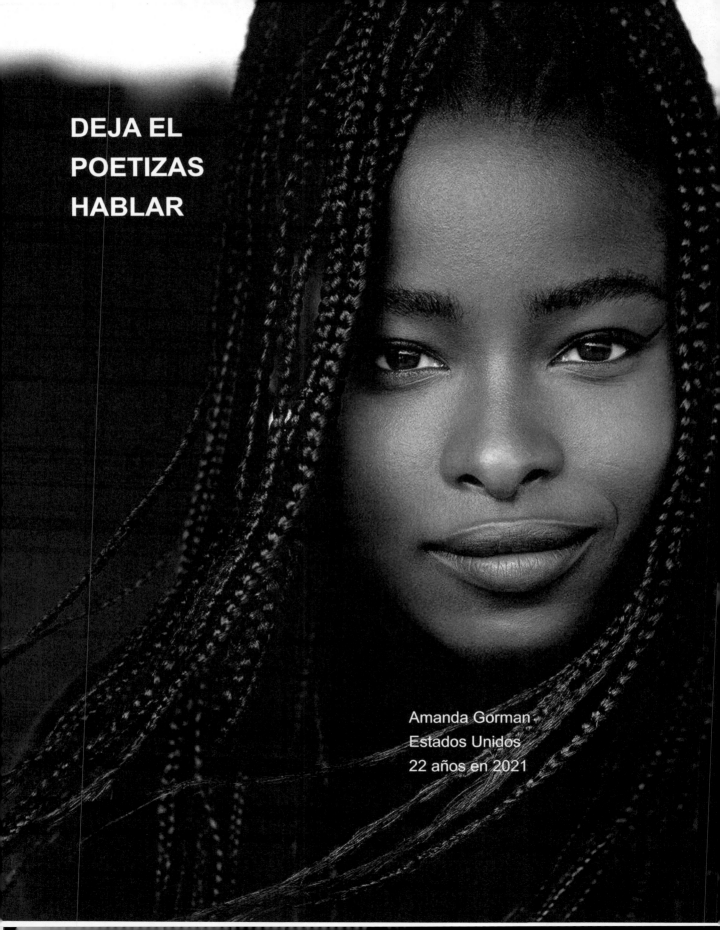

DEJA EL
POETIZAS
HABLAR

Amanda Gorman
Estados Unidos
22 años en 2021

Uracila Francisco

Angola

16 años en 202

Uracila Stela Francisco, nacida en Luanda, Angola, el 27 de julio de 2004, tiene 16 años, el día que escribo esta página del libro (02/03/2021). Vive en el Distrito de Maianga. Vivió la mitad de su vida en Cacuaco y otra en Viana. Es un estudiante de secundaria. Estudie Mecatrónica en IMIL - Instituto Industrial Medio de Luanda. Es una apasionada de todo tipo de artes, pero con la que más se identifica y practica es la literatura. Comenzó a escribir cuando tenía 7 años, cuando solo estaba haciendo fábulas. A los 111 años escribió su primer poema, gracias de la profesora de Portugués, junto a dos amigas formaron un trío y el poema fue el mejor de la clase, el tema fue "el amor a primera vista".

Se dedicó a escribir poemas durante un tiempo, pero luego se detuvo y comenzó a escribir cuentos. Pasó 2 años sin escribir poemas.
Ahora escribe poemas y cuentos.
Solo hizo poesía clásica, ahora también hace la palabra hablada.

Nunca había declarado antes, su primera vez fue en el concurso Muhatu Spoken, donde solo pasó en la final.
Participó en la exposición de fotografías del fotógrafo Leonard

En diferentes países, en diferentes realidades, cada uno habla de los momentos que vive, y la poesía, especialmente cuando se pone al servicio del ACTIVISMO SOCIAL, cobra una importancia única.

Los diversos mecanismos existentes deben esforzarse por dar voz a los poetas. Dale visibilidad a tu poesía. Y eso es lo que sucedió el 20 de enero de 2021, cuando el mundo fue tomado por sorpresa con la poeta Armanda Gorman.

NUEVA YORK - A los 22 años, la poeta Amanda Gorman, elegida para leer en la toma de posesión del presidente electo Joe Biden, ya tiene un historial de escritura para ocasiones oficiales.

"En cierto modo tropecé con este género. Es algo por lo que encuentro muchas recompensas emocionales, escribir algo que hace que la gente se sienta conmovida, incluso si es solo por una noche ", dice Gorman.

El residente de Los Ángeles ha escrito para todo, desde una celebración del 4 de julio con la Boston Pops Orchestra hasta la inauguración de la Universidad de Harvard, su alma mater, del presidente de la escuela, Larry Bacow.

Cuando lo lea el próximo miércoles, continuará una tradición, para los presidentes demócratas, que incluye a poetas famosos como Robert Frost y Maya Angelou. El último "On the Pulse of Morning", escrito para la toma de posesión del presidente Bill Clinton en 1993, vendió más de 1 millón de copias cuando se publicó en forma de libro. Los lectores recientes incluyen a los poetas Elizabeth Alexander y Richard Blanco, con quienes Gorman se mantuvo en contacto.

"Los tres estamos juntos en mente, cuerpo y espíritu", dice.

Gorman es la poeta inaugural más joven que se recuerde y ha estado en las noticias antes. En 2014, fue nombrada la primera joven poeta laureada de Los Ángeles, y tres años más tarde se convirtió en la primera joven poeta laureada nacional de la nación. Ella apareció en MTV; escribió un homenaje a los atletas negros para Nike; y tiene un contrato de dos libros con Viking Children's Books. El primer trabajo, el libro ilustrado "Change Sings", se lanzará a finales de este año.

Gorman dice que fue contactada a fines del mes pasado por el comité inaugural de Biden. Se ha reunido con varias figuras públicas, incluida la exsecretaria de Estado Hillary Rodham Clinton y la ex primera dama Michelle Obama, pero dice que se reunirá con los Biden por primera vez. Los Biden aparentemente la conocen: Gorman dice que los oficiales inaugurales le dijeron que la primera dama entrante, Jill Biden, la recomendó.

Ella está llamando a su poema inaugural "La colina que trepamos", aunque se niega a visualizar líneas. Gorman dice que no recibió instrucciones específicas sobre qué escribir, pero se le animó a enfatizar la unidad y la esperanza en lugar de "denigrar a alguien" o declarar "ding, dong, la bruja está muerta" sobre la partida del presidente Donald Trump.

El asedio del Capitolio de Estados Unidos la semana pasada por partidarios de Trump que buscaban derrocar las elecciones fue un desafío para mantener un tono positivo, pero también una inspiración. Gorman dice que tenía 5 minutos para leer, y antes de lo que describió durante una entrevista como "la insurrección confederada" el 6 de enero, solo había escrito entre 3 y 1 a 2 minutos.

La duración final es de unos 6 minutos.

"Ese día me dio una segunda oleada de energía para terminar el poema", dice Gorman, y agrega que no se referirá directamente al 6 de enero, sino que lo "tocará". Ella dijo que los eventos de la semana pasada no cambiaron el poema en el que estaba trabajando porque no la sorprendieron.

"El poema no es ciego", dice. "No es darle la espalda a la evidencia de discordia y división".

En otros escritos, Gorman honró a sus antepasados negros, reconoció y reveló su propia vulnerabilidad ("Gloriosa en mi fragmentación", escribió) y enfrentó problemas sociales. Su poema "In This Place (An American Lyric)", escrito para la lectura inaugural de 2017 de la poeta Laureate Tracy K. Smith, condena la marcha racista en Charlottesville, Virginia ("tiki tocches enciende un anillo de fuego") y levanta la voz. la forma de arte como fuerza para la democracia:

Los tiranos temen al poeta.
ahora que sabemos
no podemos arruinarlo.
lo debemos
para mostrarlo
no disminuyas la velocidad

Gorman tiene un estatus de poeta poco común y sueña con otras ceremonias. Le encantaría leer en los Juegos Olímpicos de 2028, programados para celebrarse en Los Ángeles, y en 2037 no le importaría encontrarse en una posición aún más especial en la inauguración presidencial, como la nueva directora ejecutiva.

"Le diré a Biden que volveré", dijo riendo.

La ex joven laureada nacional estadounidense Amanda Gorman dejó al mundo sin palabras con su poema inaugurado por el presidente Joe Biden y la vicepresidenta Kamala Harris el miércoles (20 de enero de 2021). Para mí, fue el punto culminante de toda la ceremonia. Con POESÍA, la Sra. AMANDA GORMAN hizo un verdadero TRATADO DE UNA NUEVA GENERACIÓN Y UNA NUEVA HUMANIDAD. No podemos dejar de elogiar también a QUIÉN LA Puso EN EL EVENTO para dar este VERDADERO MUESTRA de palabras y SABIDURÍA. ÁFRICA Y LA DIÁSPORA AFRICANA CELEBRA EL MUNDO. La Primera Dama Jill Biden eligió a la poetisa de Los Ángeles de 22 años y graduada de Harvard para que recitara su poema original "The Hill We Climb" sobre el regreso de la nación a la curación, la esperanza y la armonía.
Celso Salles
Educasat World.

THE HILL WE CLIMB

When day comes we ask ourselves, where can we find light in this never-ending shade? The loss we carry, a sea we must wade. We've braved the belly of the beast, We've learned that quiet isn't always peace, and the norms and notions of what just is isn't always just-ice. And yet the dawn is ours before we knew it. Somehow we do it. Somehow we've weathered and witnessed a nation that isn't broken, but simply unfinished. We the successors of a country and a time where a skinny Black girl descended from slaves and raised by a single mother can dream of becoming president only to find herself reciting for one. And yes we are far from polished. Far from pristine. But that doesn't mean we are striving to form a union that is perfect. We are striving to forge a union with purpose, to compose a country committed to all cultures, colors, characters and conditions of man. And so we lift our gazes not to what stands between us, but what stands before us. We close the divide because we know, to put our future first, we must first put our differences aside. We lay down our arms so we can reach out our arms to one another. We seek harm to none and harmony for all. Let the globe, if nothing else, say this is true, that even as we grieved, we grew, that even as we hurt, we hoped, that even as we tired, we tried, that we'll forever be tied together, victorious. Not because we will never again know defeat, but because we will never again sow division. Scripture tells us to envision that everyone shall sit under their own vine and fig tree and no one shall make them afraid. If we're to live up to our own time, then victory won't lie in the blade. But in all the bridges we've made, that is the promise to glade, the hill we climb. If only we dare. It's because being American is more than a pride we inherit, it's the past we step into and how we repair it. We've seen a force that would shatter our nation rather than share it. Would destroy our country if it meant delaying democracy. And this effort very nearly succeeded. But while democracy can be periodically delayed, it can never be permanently defeated. In this truth, in this faith we trust. For while we have our eyes on the future, history has its eyes on us. This is the era of just redemption we feared at its inception. We did not feel prepared to be the heirs of such a terrifying hour but within it we found the power to author a new chapter. To offer hope and laughter to ourselves. So while once we asked, how could we possibly prevail over catastrophe? Now we assert, How could catastrophe possibly prevail over us? We will not march back to what was, but move to what shall be. A country that is bruised but whole, benevolent but bold, fierce and free. We will not be turned around or interrupted by intimidation, because we know our inaction and inertia will be the inheritance of the next generation. Our blunders become their burdens. But one thing is certain, If we merge mercy with might, and might with right, then love becomes our legacy, and change our children's birthright. So let us leave behind a country better than the one we were left with. Every breath from my bronze-pounded chest, we will raise this wounded world into a wondrous one. We will rise from the gold-limbed hills of the west. We will rise from the windswept northeast, where our forefathers first realized revolution. We will rise from the lake-rimmed cities of the midwestern states. We will rise from the sunbaked south. We will rebuild, reconcile and recover. And every known nook of our nation and every corner called our country, our people diverse and beautiful will emerge, battered and beautiful. When day comes we step out of the shade, aflame and unafraid, the new dawn blooms as we free it. For there is always light, if only we're brave enough to see it. If only we're brave enough to be it.

LA COLINA QUE SUBEMOS

Cuando llega el día, nos preguntamos, ¿dónde podemos encontrar la luz en esta sombra sin fin? La pérdida que llevamos, un mar que debemos navegar. Nos enfrentamos al vientre de la bestia. Aprendimos que el silencio no siempre es paz. Y las normas y nociones de lo que es justo, no siempre es justo. Y, sin embargo, el amanecer es nuestro antes de que nos demos cuenta. De alguna manera lo hacemos. De alguna manera resistimos y somos testigos de una nación que no está rota sino simplemente inacabada, Nosotros, los sucesores de un país y una época, Donde una niña negra delgada, descendiente de esclavos y criada por una madre soltera puede soñar con convertirse en presidente solo para encontrarse a sí mismo. recitando a uno. Y sí, estamos lejos de ser educados, lejos de estar intactos, pero eso no significa que estemos luchando por formar una unión perfecta. Nos esforzamos por formar una unión con el propósito de componer un país comprometido con todas las culturas, colores, caracteres y condiciones del hombre. Y luego levantamos nuestros ojos no a lo que hay entre nosotros, sino a lo que está frente a nosotros. Cerramos la brecha porque sabemos que para poner nuestro futuro primero, primero debemos dejar a un lado nuestras diferencias. Bajamos nuestras armas para poder extender nuestros brazos el uno al otro. No queremos dañar a nadie y queremos armonía para todos. Que se le diga al mundo que esto no es cierto: que incluso mientras sufrimos, crecimos. Que aun sufriendo, esperamos Que aun cansados, intentamos Que estaremos por siempre unidos, victoriosos. No porque nunca conozcamos la derrota, sino porque nunca más sembraremos la separación. Las Escrituras nos dicen que imaginemos que todos se sentarán debajo de su propia vid e higuera. Y nadie los asustará si queremos vivir a la altura de nuestro propio tiempo. Entonces la victoria no estará en la espada. Pero en todos los puentes que hicimos. Ésta es la promesa del claro. La montaña que escalamos si tan solo nos atrevemos Es porque ser estadounidense es más que un orgullo que hemos heredado, es un pasado al que damos un paso y cómo lo arreglamos. Vimos una fuerza que destruiría nuestra nación en lugar de compartirla. Destruiría nuestro país si significara retrasar la democracia. Y ese esfuerzo fue casi exitoso. Pero a pesar de que la democracia puede posponerse periódicamente. Nunca podrá ser anulado permanentemente. En esta verdad en esta fe confiamos. Mientras tenemos los ojos puestos en el futuro, la historia tiene los ojos puestos en nosotros. Esta es la era de la redención justa. Temíamos desde el principio. No nos sentíamos preparados para ser los herederos de un momento tan aterrador, pero dentro de él encontramos el poder de escribir un nuevo capítulo para ofrecernos esperanza y alegría. Entonces, a pesar de que nos habíamos preguntado cómo podríamos vencer frente a la catástrofe. Ahora reclamamos. ¿Cómo podría prevalecer la catástrofe sobre nosotros? No regresaremos a lo que fue, sino que avanzaremos hacia lo que será. Un país herido, pero todo benévolo, pero audaz, feroz y libre. No seremos desviados ni interrumpidos por la intimidación porque sabemos que nuestra inacción e inacción serán el legado de la próxima generación. Nuestros errores se convierten en tus cargas. Pero una cosa es segura: si fusionamos la misericordia con la fuerza y la fuerza con el derecho, entonces el amor se convierte en nuestro legado y cambia el derecho de nacimiento de nuestros hijos. Así que dejemos atrás un país mejor que el que nos dejaron. Cada aliento de mi cofre de bronce convertiremos este mundo herido en asombro. Nos elevaremos desde las colinas de ramas doradas del oeste, nos elevaremos desde el noreste azotado por el viento donde nuestros antepasados llevaron a cabo la revolución. Salgamos de las ciudades a orillas del lago de los estados del Medio Oeste. Nos levantaremos del sur quemado por el sol. Reconstruiremos, reconciliaremos y recuperaremos y cada rincón conocido de nuestra nación y cada rincón llamado de nuestro país, nuestra gente diversa y hermosa surgirá, dañada y hermosa. Cuando llega la luz del día, salimos de las sombras, en llamas y sin miedo. El nuevo amanecer florece a medida que lo liberamos. Porque siempre hay luz, si somos lo suficientemente valientes para verla. Si somos lo suficientemente valientes para ser eso.

EL ESFUERZO PARA MANTENER A LA RAZA NEGRA FUERA DE LA RIQUEZA ES MUY GRANDE.

Enriquecer a la raza negra es enriquecerse aún más. Es la raza que más se reproduce y con mayor número de individuos económicamente activos. EMPODERAR LA RAZA NEGRA ES SER AÚN MÁS PODEROSO.

Tomando a Brasil como ejemplo, cuyas fuerzas dominantes hacen todo lo posible para evitar la evolución de la raza negra, son tontos. Carecen de inteligencia. Si la mayoría en Brasil es negra, crear mecanismos para que esta mayoría se desarrolle es DESARROLLAR BRASIL a la velocidad de la luz. Lo mismo ocurre con el resto del mundo con respecto a África. También es muy estúpido crear mecanismos corruptos para obtener ventajas que no se obtendrían correctamente. No hay inteligencia en eso. DESARROLLAR LAS POTENCIALIDADES EN ÁFRICA es INTELIGENCIA.

Un ejército
de ideas y
pensamientos

Celso Salles

AFRICANO DE ALMA - AFRICAN SOUL

educasat
Editora

142

Aún no he definido el contenido del libro 6, de la colección África, sin embargo, puedo decir con certeza que el contenido que estaré aportando en este libro 5, AFRICANO DE ALMA - Un ejército de ideas y pensamientos hará un inmenso aporte, deliciosos dátiles para cosechar en el próximo siglo. El mundo como tal hoy, en el año 2021, literalmente se puso patas arriba, debido a la Pandemia Covid 19, sus variaciones y la necesidad de tener acciones y actitudes conjuntas, ya que no es suficiente para erradicar el virus en mi país. Tenemos que erradicar en todo el mundo. Si vemos la POBREZA como un virus y tomamos las mismas medidas, erradicaremos igualmente el hambre de la faz de la Tierra. En África, como bien dijo la angoleña Luzolo Lungoji en su Conferencia AFRICANO DE ALMA que pondremos a disposición en este libro, si los gobiernos a lo largo del tiempo hubieran tomado medidas iguales en la lucha contra la malaria, ya se habría eliminado de la faz de la tierra. Todo lo que mata a los pobres y a los negros debe ser absorbido como prioridad número uno por esta nueva legión de AFRICANOS DE ALMA, cuya semilla fue sembrada en Angola el 28 de mayo de 2021, pero que, con internet e incluso este libro, CONTAMINARÁN. EL MUNDO. Desde que yo, súper blanca, con ojos verdes o azules, me veo como un ALMA AFRICANA, muchos pensamientos sembrados por años de dominación comienzan a apagarse y la raíz del racismo que se plantó en mí comienza a secarse. Desde el momento que soy afrodescendiente, entiendo que la piel oscura, el pelo rizado no me da ninguna legitimidad africana, también me convertiré en una AFRICANA DE ALMA y con gestos concretos trabajaré por los negros, adentro y fuera de África. En mis viajes por países de África, observo la sed de muchos jóvenes africanos por vivir fuera de África, que desde lejos les quita el ALMA AFRICANA. Quedarse en África, estudiar, preparar y transformar tu continente en un continente próspero y de alta calidad de vida es el desafío que impregna esta nueva generación de Luzolos, Andrés, Elizandras ...

Vayamos directo al grano, sin rodeos, y comencemos nuestro trabajo con textos importantes del libro LA NUEVA DESCOLONIZACIÓN DE ÁFRICA del autor angoleño Bitombokele Lei Gomes Lunguani.

Esta obra, escrita por Bitombokele Lei Gomes Lunguani inaugura un nuevo e importante período en la Historia de la Humanidad, que el propio autor pone muy claramente, se materializará en los próximos 100 años, que será la NUEVA DESCOLONIZACIÓN DE ÁFRICA, que se construirá sobre bases sólidas (mandombe), espirituales y científicas desde los cien años del inicio de la obra de Simon Kimbangu, el protagonista del RENACIMIENTO AFRICANO MODERNO. Valiosos RENACIMIENTOS aún se están forjando en el vientre de sus madres, con almas 100% africanas, liberadas de los grilletes impuestos por siglos de esclavitud y colonización, mentalmente desprogramadas para pensar, actuar, crear y conducir a la humanidad en su conjunto, hacia la comprensión y el amor. del prójimo, basado en el trinomio, AMOR, MANDAMIENTO Y TRABAJO, actuando finalmente con mayor profundidad en el UNIVERSO METAFÍSICO, liderado por las nuevas e importantes revelaciones de Papa Simon Kimbangu. Prefacio - Celso Salles.

El libro tiene 6 capítulos repartidos en 180 páginas y se puede comprar en www.amazon.com - Simplemente escriba en el campo de BÚSQUEDA el nombre Bitombokele y aparecerá el libro. En AFRICANO DE ALMA estaré con la autorización del autor, trayendo algunas páginas que considero de fundamental importancia para el conocimiento de miles y miles de AFRICAN DE ALMA alrededor del mundo. Para comprender el momento actual en el que vivimos, los pensamientos que se han plantado en nosotros durante decenas de siglos, es fundamental que conozcamos estos pensamientos que se han ido impregnando en nosotros y esbocemos un plan de NUEVAS IDEAS, CON NUEVOS PENSAMIENTOS en curso. implantado en el AFRICAN ALMA Spirit.

MARCO DEL CONCEPTO RACIAL Y EL RACISMO

En una de sus charlas motivacionales y de desarrollo personal, el profesor Bob Proctor le hizo a uno de sus estudiantes afroamericanos una pregunta vergonzosa y aparentemente ridícula: ¿Cuál es tu color? y cual es mi color

Ante la vacilación del alumno que se enfrentaba a una cuestión tan delicada y compleja, Bob respondió: él mismo en estos términos: «... Obviamente, sé que me vas a decir que tú eres negro y yo soy blanco. Pero, la verdad es que ni yo soy blanco ni tú eres negro ... la piel de una persona puede ser oscura pero no es negra; puede ser claro, pero no es blanco. Porque si por casualidad aparece aquí un blanco, probablemente nos gustaría y saldremos corriendo de aquí. ».

Según el profesor, el ser humano está controlado por un programa mental que determina exclusivamente toda su actividad vital habitual. Este programa mental se llama paradigma. Y nuestra percepción o nuestra forma de ver está influenciada por nuestro paradigma ...

Desarrollando su filosofía, el profesor Proctor, nos llevó a observar que el ser humano tiene un grave problema de percepción; no ve con sus propios ojos, ve a través de sus ojos. Pero ve con reconocimiento de células en su cerebro. Y este problema de percepción tiene una influencia considerable y pertinente (negativa o positiva) en la forma de pensar y hacer las cosas. En la misma línea de pensamiento, es indudable que cuando se cambia la perspectiva de ver algo, ese algo se transforma.

En el marco de nuestra campaña de lucha contra el racismo en relación al principio de percepción que acabamos de abordar, la siguiente deducción: merece ser destacada: si el color de piel es quizás el elemento clave que alimenta los sentimientos de discriminación racial, esto implica que el racismo es un fenómeno social basado en una realidad sin fundamento racional. Porque, de hecho, la Raza Blanca no existe como tampoco existe la Raza Negra; seguramente y racionalmente hay una sola raza que es la Raza Humana. Nos gustaría aprovechar la oportunidad para destacar algunas consideraciones sobre la raza y el racismo en este trabajo.

GENERALIDAD SOBRE LA POBREZA
Y LA OPRESIÓN DE LOS AFRICANOS

Durante 17 años de investigación, descubrimos cuatro tipos de pobreza que actúan en la vida de un ser humano africano, especialmente el negro:
pobreza espiritual, pobreza intelectual, pobreza moral, pobreza social.

pobreza espiritual

Es la falta de un modelo de espiritualidad humanista adecuado y genuinamente africano que pueda garantizar la protección y el desarrollo de la personalidad espiritual y socio-científica del continente africano.

pobreza moral

Es la depravación de la ética positiva de la cultura africana lo que no permite que se practiquen las buenas acciones en la sociedad. En otras palabras, la pobreza moral es una perversión de la sustancia cultural universal que ha causado desviación social y vergüenza en la sociedad africana. En este caso, se pueden mencionar actos como: defecar u orinar en la calle, tirar basura en lugares inapropiados, adicción al (alcohol, tabaco, drogas), imitación del libertinaje sexual occidental, homosexualidad, nudismo y atavíos indecentes de las mujeres para influencia negativa de la civilización occidental.

pobreza intelectual

Es una crisis epistemológica que revela la incapacidad de la creatividad intelectual para contextualizar y codificar el conocimiento universal en un idioma apropiado a la cultura o un idioma genuinamente africano con el fin de abogar por el bienestar social de los africanos y afrodescendientes. La pobreza intelectual es la demostración de la incapacidad inventiva o la infertilidad epistemológica que ha mostrado el negro.

pobreza social

Es la suma de la pobreza espiritual, moral e intelectual lo que justifica el estado de crisis general en el que África se encuentra arraigada. En un contexto general, es obvio admitir que la pobreza existe en todos los países. Hay pobreza, en escalas que se diversifican en mayor o menor medida. Pero África es el continente donde hay más pobreza en todos los aspectos.

Los factores que contribuyen a este escenario son los siguientes: bajo desarrollo económico, altas tasas de analfabetismo y mortalidad infantil, además de enfermedades como el sida y la malaria.

GENERAL SOBRE LA OPRESIÓN AFRICANA

Según el cuadro cronológico evolutivo de la Humanidad y el mundo negro en particular, publicado por el egiptólogo Cheik Anta Diop [20], es plausible observar que desde el año 525 a. C. al 639 d. C., es el período caracterizado por el declive y el oscurantismo. del mundo negro, tras una sucesión de cuatro invasiones de la famosa civilización faraónica del antiguo Egipto.

Año - 525 Conquista de Egipto por Cambyse II
Año - 302 conquista de Egipto por Alejandro Magno
Año - 31 conquista de Egipto por los romanos
Llegó el año 639 de los árabes.

Así, la desintegración social y las migraciones de los negros egipcios hacia el sur del continente habían dado lugar a varias consecuencias, entre las que se puede mencionar el flagelo, el más fatal y vergonzoso de la historia de África. Es la opresión absoluta de ser africano.

Además, el padre Bimbweny Kwech [21] habla de una triple agresión:

- Agresión ontológica
- Agresión epistemológica
- Agresión teológica

BREVE ENFOQUE A LA AGRESIÓN

Definición

La agresión es un acto en el que un individuo daña o daña intencionalmente a otro (s) de su propia especie. El comportamiento agresivo en humanos puede definirse como un comportamiento antisocial u hostil que consiste en infligir daño o causar daño a una persona o grupo.

Manifestación de comportamiento agresivo.

Hay cuatro tipos de formas de manifestación de comportamiento agresivo:
agresión directa, agresión indirecta, agresión impulsiva o reactiva y agresión instrumental o proactiva.

agresión directa

Es un comportamiento físico o verbal que se manifiesta directamente con la intención activa de dañar a alguien. Esta categoría también puede incluir delitos de odio, sadismo o agresión sociopática (es una enfermedad relacionada con el trastorno de personalidad antisocial).

El asalto policial que provocó la muerte del descendiente afroamericano George Floyd es una ilustración del trastorno de personalidad antisocial del policía estadounidense que lo asfixió.

agresión indirecta

Es un comportamiento destinado a dañar las relaciones sociales de un individuo o grupo sin que el causante esté directamente involucrado.

Agresión impulsiva o reactiva

La agresión impulsiva es un acto hostil en respuesta a un estímulo percibido como amenazante. Este tipo de agresión suele asociarse con la ira. Podemos citar el caso de la reacción de los negros a la muerte de George Floyd en respuesta a la agresión racial estructural de la policía norteamericana.
En Brasil, la muerte de João Alberto a manos de dos guardias de seguridad blancos del Supermercado Carrefour desató una ola de protestas contra el racismo estructural o sistémico. Estas manifestaciones tenían características de agresión impulsiva asociada con la ira por la frustración, la humillación y los asesinatos de la trata de esclavos.

agresión instrumental o proactiva

Es un acto hostil organizado dirigido a un objeto con el objetivo de lograr algo, independientemente del daño que pueda causar. Este comportamiento agresivo está planeado y premeditado. Es un patrón de comportamiento deliberadamente programado y organizado para lograr una meta. Podemos señalar, como ejemplo de agresión instrumental, la trata de esclavos y la colonización: los crímenes contra la Raza Negra ocurrieron en el transcurso de estas tragedias inhumanas, pero ese no era el objetivo. Su fin era obtener el dinero o la riqueza incluso a costa de acciones sangrientas.

ESTUDIO DE TRIPLE AGRESIÓN DE ÁFRICA

agresión ontológica

Es una acción hostil organizada y planificada por el sistema imperialista occidental o europeo que destruyó la personalidad del africano sin respetar su Estatuto de Ser Humano. En esta condición, el negro podría ser castigado, vendido o asesinado como si fuera un simple pollo, sin ningún reclamo en nombre del respeto a los derechos humanos.

La trata de esclavos, la colonización, la discriminación racial y el neocolonialismo son ejemplos de abusos a los que fueron sometidos los africanos. Lo curioso es la justificación filosófica que sustentaba intelectualmente estas agresiones. Mirando en detalle el comportamiento agresivo de los blancos durante la era de la trata de esclavos, la colonización y la neocolonización, no sería ofensivo llamarlos víctimas de una actitud sociopática que en 1904, el Dr. Emil Kraepelin lidiaba con el Trastorno de Personalidad Antisocial (PPA).

agresión epistemológica

Esto está relacionado con la incompetencia del desarrollo de las facultades intelectuales de los africanos.

agresión teológica

Es el hecho vinculado a la pérdida de la personalidad espiritual del africano. En el ámbito de la religión, el africano era considerado el símbolo de la maldición y el diablo. Esto puede justificarse observando el arte, la literatura y el comportamiento de la iglesia durante el período de colonización. Esto puede justificarse observando el arte, la literatura y el comportamiento de la Iglesia durante el período de colonización. Así fue como se mentalizó el africano que nada bueno podría salir de él y que el Espíritu Santo nunca podría manifestarse a través de un africano.

El 8 de enero de 1454, el Papa Nicolás V autorizó oficialmente la práctica de la Trata de Esclavos. En su bula papal "Romanus Pontifex", el Vaticano declaró la Guerra Santa contra África. Con esta bula, el Papa Nicolás V concedió al Rey de Portugal Alfonso V y al Príncipe Enrique, así como a todos sus sucesores, la legitimidad de todas las conquistas en África, reduciendo en perpetua servidumbre a todos los pueblos, considerados infieles y enemigos de Cristo, y apropiándose de todos. sus bienes y reinos.

Una bula papal es un documento a través del cual el Papa realiza un importante acto legal.

Brevemente, esta es la lamentable situación que ha caracterizado la vida del africano y especialmente del negro. Sintetizando el estado de pobreza y agresión ya referido, el Padre Bimweny utiliza el concepto de Pobreza Antropológica que representa el estado de pérdida absoluta (se le ha quitado su intimidad como ser humano) en el que está involucrado el africano. Por tanto, la autoafirmación de ser africano o afrodescendiente es una necesidad urgente y legítima. Y esta afirmación implica necesariamente la restauración integral que garantizará su efectivo renacimiento.

No sería justo cerrar este capítulo sin, por tanto, expresar nuestra preocupación por la esencia de la Civilización Occidental dominada por el PPA o Trastorno de Personalidad Antisocial que es un virus pernicioso que podría llevar a esta Civilización a una progresiva caída. Es necesario que haya reformas ideológicas dentro del sistema de pensamiento de la civilización greco-romana mientras África está en su proceso de revitalización progresiva para el Renacimiento. Porque la opresión de un pueblo siempre acaba fortaleciendo el surgimiento de una Nación renacida y gigantesca. El Renacimiento de África es fundamental para formalizar su auto restauración espiritual, epistemológica y social; Conociendo la amargura de la pobreza y la opresión, la base de la restauración social del pueblo africano ciertamente se basará en un equilibrio humanitario real y no en la venganza.

DERECHO UNIVERSAL DEL PROCESO DE RESTAURACIÓN SOCIAL

Noción general de restauración social

El desarrollo de las sociedades actuales es el resultado de varias revoluciones que se han producido a lo largo de la evolución histórica de la humanidad. Es necesario darse cuenta de que estas revoluciones han tenido fundamentos o elementos profundos antes de ser fundamentados o materializados.

En esta perspectiva, el trabajo del historiador Dias Kanombo [27] titulado: El ejemplo americano, muestra los principios que regulan el proceso de restauración social.

Principio No. 1

Toda restauración va siempre precedida de cimentaciones como soportes, para ello es necesario que se preestablezcan determinadas condiciones.

Esta fase consiste en crear las condiciones para un estudio integral de la sociedad en cuestión, como objeto de estudio y tener bases capaces de sustentar la restauración, antes de emprender una determinada iniciativa.

Principio No. 2

Este principio consiste en idear un proceso que pueda revertir el proceso por el cual la sociedad perdió su posición o su estado original. Es la etapa de concepción ideológica que requiere la elaboración de una estructura mental que guiará a los integrantes del programa o proceso.

Principio No. 3

El tercer principio es la fase de aplicabilidad del proceso elaborado. Es la materialización de la estructura mental concebida en el segundo principio.

Estos tres principios fundamentales consolidan la ley universal de cualquier restauración (espiritual, social y familiar).

Dos opciones para la restauración social integral

Hay dos opciones que apoyan la elaboración del proceso que revierte la ideología por la cual la sociedad perdió su estado original:

Opción de sistema social

opción de civilización

Aproximación al sistema social

Según el sociólogo francés Jean La Pierre citado por el profesor Massamba N 'kanziangani, la consolidación de cualquier sistema social decente se caracteriza por tres aspectos:

sistema ideologico

Es el componente mental del sistema social. En otras palabras, el sistema ideológico es el sistema de pensamiento de una sociedad donde se definen las políticas del sistema económico, filosófico, lingüístico y religioso. Desde una perspectiva epistemológica, el sistema ideológico es el paradigma

sistema organizativo

Es el conjunto de metodologías administrativas que se eligen para ejecutar, cumplir y coordinar los elementos normativos que constituyen el sistema ideológico del sistema social.

sistema tecnologico

Es el conjunto de elementos que determinan la filosofía de las invenciones, descubrimientos científicos y tecnológicos. Saber que cualquier sistema de desarrollo de un pueblo sin capacidad para producir conocimiento y creación inventiva es considerado un sistema débil, limitado y sujeto a una invasión de subordinación cultural e intelectual.

Aproximación a la civilización

Con base en la experiencia de la historia, los historiadores afirman que la consolidación de cualquier civilización requiere cinco criterios: religião, sistema político, calendario, escritura y tecnología.

Religión

Es la instancia que determina el esquema espiritual adecuado para la sustentabilidad metafísica del exitoso desarrollo social de la civilización.

Sistema político

Es el conjunto de ideas que determinan el esquema y la estructura de una buena gestión de los asuntos públicos.

Calendario

Esto es lo que define el sistema de medición del tiempo, que lo divide en períodos regulares (años, meses, semanas y días), en base a criterios fundamentalmente astrológicos.

escritura

Es el conjunto de signos que codifican los sonidos y tonos del idioma oficial de la civilización.

Tecnología

Es el conjunto de todos los elementos que determinan la filosofía de los inventos y las innovaciones.

Toda sociedad que se encuentre en estado de crisis debe necesariamente cumplir con la lógica del esquema de restauración antes mencionado, independientemente del nivel o tamaño de la estructura social que se pretenda restaurar (microcomunidad o macrocomunidad).

La restauración social de China como ejemplo

Con registros escritos que datan de hace 4.000 años, China es reconocida como una de las cuatro grandes civilizaciones antiguas del mundo, junto con el antiguo Egipto, Babilonia e India. Además, es la única civilización antigua, que continúa hasta el día de hoy, habiendo resistido las influencias de asimilación y desculturación del alma china.

China es un estado del este de Asia con una demografía de 1.151.300.000 habitantes en una superficie de 9.600.000 km².

En sus memorias de 600 páginas sobre China publicadas después de su visita diplomática a China, Alain Peyrefitte sostiene que China ha tenido "cuarenta siglos de civilización gloriosa y un siglo de humillaciones". [30] Fue una civilización fortalecida por los cinco criterios que subyacen es una civilización:

-Religión: Budismo y Taoísmo

-Sistema político: sistema monárquico. Una aristocracia feudal de sacerdotes

-Calendario: calendario Han (206 a. C. - 220 d. C.)

-Escritura: escritura china

-Sistema de tecnología: experiencia en procedimientos de tecnología de China

La caída y la humillación de China

Después de su fabulosa supremacía durante cuarenta siglos, China se convirtió, entre los siglos XIX y XX, en uno de los países más pobres del mundo. En 1949, las Naciones Unidas revelan que el ingreso anual promedio se fijó en 554 usd para los Estados Unidos de América y 29 usd para China.

Ante esta terrible situación social, China debe encontrar soluciones buscando implementar un paradigma apropiado y adecuado para asegurar una floreciente restauración social china.

Los tres paradigmas involucrados en la restauración china

Las investigaciones realizadas sobre la evolución y desarrollo de China, nos llevaron a percibir tres paradigmas que siguieron en el proceso de su restauración social: el paradigma tradicional chino, el paradigma de occidentalización de China y el paradigma de Mao.

En esta perspectiva, Alain Peryefitte asume que la evolución de China, a mediados del siglo XX, fue un país que experimentó sucesivamente el fracaso de varias fórmulas probadas, hasta el día en que todos

se cumplieron las condiciones para que la única fórmula que se dejara funcionara definitivamente.

Tendencia tradicionalista china

Es la tendencia conservadora que defendió la tradición o cultura china como fundamento, esencia y única condición imperativa para el desarrollo de la sociedad china.

En 1925, Sun Yat-Sen sostiene lo siguiente: «La civilización de Europa y América es enteramente material. Nada más grosero, más brutal, más malvado. Los chinos llamamos a esto barbarie. Nuestra inferioridad como potencia proviene del hecho de que siempre hemos despreciado y descuidado este género. El estilo chino es el de la humanidad y la moralidad. Nuestros ancianos libres llaman a este sistema el camino real ".

Tendencia occidentalista china

Es la tendencia dedicada a la desintegración del sistema tradicional chino y la integración en la civilización industrial occidental. El diplomático francés Alain escribe en la página 312 de su libro: «Aislada de sus fuentes, acorralada por su inferioridad militar, económica y social, China vacila entre dos esperanzas: el redoblamiento feroz en sí mismo o, de lo contrario, la integración en la civilización industrial occidental . "

Ante la melancólica situación sociopolítica que vivía en medio de la sociedad china, los chinos que se graduaron en el sistema educativo occidental o que solo estudiaron historia europea y americana sienten intensamente el dramático subdesarrollo de su país y la total desintegración que lo amenazaba.

Por tanto, la occidentalización de China parecía ser la única alternativa para la evolución y revitalización de esta antigua civilización. Entonces, dispuesto a lanzarse al umbral de la desesperación, surge una nueva alternativa, la tercera tendencia: la Tendencia Maoísta.

Tendencia maoísta

Es una tendencia concebida y moldeada por Mao Tse-Tung al instituir la tercera vía, que permitiría a China escapar del dilema ideológico y descubrir la nueva perspectiva de renacimiento y restauración social.

Esta tendencia apuesta a que no es necesario copiar un solo detalle de la civilización occidental. Sería peligroso imitarla por completo. "China debe repensar toda su organización económica, política y mental"

El gran secreto de la supremacía actual de China

El gran secreto de la supremacía actual de China es la capacidad y el coraje para decidir y apostar por cambiar el sistema de pensamiento. Es importante saber que el desarrollo de China es sobre todo un desarrollo mental o ideológico basado en el sistema de pensamiento de Mao Zedong. El sistema de pensamiento de Mao fue concebido, estructurado e insertado en el sistema educativo popular chino. Por primera vez el 1 de octubre de 1968, Lin Piao anuncia la creación de los Cursos de Mao Tse-Tung para el Estudio del Pensamiento.

A partir de ese momento, el pensamiento de Mao Tse-Tung se había convertido en un soporte ideológico oficial, como si se tratara de una bomba atómica espiritual que desencadenó la Revolución Cultural China de 1966 a 1970.

En última instancia, China finalmente ha logrado construir y erigir un nuevo sistema social en la civilización china, que comprende un sistema ideológico, organizativo y tecnológico que responde perfectamente a la realidad de las realidades socioculturales chinas. este sistema es ahora el orgullo, la dignidad y el respeto del pueblo chino porque fue diseñado por y para ellos mismos.

En este sentido, Alain piensa que el modelo chino es un modelo diseñado para los chinos. Un modelo vivo, que reúne a los chinos de todas las provincias y de todas las condiciones, los examina en un crisol perpetuo. Un modelo que respeta la tradición y al mismo tiempo la brisa: un modelo que siempre ha sido remodelado, a través del cual Mao se esfuerza por descubrir nuevas soluciones a problemas que no tienen precedentes reales.

Hoy, China está sacudiendo al mundo, afirmando conquistar la supremacía de la primera potencia mundial. ¿Qué opción debe seguir África para afrontar el futuro, como lo hizo China, sabiendo que China tenía una situación peor que la nuestra?

Las investigaciones realizadas en China representan un gran espejo para los pueblos africanos y afrodescendientes del mundo.

El milagro africano es posible. Todo depende del grado de concienciación, de saber identificar e institucionalizar la mentalidad adecuada que pueda servir como herramienta inteligible para que los africanos se autodescolonicen. Es decir, el cambio solo será posible si hay un cambio en el PARADIGMA, apostando por un nuevo programa mental que definirá y estructurará el nuevo sistema de pensamiento africano.

Lo que Napoleon Hill llama el estado de ánimo.

PARADIGMA DEL DOMINIO DEL PUEBLO AFRICANO

Generalidad sobre el paradigma

La pertinencia del capítulo sobre el paradigma de la dominación del pueblo africano nos llevó a seguir el camino metodológico deductivo, emprendiendo, sobre todo, un estudio del concepto de paradigma. ¿Qué es un paradigma? Cual es tu objetivo? ¿Cómo funciona un paradigma? Brevemente, analicemos estos temas de una manera sencilla y clara.

definición de paradigma

Etimológicamente, la palabra paradigma proviene del griego παράδειγμα (paradeigma) que significa modelo o patrón.

En otras palabras, un paradigma es un modelo o patrón correspondiente a algo que servirá como ejemplo de muestra a seguir en una situación dada.

En un contexto general, un paradigma es un conjunto de normas rectores de un grupo que establecen límites y que determinan cómo un individuo debe actuar dentro de esos límites. Desde un punto de vista epistemológico, el concepto de paradigma va mucho más allá de la simple estandarización. En este sentido, el filósofo Thomas Kuhn en su obra

Titulado La estructura de las revoluciones [36], dio lugar a un nuevo enfoque de estudios que sitúan el paradigma en una visión más profunda.

Así, Kuhn piensa que el paradigma es una estructura mental compuesta por teorías, experiencias y métodos que sirve para organizar la realidad y sus eventos en el pensamiento humano.

Al observar las dos definiciones, vemos que el paradigma en realidad sigue siendo un estándar. Pero la profundidad del patrón que presenta el filósofo Kuhn es más compleja.

Basándonos en la visión del Dr. Kuhn, podemos afirmar que el paradigma en su esencia es una herramienta mental que determina el funcionamiento del sistema de pensamiento que influye en el comportamiento humano.

Objetivos

El paradigma es diseñar un programa mental que controle casi exclusivamente el comportamiento humano.

Por otro lado, el paradigma apunta a crear un modelo estándar que sirva de base para establecer normas que determinen cómo debe actuar un individuo dentro de estos principios.

Importancia

El paradigma es muy importante para formatear o programar a un ser humano para una misión en particular.

El servicio militar es un paradigma que fue diseñado para formatear o programar a un grupo de seres humanos para defender incluso a costa de sangre su propia patria si fuera necesario. Un soldado solo se pone a disposición dispuesto a sacrificarse hasta las últimas consecuencias, cuando su paradigma está bien concebido y bien definido.

Cuando se concibe el paradigma de una Nación para formar un pueblo valiente y patriota, los resultados corresponden al tipo de programa definido por los idealizadores o penólogos.

El paradigma es fundamental para programar o reprogramar la estructura mental de un individuo, un pueblo o un continente.

La cuestión fundamental radica en las intenciones de los diseñadores de paradigmas. Si, por casualidad, los iniciadores tienen intenciones perversas o negativas, el paradigma naturalmente estará diseñado para controlar y orientar el comportamiento de la población objetivo en la perversión y negatividad prevista en los objetivos predefinidos.

El economista estadounidense Paul Zanne Plazer cuando trajo un nuevo paradigma económico, creó la alquimia económica en la que demuestra

que nuestros recursos no son limitados, porque es el ingenio de la mente creativa humana lo que determina cuánta riqueza tenemos. Esta visión realista revolucionó el sistema de pensamiento económico moderno, superando el viejo paradigma económico de Adam Smith que durante siglos determinó el comportamiento de la humanidad formateado según el paradigma de la economía de recursos limitados.

El evangelio de Jesucristo es un paradigma religioso que ha adquirido proporciones universales y mundiales por su fundamento basado en tres principios fundamentales:
- El amor a Dios y al prójimo como base del poder humano.
- Abundancia espiritual como la esencia de la fuente de abundancia material (Juan 10:10)
- Renacimiento espiritual como fundamento del desarrollo (Juan 3: 3).

naturaleza del paradigma

Siendo el paradigma un programa mental que controla el comportamiento de un ser humano, podemos distinguir una doble naturaleza de paradigma: paradigma individual y paradigma colectivo.

paradigma individual

El paradigma individual es una estructura mental compuesta por teorías, experiencias y métodos que sirve para programar la mente subconsciente de una persona.

Los estudios realizados por el Dr. Bruce Lipton [42] revelan que si implementamos un programa específico en los primeros siete años de vida de un niño, el 96% de los resultados de la vida de este ser humano provendrán de este programa.

El Dr. Lipton sostiene que el paradigma que es un programa mental funciona en la mente humana a través del subconsciente. Es el subconsciente el que almacena todos los archivos de programa diseñados e instalados en la estructura mental para definir y controlar el comportamiento de un individuo desde la niñez. El subconsciente es el piloto automático del comportamiento de un individuo.

El Ser Humano en su psicología tiene dos compartimentos funcionales: la mente consciente y la mente subconsciente.

La mente consciente es la parte creativa y pensante de la mente que está involucrada en la imaginación creativa. Cuando conduces el coche, con las manos en el volante con tus deseos y tu voluntad, es nuestra mente consciente la que controla la situación. Y de repente surge un pensamiento que exige que tu mente le dé un tratamiento, en ese momento la mente consciente ya no será consciente de los eventos que te rodean. Natural o automáticamente, la mente subconsciente se hace cargo y se convierte en piloto automático.

¿Quién es el responsable del paradigma que nos controla?
El profesor Bruce Lipton revela que la frecuencia diaria con la que nuestra mente subconsciente toma el control de nuestra vida por hábito es del 95%. Y cuando nuestro piloto automático está a cargo, ejecuta los programas instalados en el subconsciente. Así, el comportamiento de cada una de nosotras depende de los programas instalados en nuestra mente desde el último trimestre del embarazo hasta los 7 años.

Durante este período, nuestra mente de niño virgen descarga todos los programas disponibles que se encuentran en el entorno de nuestro crecimiento. Esto significa que la entidad responsable de los programas o paradigma que definirá el contenido conductual de nuestra personalidad en el futuro es nuestra sociedad o nuestra comunidad.

En otras palabras, el subconsciente es el gestor del paradigma o programas mentales que determinan las acciones de un ser humano durante el 95% de su tiempo a lo largo del día.

paradigma colectivo
El paradigma colectivo es un estado de ánimo compuesto por teorías, experiencias y métodos que sirven para programar la mente subconsciente de una comunidad o nación hacia un objetivo muy específico.
En nuestra investigación, el ejemplo chino fue un punto de referencia brillante por ser un éxito que cambió de paradigma. Antes de 1963, la situación económica y social de China era dolorosa, crítica y vergonzosa. Se encontró en una realidad indecisa en la que el destino dependía de la elección de dos paradigmas: el paradigma de la occidentalización o el paradigma de conservación de la tradición china debilitada por la presión de la dominación occidental.

En 1963, el líder Mao Tse-Tung desató la Revolución Cultural China que restauró la soberanía, dignidad y supremacía de China. En 1974, el canciller francés Alain Peyrefitte visitó China en medio de la Revolución. De regreso a Francia, escribió un gran libro titulado: Cuando China despierte, el mundo temblará ...

En su obra, el diplomático francés revela que el líder chino desprogramó y reprogramó el subconsciente del pueblo chino en base a las teorías, métodos y experiencias de su paradigma que hoy llevó a China al nivel de las Grandes Potencias mundiales 57 años después de su finalización.

Revolución cultural.

¿Cuáles son las estructuras básicas de la sociedad responsables de dar forma a la mente subconsciente de un individuo?

Hay tres estructuras fundamentales que representan el ecosistema ambiental de la sociedad en el proceso de dar forma a un individuo en sus primeros 7 años: Familia, Escuela y Religión.
Esto significa que el 95% de los programas mentales que ejecuta nuestro subconsciente no fueron instalados por nosotros.

La mente subconsciente es el regulador del hábito en relación con el paradigma que estuvo en la base de su conformación. Esto significa que nuestro comportamiento y el tipo de vida que llevamos representan la impresión de los programas que se nos han instalado desde la infancia.

En su libro titulado: Los secretos de la mente millonaria, Harv Eker [1] sostiene que el fracaso de muchas personas radica en el siguiente concepto: si el modelo financiero que existe en su subconsciente no está programado para el éxito, nada de lo que aprenda, sepa o hacer será de gran importancia.
Es plausible decir que el subconsciente es la parte de nuestra mente que controla y determina nuestras acciones con respecto a la información adquirida y registrada desde nuestra infancia. Esto significa que actuamos de acuerdo con programas instalados en nuestro subconsciente que llamamos Paradigmas.

Si por casualidad nuestro subconsciente está programado para la pobreza o la servidumbre, nuestras acciones nunca corresponderán a los resultados exitosos que pretendemos, hasta que tomemos conciencia de reconsiderar y cambiar la esencia de nuestro paradigma.
Uno de los métodos que nos permite reconsiderar, reprogramar y cambiar un paradigma es la práctica permanente o repetición de programas que pretendemos cambiar en nuestro subconsciente.

Diferentes tipos de paradigmas
Hay varios tipos de paradigmas. Destacamos algunos en este capítulo.

Paradigma educativo: es el conjunto de teorías, experiencias y métodos que sirven para organizar el sistema educativo estándar o ideal.

Paradigma cognitivo: es el conjunto de teorías, experiencias y métodos que sirven para orientar la educación en el desarrollo de habilidades de aprendizaje.

Paradigma de investigación: es el conjunto de teorías, experiencias y métodos que sirven para orientar y organizar un conjunto de actividades investigativas.

Paradigma conductual: es el conjunto de teorías, experiencias y métodos que sirven para orientar o reorientar la conducta de un individuo que pretende mejorar su forma de hacer o ser.

Paradigma geoestratégico: es una estructura mental compuesta por teorías, experiencias y métodos que sirve para salvaguardar los intereses de un territorio o una comunidad.

Paradigma económico: es el conjunto de teorías, experiencias y métodos que sirven para instituir un patrón o modelo de un sistema económico en medio de una comunidad.

Paradigma religioso: es el conjunto de teorías, experiencias y métodos que sirven para instituir un patrón o modelo de un sistema de creencias en medio de una comunidad.

Paradigma político: es el conjunto de teorías, experiencias y métodos que sirven para establecer un estándar o modelo de un sistema de gestión de los asuntos públicos.

Paradigma cultural: es el conjunto de teorías, experiencias y métodos que sirven para organizar y estandarizar el sistema de hábitos y costumbres de un pueblo o de una nación.

Paradigma de la esclavitud

Definición de esclavitud o trata de esclavos
La esclavitud es la práctica social en la que un ser humano asume derechos de propiedad sobre otro designado como esclavo, impuestos por la fuerza.

El comercio de esclavos del siglo XVI fue un negocio de seres humanos negros capturados en África por comerciantes blancos occidentales con el propósito de venderlos en las Américas y convertirlos en esclavos en las plantaciones estadounidenses. Según el blog de Licenciatura History, alrededor de 20 millones de esclavos fueron entregados en el territorio de las dos Américas. Esta práctica humilló vergonzosamente a la raza humana durante trescientos años entre los siglos XVI y XIX. El africano era considerado como oro negro vivo, tal como se vende hoy en día el oro negro líquido.

Es importante destacar que este proceso de "exportación" de gran parte de la población africana a las Américas, tuvo consecuencias desastrosas, tanto para el continente africano como para los descendientes de esclavizados, que persisten hasta el día de hoy. La esencia y sostenibilidad de esta horrible actividad fue su paradigma que veremos en este capítulo.

Funcionamiento del paradigma de la esclavitud
El paradigma de la esclavitud es un programa mental de caza, venta y compra de esclavos que fue concebido por europeos que tomaron la iniciativa en el comercio de esclavos para controlar casi exclusivamente el comportamiento de los cazadores, vendedores, compradores y especialmente el

esclavo mismo.

Es importante señalar que el paradigma de la esclavitud fue un gran éxito porque hasta el día de hoy, a pesar de la abolición de la trata de esclavos, la Raza Blanca quedó atrapada en la estructura mental de esclavizar a otros y la Raza Negra quedó atrapada en la estructura mental de la obediencia. a todo lo que la Raza Blanca le somete.

Este problema es mental, y nunca ha habido sistemas educativos para desprogramar este paradigma venenoso de la esclavitud, y reprogramar un nuevo paradigma que promoverá la cultura del Equilibrio Racial mental del Ser Humano.

Es en este sentido que el Paradigma de la Esclavitud se trasladó a través del tiempo y el espacio en forma de cultura de dominación de pueblos contextualizándose y adaptándose a las circunstancias (Colonización, neocolonización…). Las teorías, métodos y experiencias del paradigma de la esclavitud se pueden resumir en tres documentos fundamentales y universalmente reconocidos:
- La bula papal
- Código negro
- Carta de Willi Lynch
- prospecto papal [46]
El 8 de enero de 1454 "Romanus Pontifex", se declaró la Guerra Santa contra África. Con esta bula, el Papa Nicolás V concedió al Rey de Portugal Alfonso V y al Príncipe Enrique, así como a todos sus sucesores, la legitimidad de todas las conquistas en África, reduciendo en perpetua servidumbre a todos los pueblos, considerados infieles y enemigos de Cristo, y apropiándose de todos. sus bienes y reinos.

- Código negro
Es una especie de regulación de gestión de esclavos. el Código Negro británico, por ejemplo, titulado "Ley de Barbados para el mejor orden y gobierno de los negros", había sido redactado en 1661 por la Asamblea local en respuesta a las crecientes tensiones de esclavitud en las islas del Caribe. Penalizaba: "fuga, robo de alto valor, incendio premeditado, violación y asesinato, delitos considerados delitos capitales, que casi siempre involucran la ejecución del esclavo con indemnización del propietario por parte del Estado…" [47].
- Carta de Willy Lynch [48]
Willie Lynch era un dueño de esclavos del Caribe (Caribe) conocido por mantener a sus esclavos disciplinados y sumisos. Se cree que el término "linchamiento" (linchar, linchamiento: en inglés) se deriva de su nombre. Si bien la mayoría de los europeos se enfrentaron a problemas como fugas y revueltas de esclavos, Willie Lynch mantuvo el control y el orden absolutos sobre sus sirvientes negros. Este poder despertó el interés de los agricultores norteamericanos. A mediados de 1712, Willie Lynch realiza un largo viaje desde el Caribe hasta América del Norte.

El sistema de pensamiento de Willie Lynch sobre el control mental de los esclavos

«Noté que entre los esclavos hay una serie de diferencias. Aprovecho estas diferencias incrementándolas. Utilizo el miedo, la desconfianza y la envidia para mantenerlos bajo mi control. Les aseguro que la desconfianza es más fuerte que la confianza y la envidia es más fuerte que la concordia, el respeto o la admiración.

Debes usar a los esclavos mayores contra los esclavos más jóvenes y a los más jóvenes contra los mayores. Debes usar los esclavos más oscuros contra los más claros y los más claros contra los más oscuros. Debes usar hembras contra machos y machos contra hembras. Debes usar a tus capataces para sembrar la desunión entre los negros, pero es necesario que confíen y dependan solo de nosotros.

Señores, estas herramientas son su clave para el dominio, utilícelas. Nunca pierdas una oportunidad. Si hace un uso intenso de ellos durante un año, el esclavo permanecerá completamente dominado. El esclavo después de ser adoctrinado de esta manera permanecerá en esta mentalidad transmitiéndola de generación en generación... ".

Willie Lynch, el padre del paradigma de la dominación de la raza negra. Cualquier persona que tenga la intención de esclavizar o dominar una comunidad africana o afrodescendiente, utiliza las metodologías de esclavitud mental que Willie Lynch usó en su día. Un paradigma de liberación más sofisticado que puede desprogramar a Willie y reprogramar lo nuevo en las mentes de los negros modernos. esclavos

Paradigma del colonialismo en África

Definición de colonización del continente africano

En la segunda mitad del siglo XIX, las potencias europeas vivieron su apogeo en la colonización de África y Asia. Apoyándose en la política del imperialismo y con el pretexto de difundir la cultura europea, considerada superior por los europeos, el Reino Unido, Francia, Bélgica, Italia y Alemania comenzaron a explorar estos dos continentes con mayor agudeza.

Además de obtener materias primas (recursos minerales y vegetales) y mano de obra barata, los europeos también utilizaron estas regiones para expandir sus mercados de consumo. Así, la colonización puede definirse como un nuevo procedimiento de esclavitud que los occidentales utilizaron después del fin de la trata de esclavos para ocupar los territorios contenidos en el continente africano y Asia con el fin de garantizar la explotación barata de materias primas y dominar a sus respectivos pueblos.

Es importante señalar que esta nueva metodología de apropiación de territorios extranjeros fue legalizada o legitimada en la conferencia de Berlín de 1885 donde las potencias coloniales europeas se distribuyeron a diferentes regiones de África que se convirtieron en países actuales tras la independencia política entre 1951 y 1960 para la mayoría países de África.

Funcionamiento del paradigma de la colonización africana

El paradigma de la colonización africana funciona como un programa mental de dominación bien estructurado y concebido por la civilización europea con el fin de controlar y manipular exclusivamente el comportamiento de los pueblos africanos al admitir la sumisión, ocupación y explotación de la riqueza por parte del sistema colonial. Una mejor comprensión de este fenómeno se aclara aún más a través del Tratado del Imperialismo, que es la columna vertebral del sistema colonial que reemplazó y modernizó el Código Negro. El aspecto inhumano y cruel del documento enfureció y provocó varias manifestaciones dentro de las comunidades africanas de la diáspora. Se había lanzado una petición pública en las redes sociales para denunciar el pensamiento plasmado en el mismo pacto. (www.petitionpublique.fr). Porque los efectos o consecuencias dañinos de estos acuerdos siguen siendo tangibles y perniciosos a pesar del estatus soberano de los países africanos independientes. Por razones de investigación y contribución al proceso de incriminar y desalentar los entresijos de este proyecto, asumimos la responsabilidad ante la Historia de transcribir la totalidad del texto.

"... elaborado en Washington durante el" comercio de esclavos ", luego negociado en silencio en la" Conferencia de Berlín en 1885 ", mientras las potencias occidentales compartían África; renegociado en secreto en Yalta en el momento de la división del mundo en dos bloques después de la Segunda Guerra Mundial y durante la creación de la "Organización de las Naciones Unidas. En febrero de 1945. Fuente:" Museu Tervuren

DISPOSICIÓN GENERAL

Articulo 1:

Lema del imperialismo:

Gobierna el mundo y controla la riqueza del planeta; Del lema; Nuestra política es dividir para gobernar mejor, dominar, explotar y saquear para llenar nuestros bancos y convertirlos en los más poderosos del mundo.

Artículo 2:

Ningún país del Tercer Mundo constituye un estado soberano e independiente.

Articulo 3:

Todo el poder en los países del tercer mundo emana de nosotros, que lo ejercemos presionando a los líderes que son solo nuestros títeres. Ningún organismo del Tercer Mundo puede pretender ejercer el mismo poder.

Fuente: http://mediaafrik.com/la-charte-de-limperialisme-voici-le-document-exclusif-elabore-a-washington-en-pleine-traite-negriere-et-negocie-a-la-conference- de-berlin-en-1885 / consultado el 18/09/2018

Articulo 4:

Todos los países del Tercer Mundo son divisibles y sus fronteras se pueden cambiar según nuestra voluntad. El respeto a la integridad territorial no existe para el Tercer Mundo.

Articulo 5:

Todos los dictadores deben poner su fortuna en nuestros bancos por la seguridad de nuestros intereses. Esta fortuna se utilizará para donaciones y créditos que otorguemos como asistencia y ayuda al desarrollo de los países del Tercer Mundo.

II. EL RÉGIMEN POLÍTICO

Articulo 6:

Cualquier poder y gobierno que establezcamos es legal, legítimo y democrático. Pero cualquier otro poder o gobierno que no emane de nosotros es ilegal, ilegítimo y dictatorial, independientemente de su forma y legitimidad.

Articulo 7:

Cualquier poder que oponga la más mínima resistencia a nuestros requerimientos por el mismo hecho pierde su legalidad, su legitimidad y su credibilidad. Y debe desaparecer.

III. TRATADOS Y ACUERDOS

Articulo 8:

No negociamos acuerdos y contratos con países del tercer mundo, imponemos lo que queremos y ellos se someten a nuestra voluntad.

Articulo 9:

Cualquier acuerdo celebrado con otro país o negociación sin nuestra aprobación es nulo y sin valor.

IV. DERECHOS FUNDAMENTALES

Articulo 10:

Dondequiera que estén nuestros intereses, los países del Tercer Mundo no tienen derechos, en los países del Sur, nuestros intereses prevalecen sobre el derecho y el derecho internacional.

Articulo 11:

La libertad de expresión, la libertad de asociación y los derechos humanos solo tienen sentido en países donde los líderes se oponen a nuestra voluntad.

Articulo 12:

Los pueblos del Tercer Mundo no tienen opinión ni derechos, están sujetos a nuestra ley y nuestro derecho.

Articulo 13:

Los países del Tercer Mundo no tienen cultura o civilización aparte de la civilización occidental.

Articulo 14:

No se menciona genocidio, masacre o "crímenes de guerra" o "crímenes de lesa humanidad" en países donde nuestros intereses están garantizados. Aunque el número de víctimas es muy importante.

FINANZAS PÚBLICAS

Articulo 15:

En los países del Tercer Mundo, nadie tiene derecho a poner un límite de dinero que hemos fijado en sus bancos. Cuando la fortuna supera el techo, se deposita en uno de nuestros bancos para que los beneficios vuelvan en forma de préstamos o ayudas al desarrollo económico en efectivo o en especie.

Articulo 16:

Solo aquellos países cuyos líderes nos muestren una sumisión total, como nuestros títeres y nuestros ayuda de cámara, tendrán derecho a la ayuda antes mencionada.

Articulo 17:

Nuestra asistencia debe ir acompañada de fuertes recomendaciones que prevengan y rompan cualquier acción de desarrollo de los países del Tercer Mundo.

VIO. TRATADOS MILITARES

Articulo 18:

Nuestros ejércitos deben ser siempre más fuertes y poderosos que los ejércitos del Tercer Mundo. La limitación y prohibición de las armas de destrucción masiva no es asunto nuestro, sino de los demás.

Articulo 19:

Nuestros ejércitos deben ayudarse unos a otros y unirse a la guerra contra el ejército de un país débil para mostrar nuestra supremacía y ser temidos por los países del Tercer Mundo.

Articulo 20:

Toda intervención militar tiene como objetivo proteger nuestros intereses y los de nuestros ayuda de cámara.

Articulo 21:

Cualquier operación para evacuar a ciudadanos de países occidentales esconde nuestra verdadera misión, que es proteger nuestros intereses y los de nuestros asistentes de estacionamiento.

VII. ACUERDOS INTERNACIONALES

Articulo 22:

La ONU es nuestro instrumento, debemos usarlo contra nuestros enemigos y los países del Tercer Mundo para proteger nuestros intereses.

Articulo 23:

Nuestro objetivo es desestabilizar y destruir los regímenes que nos son hostiles e instalar nuestros títeres bajo la protección de nuestros soldados al amparo de los mandatos de las fuerzas de la ONU.

Articulo 24:

Las resoluciones de la ONU "son textos que nos dan el derecho y los medios para atacar, matar y destruir países cuyos líderes y pueblos se niegan a someterse a nuestras órdenes judiciales bajo la apariencia de las resoluciones de seguridad del Consejo de las" Naciones Unidas ".

Articulo 25:

Nuestro deber es mantener a África y otros países del mundo en subdesarrollo, construcción, división, guerra, caos para dominar, explotar y saquear a través de las "Misiones de las Naciones

Unidas".

Articulo 26:

Nuestra regla de oro es la liquidación física de los líderes y líderes nacionalistas del Tercer Mundo.

Articulo 27:

Las leyes, resoluciones, cortes y tribunales de las "Naciones Unidas" son nuestras herramientas de presión contra los líderes y líderes de países que defienden los intereses de sus pueblos.

Articulo 28:

Los líderes de las potencias occidentales no pueden ser procesados, arrestados o encarcelados por los tribunales y cortes de la "ONU", incluso si cometen "crímenes de guerra", "genocidio" o "crímenes de lesa humanidad".

Cabe señalar que la versión de este documento se encontró en Tervuren en el "Museo Real de África Central", Tervuren (anteriormente Tervuren y también en francés) es un municipio ubicado en la región belga de la provincia de Brabante Flamenco.

Funcionamiento del paradigma de la neocolonización

El paradigma de la neocolonización es un programa mental de manipulación y control implícito del manejo de sus recursos, su sistema de defensa nacional, sus políticas públicas, la doctrina de su sistema educativo y su cultura.

El programa mental de la nueva colonización de África es un fenómeno geopolítico muy complejo debido a los acuerdos secretos firmados entre los antiguos colonizadores y países africanos, principalmente África Negra.

Hay tres (3) estructuras principales que apoyan el mecanismo de neocolonización:

escuela,

la religion

es el idioma.

La escuela es la herramienta de configuración intelectual para occidentalizar a la élite de los países africanos a través de la escuela o los sistemas educativos destinados a cultivar el espíritu de dependencia de los antiguos colonizadores.

SARTRE, Jean-Paul. Colonialismo y neocolonialismo (Situaciones, V). Río de Janeiro: Tempo Brasileiro, 1968.

La religión es el vehículo de formación espiritual para mantener el estado latente de la conciencia espiritual africana. La religión colonial sigue siendo prestigiosa.

El idioma oficial colonial es el arma destructiva de la cultura africana. El legado legal colonial de desprecio por las lenguas africanas sigue siendo expresivo en las antiguas colonias africanas.

En 1921, el gobernador de Angola, Norton de Matos había promulgado el Decreto No. 77 que estipulaba lo siguiente:

Punto 3: Es obligatorio, en cualquier misión, enseñar el idioma portugués.

Punto 4: "Prohibida la enseñanza de cualquier idioma extranjero".

En los artículos 2 y 3 del mismo Decreto: `` No está permitido enseñar lenguas indígenas en las escuelas misioneras; el uso de la lengua indígena solo se permite hablar en la catequesis ".

Cien años después de la promulgación del decreto Norton de Matos, África sigue dependiendo de las lenguas coloniales para la comunicación interafricana. Y son los mismos idiomas, los llamados oficiales, los que representan la cultura africana a nivel internacional.

La estructura mental de la neocolonización del continente africano está enraizada en los acuerdos secretos de las independientes que justifican la actitud humillante de los líderes africanos hacia ciertos temas sensibles que representan la dignidad y soberanía del continente cuna.

A modo de ilustración, podemos centrarnos en los once acuerdos secretos firmados entre Francia y países negros, publicados en la plataforma digital coupsfrancs: (www.coupsfrancs.com/les-11-accords-secrets-signes-entre-la-france-et -les-pays-noirs /)

Por otro lado, pensamos que es fundamental evocar un hecho insólito que justifica el aspecto sistémico de la neocolonización. Un seminario estratégico de alto nivel reunió a expertos, académicos, economistas... con el objetivo de presentar modelos económicos estratégicos para mantener el sistema de desigualdad entre Occidente y África.

El ponente en su presentación revela opiniones inhumanas a favor del sistema económico capitalista basadas en el sentimiento del MIEDO.

En su discurso, el ponente dijo: «... África subsahariana ha sido fundamental para la prosperidad de los países desarrollados. Y África tiene un papel clave que desempeñar como proveedor de sus materias primas.

No permitiremos que los africanos se escapen. Estamos haciendo todo lo posible para mantener al África subsahariana en su actual estado de pobreza.

Es absolutamente vital para nuestra supervivencia como occidentales ...

Y todas las estructuras y organizaciones internacionales, todas las instituciones académicas y todas las enseñanzas económicas están diseñadas para mantener a los africanos en su situación actual ...

»

https://youtu.be/QXpjtO3tbzQ,

https://app.livestorm.co/p/584063b2-5cfc-456c-9655-82e9d7ef4d24

AFRICANO DE ALMA - AFRICAN SOUL

28/05

Lançamento
EM ÁNGOLA

Um NOVO DESPERTAR
DA ALMA AFRICANA
presente em todos nós.

Colégio 18 de Novembro
a partir das 09H00

https://fb.me/e/Ar4v55Xt

AFRICANO DE ALMA - AFRICAN SOUL

ACHAMA
ASSOCIAÇÃO

Hoy, 28 de mayo de 2021, es un día muy especial, cuando cumplo 62 años y empiezo un proyecto, que es un proyecto de vida. Está siendo bautizado AFRICANO DE ALMA. Estoy aquí en el Colégio 18 de Novembro, junto con ACHAMA, que es la Associação Carácter, Abilidade e Atitude Motiva Angola, cuya presidenta es mi hija Luzolo Lungoji, quien junto con todo el equipo, dará una gran serie de conferencias. , llamado AFRICANO DE ALMA. ¿Qué significa ser un AFRICANO DE ALMA? En este libro, ya nos apoya un africano de corazón. En cada conferencia se circulará un libro de este entre los alumnos. La idea básica es llamar la atención sobre la importancia de que todos seamos AFRICANOS DE ALMA. No es suficiente que tenga el pelo rizado, un color negro. Eso no significa que sea un AFRICANO DE ALMA. AdA es ante todo aquella que busca ayudar a las personas. Uno que busca favorecer a los estratos desfavorecidos y, dentro del alma africana, tan degradada durante siglos de esclavitud y colonización. Procura volver a la Comunidad de Cristo, la Comunidad de ayuda mutua. Simon Kimbangu quería, en este proyecto que fue inspirado por Él, comenzar aquí en la Escuela ubicada en el Complejo Kimbangu. Quiero desearles mi gran e inolvidable regalo de cumpleaños número 62. Que sea una fecha de gran cambio en beneficio, no solo de la raza negra, sino de la raza humana, en beneficio de todos los desfavorecidos. Celso Salles.

Así como fui escogido para estar en África y hacer el trabajo que he estado haciendo, todo se informó en los libros que he escrito y ciertamente en los que todavía escribiré, incluso cuando Dios lo permita. Asimismo, cuando vemos esta foto de familia de las páginas anteriores, fluye a nuestra imaginación que, en esta foto, puede haber futuros líderes angoleños, africanos y mundiales. Muchos cuando salieron de casa el 28 de mayo de 2021 y fueron al colegio no se imaginaron que recibirían un contenido tan importante como el que transmitía Luzolo Lungoji, de 19 años, pero con 91 años de sabiduría. Sumado a los conocimientos que ha ido adquiriendo Luzolo a lo largo de su vida, con importantes lecturas, estudios e influencias, tomó como base el contenido que puse en el libro LA IMPORTANCIA DE LA DIASPORA AFRICANA EN LA NUEVA DESCOLONIZACIÓN DE ÁFRICA y en el libro LA NUEVA DESCOLONIZACIÓN DE ÁFRICA del escritor Bitombokele Lei Gomes Lunguani, quien, al llegar a esta página del libro, ya ha tenido contacto y podrá identificar parte de las enseñanzas de Bitombokele en palabras de Luzolo.

Es fundamental señalar que todo el guión de la conferencia de Luzolo fue elaborado por ella misma, sin ninguna interferencia externa directa, lo que da una inmensa riqueza a todo el proceso. Es la misma o muy cercana generación que transmite contenidos, nuevas ideas, conocimientos. Para quienes reciben, la distancia entre usted y el hablante es prácticamente nula. DESPERTAR UN LIDERAZGO NUEVO Y BUENO es fundamental.

https://youtu.be/E3Dly91AuEk

LOS ANGOLANOS QUE MANDELA LIBERADA
Orlando Víctor Muhongo
Escritor

La historia de África en su conjunto está llena de paradigmas, la mayoría, si no todos, muy dañinos para los africanos. En la obra del escritor Victor Muhongo se puede conocer con gran detalle el verdadero paradigma del apartheid.

"El ANC envió jóvenes a Angola para recibir entrenamiento militar. Esto fue realmente muy importante y fue un punto de inflexión en la historia de Sudáfrica. El progreso que hicimos en nuestra lucha se debió en gran parte a Angola. Una base, permitió el establecimiento de campamentos y brindó algún adiestramiento a nuestros soldados, transmitiéndoles valores y la disciplina necesaria. Esto nos permitió mejorar la calidad del adiestramiento y todo resultó en el rápido desarrollo de nuestra lucha ".

Nelson Mandela

Los angoleños son los héroes que, en el Triángulo Tumpo, se inmolaron en defensa de Sudáfrica y cuya sangre y sudor derrocaron al régimen del apartheid y liberaron a Nelson Mandela.

... Durante décadas se estableció un "Paradigma Histórico", que pretendía sacar a Angola de la narrativa oficializada sobre el apoyo decisivo brindado a la lucha de sudafricanos y namibios, así como sobre el derrocamiento de un sistema político y social de los más atroces que el mundo y África hayan conocido: el régimen del apartheid. Frente a la realidad y los hechos, utilizando una analogía científica, consideramos las inconsistencias existentes entre la realidad histórica y la versión defendida por el paradigma mencionado como "Obstáculo Epistemológico". ... Sin la menor pretensión de cuestionar el respeto debido a Nelson Mandela, como figura relevante para la nación sudafricana, a favor de retransmitir la Historia a las nuevas generaciones y reavivar recuerdos desdibujados por diferencias políticas o políticas debido a las penurias del tiempo, este Ensayo Político se asume como una "ruptura epistemológica", que pretende sacar a la luz el papel crucial desempeñado por los angoleños en la liberación de África Austral.

He estado buscando este período en el que estoy teniendo la gracia de Dios de estar en el continente africano, de leer tantos libros como sea posible, con el fin de capturar información importante que en general los medios mundiales no reportan. Uno de los libros que destaco es "LOS ANGOLANOS QUE MANDELA LIBERADA" del escritor angoleño Orlando Victor Muhongo, nacido en la provincia de Uige en 1982, licenciado en Relaciones Internacionales y magíster en Relaciones Interculturales. Los angoleños son los héroes que, en el Triángulo de Tumpo, se inmolaron en defensa del sur de África y cuya sangre y sudor derrocaron al régimen del apartheid y liberaron a Nelson Mandela. "Celso Salles".

Este libro AFRICANO DE ALMA ya nace como NUEVO PARADIGMA. Al traer los estudios del profesor y teólogo Bitombokele Lei Gomes Lunguani, con varias e importantes páginas de su libro "LA NUEVA DESCOLONIZACIÓN DE ÁFRICA" y, en la secuencia, destacando la obra del escritor angoleño "LOS ANGOLANOS QUE LIBERTARON MANDELA", el deconstrucción de un mito "la propuesta del nuevo paradigma del AFRICANO DE ALMA es muy clara. Es un paradigma de inmensa osadía, pues quiere afrontar siglos de pensamientos, alimentados y que alimentan mucho odio y destrucción. Cualquiera que tenga curiosidad o incluso tenga la oportunidad de leer los libros ya escritos en la colección África verá una continuidad de lo que ya he estado escribiendo.

EL AFRICANO DE ALMA nació abogando por que hay que cambiar nuestra forma de pensar. No sirve de nada cambiar de color o razas que tienen la misma mentalidad. Siempre tenemos varios puntos de vista para analizar sea cual sea el tema. Por eso tenemos que pensar de múltiples formas. Veo que, como humanidad, estamos en un camino hacia la destrucción. La voracidad del capitalismo y todas sus variantes que necesitan ser alimentadas todo el tiempo y, con una fuerte raíz en el egoísmo, hacen de la ley del más apto una única verdad. Una verdad de que los medios no importan, siempre que se alcancen los fines.

He acompañado a personas y familias en diversas partes del mundo que han hecho de la acumulación de riqueza un oasis de felicidad, sin felicidad. Y hemos seguido estos ejemplos del mundo capitalista, ya que es lo que impulsa las economías en general.

Pero, ¿cómo pensar de manera diferente en medio de esta confusión? A priori parece realmente imposible, ya que la medida del éxito o del fracaso es muy clara. Cuanto más dinero, más éxito. Cuanto menos dinero, más fracaso.

Y luego vemos a políticos y gobernantes vendiendo a su propia gente, comprando poder judicial, escondiendo dinero ilícito, raxadinhas y no paran de inventar nuevas estafas.

Los medios, a su vez, cada vez más rehenes del capital financiero, eligen y marcan la pauta de la verdad.

Sin miedo a cometer errores. Hemos llegado a un momento en el que PENSAR EN NUEVO es fundamental. Crear nuevos e importantes paradigmas que puedan aligerar este mundo nuestro cansado y desorientado.

El paradigma AFRICANO DE ALMA tiene esta audacia. Y cuando nació en África, el continente más sufrido del planeta Tierra, su propuesta es aún más atrevida. Un paradigma que comienza a materializarse en el seno de una NUEVA GENERACIÓN, como muy bien lo pudimos demostrar en este libro.

ALMA AFRICANA X RENACIMIENTO AFRICANO MODERNO

Todo está muy conectado y tiene la misma fuente de inspiración: Papa Simon Kimbangu. Todo lo que está conectado a Simon Kimbangu tiene el mismo ADN: ÁFRICA.

Para no tomar demasiadas líneas de este libro, dejaré la URL del video del documental para aquellos que nunca han oído hablar o incluso tienen sus dudas:

Fueron 30 años de prisión, innumerables milagros y profecías.

¿Cómo es que al crear el Paradigma AFRICANO DE ALMA sé que fue la inspiración de Simon Kimbangu?

La certeza proviene de la amplitud de la creación, las personas involucradas, los resultados obtenidos. Sería humanamente imposible que todo esto sucediera si no hubiera una entidad mucho más grande que se encargara de todo. Los errores cometidos en el camino se identifican fácilmente ya que todo se detiene. Una vez corregido, todo vuelve a caminar ya la velocidad de la luz.

Me he dado cuenta de lo difícil que es para la mayoría de los africanos aceptar el lado divino de Simon Kimbangu. En particular, ya soñaba con algo así y cuando, en 2015, tuve el conocimiento, en ese momento comencé a trabajar y materializar mis inspiraciones, como estas líneas que estoy escribiendo.

En el Salón de Arte de RENASCIMENTO AFRICANO MODERNO, protagonizado por Jotraken Investment, dirigido por el kimbanguista angoleño João Missidi Neto, nada más llegar al Complexo Kimbanguista do Golfo, fui recibido por el director de la Orquesta Sinfónica Kimbanguista, Marcelo Ntuntu, con trato de celebridad. .

Luego, uno a uno, llegan los integrantes de la Orquesta y se hace evidente el cariño y amor que sienten por la presencia de los hermanos en general.

En líneas generales y debido a las inspiraciones y elecciones de Simon Kimbangu, se vislumbra en camino una NUEVA ÁFRICA, proveniente de innumerables direcciones en beneficio de toda la humanidad.

Siento que tenemos que hacer nuestra parte.

Los trabajos y los resultados hablan por sí mismos.

En el mismo territorio, tenemos una África pobre y sin vida, mientras que del lado kimbanguista, todavía en territorio africano, tenemos una NUEVA África, llena de vida y prosperidad.

¿Por qué no ser una NUEVA África? ¿Qué impide que África crezca, se modernice y se libere definitivamente de los grilletes que la mantienen hoy?

Puede encontrar muchas respuestas en el libro "LA NUEVA DESCOLONIZACIÓN DE ÁFRICA" de Bitombokele Lei Gomes Lunguani.

También en Mandombe Universty, puede obtener muchos conocimientos: http://mandombeuniversity.online

Dentro de mi línea de investigación, lo que más me llama la atención en la forma de vida de los kimbanguistas es precisamente la UNIÓN. Trabajando juntos.

El Linaje que les dejó Simon Kimbangu tiene un lado espiritual muy por encima de la mayoría de las religiones.

AMOR, MANDAMIENTO Y TRABAJO, guía a todos los kimbanguistas hacia el crecimiento colectivo.

Teniendo la misma fuente inspiradora, estoy seguro de que el Paradigma AFRICANO DE ALMA también debe basarse en este trinomio, buscando fuerza e inspiración para su más legítimo crecimiento.

El nivel de pobreza en el territorio africano sigue siendo muy alto y estoy absolutamente seguro de que, para llevarlo a cero, es necesario unir muchas fuerzas que, de forma aislada, difícilmente tendrán éxito. El papel de la diáspora africana en todo este proceso es considerable, ya que, con mucho conocimiento, pueden acortar muchos caminos hacia la autosuficiencia alimentaria y la independencia económica.

Visiones como las del orador en la página 86 de este libro deben borrarse de la faz de la tierra. A raíz de su discurso que no fue filmado, pero que podemos imaginar, ciertamente brinda una larga lista de procedimientos para evitar que África crezca y suministre eternamente materia prima a cambio de armas o incluso alimentos que África puede muy bien producir. .

En el libro LA IMPORTANCIA DE LA DIÁSPORA AFRICANA EN LA NUEVA DESCOLONIZACIÓN DE ÁFRICA, pongo la lista completa de unidades EMBRAPA - Corporación Brasileña de Investigación Agrícola, donde africanos de todos los países podrán registrarse y obtener información preciosa en lo que llamé AGROVIDA en el mismo libro.

En estos años en África, he intentado conocer todos los lugares y ver las principales necesidades del pueblo africano. En la conferencia de Luzolo, celebrada el 28 de mayo de 2021, pude mencionar que la mayor enfermedad del siglo es la INDIFERENCIA. Indiferencia interna y externa. No necesitamos ver a los niños recoger comida de la basura, ante tanta riqueza. Podemos crear áreas para comer para personas en riesgo. Si quienes tienen el poder para hacer esto continúan fingiendo que nada de esto existe, millones de personas seguirán muriendo de hambre.

Como AFRICANOS DE ALMA, no podemos permitir que esto continúe.

Lo que alimenta mucho mi ALMA AFRICANA es poder trabajar con innumerables personas y organizaciones que, a pesar de muchas dificultades, hacen mucho por los demás. Dedican su tiempo. Crea proyectos. No voy a mencionar a estas personas y organizaciones, ya que ciertamente puedo olvidar a algunas de ellas.

LA RESPONSABILIDAD SOCIAL necesita tener mayor dotación e importancia en las empresas en general. Necesita gerentes con ALMA AFRICANA enfocados en los desfavorecidos. IMPLACABLE.DESPIADADO. Que no esperen a que lleguen los proyectos, sino que vayan a su encuentro. No importa cuánto hagamos, siempre hay mucho más por hacer.

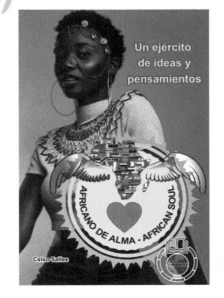

55

Razones
para Invertir
en África

Celso Salles

El contenido de este libro es de inmensa importancia. Casi se puede considerar como un Catálogo de África. Son pocos los trabajos dedicados a este contenido, precisamente por la cantidad de información, cuando se trata de África. Es muy fácil perderse en un vasto universo de información histórica.

Otra dificultad para ver con claridad este África Potencial contenida en este libro es el enfoque que se le ha dado a la fauna en África en los medios de comunicación en general y a los conflictos armados, la corrupción, el hambre, la pobreza ... Esta información, difundida sistemáticamente en todo el mundo, juega un papel muy disruptivo en la planificación de empresas y organizaciones de todo el mundo cuando se piensa en invertir en África.

En septiembre de 2021 cumplí 10 años en territorio africano, al principio con idas y venidas a Brasil, sin embargo, desde 2016, cuando recibí la visa para permanecer en Angola otorgada por el Ministerio de Ciencia y Tecnología en ese momento, vi lo importante que era estar en territorio africano. Estando en Angola, tuve pasajes rápidos por Zimbabwe, Congo Democrático, Congo Brazaville y Sudáfrica. Ciertamente, debido al trabajo que he estado haciendo, mi objetivo es estar en persona, si no en los otros 50 países que todavía Necesito conocer, al menos, en la mayoría de ellos, porque creo mucho en la fuerza e importancia de este trabajo.

Una vez que fui afrodescendiente, termino siendo uno de los millones, si no miles de millones, de la diáspora africana, con este enfoque específico.

Con este libro, también se puede motivar a otras personalidades importantes a realizar un trabajo similar o superior para África. Si puedo hacerlo, miles también pueden hacerlo.

En las páginas que siguen, intenté poner, en mi opinión, información específica sobre cada país, centrándome en su potencial, variando el cuerpo de la fuente Arial, según la cantidad de información.

Recuerdo que CUALQUIER TIPO DE INVERSIÓN es bienvenida. Contamos con inteligencias humanas de alto valor en todo el mundo, donde muchas de ellas, una vez realizadas, pueden muy bien pasar días, semanas, meses o años en el continente africano, transmitiendo sus conocimientos. Por parte de los 55 gobiernos africanos, le corresponde crear condiciones además de atraer estas mentes, brindar instalaciones seguras y calidad de vida para recibir estas bendiciones en forma de seres humanos.

Mis libros a la venta en amazon.com se están leyendo en varias partes del mundo. Quiero dejar MI LLAMAMIENTO a estas mentes prodigiosas para que vengan a África. África NECESITA SU CONOCIMIENTO. No solo quiero, sino que puedo ayudarlos: educasat@hotmail.com.

República da África do Sul

Considerada una economía de ingresos medios altos por el Banco Mundial, el país se considera un mercado emergente. La economía sudafricana es la segunda más grande del continente (solo después de Nigeria) y la vigésimo quinta más grande del mundo (PPC). Multiétnico, el país tiene las comunidades más grandes de europeos, indios y mestizos de África. Aunque el 70% de la población sudafricana está formada por negros, este grupo es bastante diverso e incluye varios grupos étnicos que hablan idiomas bantú, uno de los idiomas que tienen estatus oficial. Sin embargo, aproximadamente una cuarta parte de la población está desempleada y vive con menos de 1,25 dólares al día.

Sudáfrica es una democracia constitucional, en forma de república parlamentaria; a diferencia de la mayoría de las repúblicas parlamentarias, los cargos de jefe de estado y jefe de gobierno se fusionan en un presidente dependiente del parlamento. Es uno de los pocos países africanos que nunca ha experimentado un golpe de estado ni ha entrado en una guerra civil después del proceso de descolonización, además de tener elecciones regulares durante casi un siglo. Sin embargo, la gran mayoría de los sudafricanos negros se emanciparon por completo solo después de 1994, después del fin del régimen del apartheid. Durante el siglo XX, la mayoría negra luchó por recuperar sus derechos, que fueron reprimidos durante décadas por la minoría blanca política y económicamente dominante, una lucha que ha jugado un papel importante en la historia reciente del país.

República de Angola

El gobierno encabezado por Su Excelencia el Presidente João Manuel Gonçalves Lourenço está a favor de una política exterior que fomente las relaciones culturales, económicas y comerciales más fuertes con otros países y aspira a ser un miembro activo de la comunidad internacional.

En el ámbito internacional, Angola viene dando un fuerte apoyo a iniciativas que promueven la paz y la resolución de disputas regionales, enfatizando la vía diplomática en la prevención de conflictos y promoción de los derechos humanos.

El Ejecutivo angoleño ha adoptado todas las medidas necesarias para que los inversores tengan confianza y certeza de que están entrando en un escenario competitivo, con competencia sana y abierta.

La estabilidad y la seguridad son condiciones necesarias para el desarrollo social y económico de cualquier país, y el Ejecutivo angoleño apoya el desarrollo y crecimiento de la economía nacional, a través de la generación de empleo y el aumento de la producción interna.

Angola te invita a realizar tu inversión, a nivel nacional o internacional, en la Zona Económica Especial, contribuyendo así al desarrollo, la competitividad y el emprendimiento.

República Argelina Democrática e Popular

Argelia es considerada una potencia regional y media. El país suministra grandes cantidades de gas natural a Europa y las exportaciones de energía son un importante contribuyente a la economía argelina. Según la Organización de Países Exportadores de Petróleo (OPEP), Argelia tiene la decimoséptima reserva de petróleo más grande del mundo y la segunda más grande de África, mientras que tiene la novena reserva de gas natural más grande del mundo. Sonatrach, la compañía petrolera nacional, es la compañía más grande de África. Argelia tiene una de las fuerzas armadas más grandes de África y uno de los presupuestos de defensa más grandes del continente.

El país es miembro de las Naciones Unidas (ONU), la Unión Africana (UA) y la Liga Árabe prácticamente después de su independencia en 1962, y es miembro de la Organización de Países Exportadores de Petróleo (OPEP) desde 1969. En febrero En 1989, Argelia participó con los demás estados del Magreb para la creación de la Unión del Magreb Árabe. La Constitución argelina define al "Islam, los árabes y los bereberes" como "componentes fundamentales" de la identidad del pueblo argelino, y al país como "la tierra del Islam, parte integrante del Gran Magreb, el Mediterráneo y África".

República do Benin

El Gobierno de Benin tomó medidas rápidas para mejorar el clima empresarial, creando un marco más saludable para la inversión y facilitando las asociaciones público-privadas. Se planificaron nuevas reformas de apoyo a la inversión en paralelo con la ejecución de los proyectos del programa "Benin Revealed". Entre las medidas implementadas, podemos mencionar en particular:

- Marco regulatorio unificado para asociaciones público-privadas;
- Medidas fiscales a favor de la inversión privada;
- Establecimiento de una ventanilla única;
- Modernización del sistema de contratación pública;
- Revisión de los precios de venta del dominio privado del Estado;
- Régimen fiscal simplificado y ventajoso para micro y pequeñas empresas (Impuesto Sintético Profesional);
- Medidas a favor de la autosuficiencia energética;
- Se están preparando otras medidas, en paralelo con los proyectos del programa "Benin Révélé":
- Flexibilidad de las disposiciones del código laboral para introducir más flexibilidad y fomentar la creación de empleo;
- Creación de zonas económicas especiales con ventajas de incentivo para inversionistas nacionales y extranjeros;
- Régimen especial para la constitución de sociedades holding de instituciones financieras internacionales.

República do Botswana

1) Botswana es estable, pacífica y transparente.

- Ha estado en paz desde su nacimiento como nación independiente y soberana en 1966;

- Tiene tolerancia cero con la corrupción y se enorgullece de tener un sistema legal sólido y de respetar el estado de derecho;

- Constantemente está clasificado como el país menos corrupto de África por Transparencia Internacional.

2) Botswana está comprometida con una política fiscal sólida, libertad económica y tiene una tasa de crecimiento constante y espectacular.

- Tiene la calificación crediticia soberana más alta de África según la calificación de Standard and Poor's y Moody's con la perspectiva positiva correspondiente;

- Botswana ocupa el segundo lugar como la economía más libre de África;

- El PIB de Botswana en 2016 fue de $ 15,6 mil millones con un PIB per cápita de $ 6,972 con un crecimiento del 4,3% en comparación con el nivel de 2015;

- Tiene una de las tasas de crecimiento económico más rápidas del mundo, con proyecciones de crecimiento económico de 4.7% y 5.3% en 2017 y 2018, respectivamente.

3) Botswana abre la puerta a un mercado masivo.

- Ofrece a los inversores acceso preferencial al mercado de la Comunidad de Desarrollo de África Meridional (SADC), todo el mercado: más de 293 millones de personas en 14 países, con un PIB combinado de más de $ 700 mil millones;

Burkina Faso

- Burkina Faso es miembro de la Unión Económica y Monetaria de África Occidental, que garantiza la estabilidad del franco CFA (convertible libremente en EUR a un tipo fijo)

Los sistemas legales, regulatorios y contables del país son transparentes y consistentes con los estándares internacionales.

- El principal productor de algodón de África

- país exportador de oro (quinto mayor productor de África)

- baja tasa de desempleo (4,94% en 2020 según el Banco Mundial), abundante mano de obra y población joven

- el país cuenta con el apoyo de la comunidad financiera internacional (como lo demuestra el hecho de que Burkina Faso fue uno de los primeros países en beneficiarse de la iniciativa HIPC)

- el país se beneficia de la estabilidad política e institucional

- el código de inversiones del país garantiza a los inversionistas extranjeros el derecho a transferir al exterior los fondos asociados con una inversión, incluidos dividendos, ganancias de liquidación, activos y salarios.

- Medidas gubernamentales para motivar o restringir la FDIO El gobierno de Burkina Faso busca activamente promover la inversión extranjera. Algunas de las medidas adoptadas incluyen exenciones fiscales e incentivos para atraer inversores extranjeros. También existen exenciones del impuesto al valor agregado para ciertos equipos; régimen fiscal y aduanero especial para los acuerdos de inversión suscritos por el Estado con grandes inversores.

República do Burundi

- Estabilidad política y de seguridad;
- Una ubicación geográfica estratégica que permite el acceso directo a varios países vecinos;
- Un entorno empresarial en constante mejora (Informe Doing Business 2015, Burundi ocupó el puesto 18 en el registro de indicadores empresariales);
- Libertad de establecimiento e inversión;
- Burundi es miembro del Mercado Común de la CAO y de la Zona de Libre Comercio COMESA;
- Mano de obra relativamente barata en comparación con los países de la subregión;
- Burundi es elegible para "Todo menos armas" de la Unión Europea y AGOA (Ley de Oportunidades de Crecimiento Africano);
- Código de Inversiones atractivo y no discriminatorio, que garantiza la protección de los inversores y las inversiones;
- Ventanilla única que le permite iniciar un negocio en un día por 40,000 BIF (alrededor de $ 25);
- Otras tres Ventanillas Únicas operativas: una para obtener la licencia de obra, otra para transferir la propiedad y una ventanilla única para conectarse a la electricidad.

República de Cabo Verde

En el corazón del Atlántico, un país en el centro de rutas de todos los mundos, Cabo Verde tiene varios atractivos para la inversión extranjera. Aquí tienes 10 razones para apostar por la nación.

1 ° Cabo Verde, diez islas en medio del Atlántico en la encrucijada de tres continentes, es la tierra del sol, el mar, la montaña, de "Pão e Fonema" (Corsino Fortes, poeta y político) y de hombres dignos, resilientes y mujeres y resistentes que "las cabras enseñaron a comer piedras" (Ovídio Martins, escritor y periodista) y que "piensan por sus propias cabezas" (Amílcar Cabral, político y teórico) con una cultura rica y viva cuya reina es la diva del desnudo pies - Cesária Évora.

2. Es una nación democrática, pacífica, tolerante y bien gobernada. En África, es el país más estable política, civil, social y económicamente. El Estado de derecho democrático es una realidad consolidada. Las instituciones son sólidas y funcionan, lo que le da credibilidad al país.

3. La buena gobernanza de Cabo Verde es reconocida por todos los países e instituciones internacionales que se ocupan de estos asuntos, siendo una fuente de credibilidad interna y externa. Como ejemplo, cabe mencionar que fue el único país del mundo en beneficiarse de un Pacto Corporativo del 2º Reto del Milenio por haber cumplido con todos los requisitos necesarios para la elegibilidad a estos fondos. La calidad de la democracia y la buena gobernanza está reconocida en los principales rankings mundiales, a saber, libertades, democracia y competitividad:
- Es un país de primera en cuanto a libertad civil y política, siendo el más libre de África (Freedom House).
- Es la 31ª democracia mundial y la 1ª en Lusofonía (Índice de Democracia).

República dos Camarões

Que considerar para invertir en Camerún

- Un largo período de estabilidad política bajo el régimen actual;
- Mano de obra de bajo costo;
- abundantes recursos naturales (agrícolas, petroleros y mineros);
- Una economía de exportación diversificada (petróleo, minería, agricultura, etc.);
- Numerosos proyectos de modernización de la infraestructura en curso apoyados por préstamos del FMI;
- Estabilidad monetaria debido a su pertenencia a la zona del franco CFA;
- El impacto positivo de la política anticorrupción;
- Regulación de la participación accionaria, permitiendo a los extranjeros poseer el 100% de una empresa;
- Camerún también tiene zonas francas en las que se pueden establecer todas las empresas exportadoras. Las zonas francas están destinadas únicamente a empresas que producen bienes y brindan servicios exclusivamente para la exportación. Las ventajas para estas empresas son numerosas: exención de todas las licencias, autorización o limitación de cuotas tanto de exportación como de importación, posibilidad de abrir una cuenta en moneda extranjera, ausencia de restricciones a las operaciones de venta, compra de moneda extranjera, derecho a transferencia de utilidades en el extranjero (el 25% debe reinvertirse en Camerún), exención de impuestos y tasas por un período de 10 años desde el inicio de las operaciones y tributación a una tasa general del 15% sobre los beneficios del 11º año.

República do Chade

Entre los sectores que ofrecen el mejor mercado para las empresas se encuentran hidrocarburos, infraestructura, minería, agricultura, ganadería, turismo, transporte y telecomunicaciones. Chad constituye un mercado de primer orden para una gama de servicios empresariales que van desde la construcción de la administración de empresas, la educación, la asistencia sanitaria, la informática, la tecnología de la información hasta los servicios financieros.

Posibles oportunidades comerciales ANCL Partners El entorno empresarial, la paz, la seguridad y la estabilidad han sido el compromiso político y el logro del gobierno de Chad en los últimos años. Hoy, como es evidente, Chad vuelve a posicionarse como un centro económico regional y un destino atractivo para la inversión extranjera directa. Tanto las empresas chadianas como las extranjeras conviven en una economía reformada que favorece las empresas conjuntas de alianzas comerciales, el flujo de capitales y la repatriación de ingresos.

Como estado miembro de los 37 millones de habitantes de la Comunidad Económica y Monetaria de África Central (CEMAC), Chad comparte una moneda común, llamada CFA. El franco CFA incluye otros cinco Estados (Camerún, República Centroafricana, República del Congo, Gabón y Guinea Ecuatorial), lo que desde el punto de vista empresarial reduce muchos riesgos financieros y facilita las transacciones entre empresas ubicadas en la Comunidad.

União dos Comores

Comoras, una tierra de oportunidades.

La Unión de las Comoras se considera esencialmente un lugar seguro y pacífico para vivir y trabajar. Las Comoras son un remanso de paz. Los habitantes honestos y acogedores y un sentido de seguridad real hacen de las Comoras un lugar excepcional para vivir y trabajar. Para todos los amantes de la naturaleza, União das Comoros es uno de los destinos más exóticos del mundo por su fauna y flora excepcional y diversa. La lista de actividades divertidas que se pueden realizar en las islas, ya sea en el mar o en el bosque, es larga y variada. Comoras está muy abierta a los extranjeros y siempre quiere que te sientas cómodo desde el primer día en las Comoras. Los atractivos naturales del país son numerosos y no se limitan a las playas. El volcán Karthala en Grande Comore, cuyo cráter es el más grande del mundo, todavía está activo y es la atracción turística más famosa del archipiélago. Las islas, y especialmente Moheli, tienen una riqueza submarina única (marcada por la presencia del celacanto, un pez endémico de varios cientos de millones de años y en peligro de extinción, pero también tortugas y dugongos). La laguna salada ubicada en el norte de Grande Comore también atrae a muchos visitantes. La cultura comorana es rica en artesanías (bordados, tallas, joyas tradicionales de oro y plata) con una mezcla única de cocina. Por otro lado, el patrimonio histórico del país incluye muchos monumentos y sitios arqueológicos que datan del siglo XII.

República da Costa do Marfim

Panorama económico: La economía de Côte d'Ivoire depende principalmente de la agricultura. Es el mayor productor y exportador de cacao en grano del mundo y uno de los principales productores y exportadores de café y aceite de palma. También es uno de los tres mayores productores y exportadores de anacardos. Se estima que la agricultura aporta alrededor del 20% del PIB y emplea alrededor del 48% de la fuerza laboral del país. Costa de Marfil también es rica en recursos minerales con abundantes depósitos de hidrocarburos, minerales (oro, cobre, hierro, manganeso, bauxita). Recientemente, ha habido un aumento de las actividades en el sector petrolero y algunas actividades mineras, en particular minerales preciosos como el oro y los diamantes, pero también otros como el níquel. El PIB real creció un 6,8% y un 6,9% en 2018 y 2019 respectivamente, habiendo registrado un crecimiento anual compuesto del PIB del 8,1% en los últimos 5 años. Las perspectivas de crecimiento de Côte d'Ivoire siguen siendo positivas. En 2019, Costa de Marfil y Ghana (62% de la producción mundial de cacao) firmaron un acuerdo para aumentar el precio de los granos de cacao. La moneda de Costa de Marfil es el franco CFA vinculado al euro. Las principales exportaciones incluyen café, cacao, algodón, aceite de palma, madera, aceite, banano, piña, etc. Las principales importaciones incluyen combustible, alimentos y bienes de capital.

República do Djibuti

oportunidades de inversion

¿Por qué es importante invertir en Djibouti?

Es difícil ignorar la importancia y la ubicación estratégica de Djibouti. Bordeando el Golfo de Adén y el Mar Rojo y situado entre Eritrea y Somalia, Djibouti es la ruta marítima para países africanos como Sudán del Sur y Etiopía. Las importaciones y exportaciones de Etiopía representan más del 70% de la actividad portuaria en la terminal de contenedores de Djibouti. Desde la perspectiva de "Occidente", este es un país estratégico en medio del inestable Cuerno de África. Es el hogar de la única base militar estadounidense en el África subsahariana y la base militar francesa extranjera más grande. Los japoneses han abierto una base en los últimos años para ayudar a combatir la piratería en el mar. Desde la perspectiva de un inversor, Djibouti es un país joven que presenta oportunidades sin explotar. Aquí hay 10 razones para invertir en Djibouti:

1) Está ubicado en la 2ª ruta marítima del mundo, por la que transita el 60% del tráfico mundial;

2) El país está estratégicamente posicionado en la región para servir como un centro para los países sin litoral;

3) Disfrutar de la estabilidad política;

4) Tanto los nacionales como los extranjeros gozan de los mismos derechos;

5) Su moneda está vinculada al dólar estadounidense y es libremente convertible, con una tasa de inflación baja;

6) Cuenta con un sistema financiero, libre de control de cambios, que permite la transferencia de moneda de forma totalmente gratuita.

7) Su economía está orientada al desarrollo y en plena marcha (con grandes proyectos de infraestructura).

República Árabe do Egito

Zonas de inversión

Es un régimen de inversiones que tiene como objetivo implementar un mecanismo simple y fácil para emitir todas las aprobaciones, licencias y autorizaciones necesarias para el establecimiento y operación de proyectos a través de la Junta Directiva de la Zona de Inversión y la Junta Ejecutiva (Un Regulador Único), sin tratar con instituciones gubernamentales, el Estado de conformidad con lo dispuesto en el Capítulo II de la Parte III de la Ley N ° 72 de 2017.

Bajo este régimen de inversión, el inversionista asume los costos y el trabajo de desarrollar toda la infraestructura, los servicios y la implementación de los servicios públicos necesarios en el área.

Las empresas establecidas en zonas de inversión están exentas del impuesto de timbre y documentación por un período de cinco años a partir de la fecha de inscripción de la empresa en el Registro Mercantil. Los contratos de registro de la propiedad también están exentos.

La junta directiva de la Autoridad General de Zonas Francas de Inversión (GAFI) aprobó en noviembre de 2017 el establecimiento de una zona de inversión en Qalyubia, dedicada a las Pequeñas y Medianas Empresas (PYMES), con más de 36 acres, en Arab Oliqat, Alabama. Khanka. También se dirige a las industrias de fabricación de alimentos y bebidas.

En septiembre de 2017, el GAFI firmó un Memorando de Entendimiento (MoU) con el Grupo de Ingeniería y Contratación de Singapur (SECC) de Singapur para desarrollar zonas de inversión en las provincias de Qena, Kafr el-Sheikh y Qaliubya.

Estado da Eritreia

Eritrea históricamente ha tenido problemas para atraer grandes inversiones debido a su clima empresarial desfavorable.

A pesar de esto, los recursos minerales de Eritrea han atraído a muchos inversores, incluida China, el mayor inversor, prestamista y socio comercial del país.

La entrada de IED en Eritrea ha aumentado en los últimos cinco años a una tasa de crecimiento anual compuesta del 6%, de 41 millones de dólares a 52 millones de dólares. Los recursos minerales impulsan esta afluencia.

Varias empresas estadounidenses y europeas están considerando invertir en turismo, cemento, minería y petróleo en 2017.

Una empresa conjunta entre una empresa canadiense (NEVSUN) y el gobierno de Eritrea creó Bisha Mining Company. Es uno de los conglomerados mineros más grandes del país y extrae oro, cobre y zinc.

Solo hubo una inversión totalmente nueva en Eritrea en 2017 en minería.

La mayoría de las inversiones extranjeras no mineras de Eritrea son inversiones de capital privado, con un pequeño porcentaje de las ganancias reinvertidas.

Alemania, Estados Unidos y Canadá son los mayores inversores en Eritrea.

El flujo de IED de los Estados Unidos a Eritrea ha ido disminuyendo desde 2003, pero más países de Oriente Medio y Asia han comenzado a invertir en Eritrea.

República Democrática Federal da Etiópia

Etiopía es el país independiente más antiguo de África y se encuentra entre los países más estables de la región. La transición pacífica del poder a un nuevo primer ministro en 2012, y nuevamente en 2018, demostró la estabilidad del sistema político y la forma de gobierno parlamentaria de Etiopía. Después de que el primer ministro Abiy Ahmed asumió el poder en abril de 2018, Etiopía ha experimentado reformas políticas y económicas radicales sin precedentes.

- Reforma politica;
- democracia y estado de derecho;
- Perdonar a los presos políticos;
- Permitir que los grupos políticos en el exilio regresen a casa;
- Levantamiento del estado de emergencia impuesto;
- Prohibiciones planteadas en sitios web y otros medios;
- Construcción de la paz en la región;
- Paz exitosa con Eritrea;
- Mediación de acuerdos de paz en Sudán;
- Reforma económica;
- Privatización total y parcial de empresas estatales;
- Liberalización de las industrias de la aviación, la logística y las telecomunicaciones;
- Introducción e implementación de la reforma económica local.

República Gabonesa

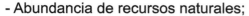

- Abundancia de recursos naturales;

- Ubicación estratégica del país a lo largo del Golfo de Guinea;

- Estabilidad politica;

- Su afiliación con la CEMAC y varias otras organizaciones internacionales;

- Plan del gobierno para diversificar la economía (Plan estratégico emergente para Gabón);

- El hecho de que Gabón sea el quinto productor de petróleo del África subsahariana; El segundo mayor productor de madera de África, con un plan para convertirse en el mayor productor de manganeso del mundo;

- Sin restricciones o limitaciones para los inversores extranjeros en relación con la conversión, transferencia o repatriación de fondos asociados con una inversión en Gabón;

- Libre convertibilidad de su moneda con monedas extranjeras por ser parte de la zona del franco.

República da Gâmbia

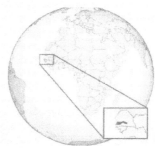

Si bien se fomenta la inversión nacional y extranjera en prácticamente todos los sectores de la economía de Gambia, el Gobierno está dando las más altas oportunidades y prioridad, y espera especialmente con interés un mayor flujo de inversión en ciertas áreas.

Agricultura, especialmente en horticultura, floricultura, ganadería, procesamiento de frutas y verduras y alimentos enlatados; Pesca y silvicultura; Turismo y viajes; Fabricación y montaje ligeros; Energía (electricidad); Exploración y exploración minera, especialmente en el potencial de hidrocarburos del país; Comunicación y servicios ante las nuevas políticas nacionales de desregulación, desinversión y apertura de este subsector.

- Sin restricciones:

A pesar de los deseos del Gobierno de influir en la ubicación de la inversión, la inversión y otras políticas gubernamentales no imponen restricciones a la gama de actividades comerciales en las que pueden participar los inversores. El gobierno mantiene su política de puertas abiertas no discriminatorias para garantizar que ningún inversionista extranjero esté sujeto a restricciones que no sean aplicables a los inversionistas nacionales y viceversa. La política también busca fomentar la participación de capital de inversionistas extranjeros como una forma de expandir la difusión y transferencia de tecnología, habilidades técnicas, gerenciales y comerciales.

República do Gana

La riqueza de recursos, el sistema político democrático y la economía dinámica de Ghana la convierten sin duda en uno de los principales focos de África. Ganar la confianza del mundo a través de una transición política pacífica y un compromiso firme y fundamentado con la democracia ha ayudado a acelerar el crecimiento de Ghana en la inversión extranjera directa (IED) en los últimos años.

Ghana ha atraído la atención de empresas internacionales de renombre, que invierten en todos los sectores de su economía. Todos estos inversores vinieron a Ghana porque saben que tiene un entorno social, político y económico maravilloso y propicio en el que pueden invertir, crecer y tener éxito.

Sobre la base de importantes recursos naturales, Ghana se compromete a mejorar su infraestructura física. Además, Ghana se ha embarcado recientemente en un programa de reforma ambicioso pero viable para mejorar el clima de inversión para los inversores locales e internacionales. Estos esfuerzos han sido sumamente gratificantes, y el Informe Doing Business 2014 del Banco Mundial reconoció a Ghana como el "Mejor lugar para hacer negocios en la región de la CEDEAO".

República da Guiné

Es un país en desarrollo rico en recursos naturales, principalmente minerales, que posee más de 25 mil millones de toneladas (Mt) de bauxita, que se cree que contiene la mitad de las reservas mundiales. Además, el país también cuenta con más de 4 mil millones de toneladas de mineral de hierro de alta calidad, el oro tiene una presencia significativa, y también existen reservas de diamantes, reservas de uranio indeterminadas y potenciales campos petroleros. Gracias al clima y la geografía favorables, Guinea tiene un potencial considerable de crecimiento en la agricultura y la pesca. Los proyectos de inversión en centrales hidroeléctricas están creciendo, de hecho, las fuertes lluvias y las abundantes vías fluviales tienen un fuerte potencial para generar suficiente electricidad para abastecer a todo el país e incluso a otros países de su entorno.

El proceso técnico para iniciar un negocio en Guinea es teóricamente simple. Según la regulación de Guinea, el proceso está centralizado en la Agencia de Promoción de Inversiones Privadas (APIP), el centro de registro de empresas. Sin embargo, las mayores inversiones han comenzado recientemente directamente a través de la Oficina del Presidente. El nuevo gobierno está ansioso por atraer inversión extranjera y ha realizado esfuerzos para mejorar el proceso, ciertamente los proyectos exitosos tienden a ser aquellos que establecen relaciones sólidas con potenciales socios locales.

República da Guiné-Bissau

Panorama económico: la economía de Guinea-Bissau se basa principalmente en la agricultura de subsistencia (exportación de anacardos) y la asistencia externa, que generalmente representa alrededor del 80% de su presupuesto. Los anacardos son responsables de casi el 70% del empleo y más del 90% de las exportaciones. Guinea-Bissau tiene depósitos de recursos minerales sin explotar, que incluyen fosfatos, bauxita y arenas minerales. Recientemente ha comenzado la exploración de petróleo y gas en alta mar. El clima y el suelo del país hacen viable el cultivo de una amplia variedad de cultivos comerciales, frutas, verduras y tubérculos. El país continúa luchando para frenar la tala ilegal y el tráfico de narcóticos desde América Latina. El PIB real creció un 4,5% en 2019, habiendo registrado un crecimiento anual compuesto del 4,6% del PIB en los últimos 5 años. La moneda de Guinea-Bissau es el franco CFA vinculado al euro. Las principales exportaciones incluyen anacardo, maní, camarón, pescado, palmiste, madera, etc. Las principales importaciones incluyen productos derivados del petróleo, equipo de transporte, productos alimenticios, maquinaria, etc.

Oportunidades de inversión: el gobierno de Guinea-Bissau ofrece varios incentivos para promover la inversión, incluido el potencial de una exención fiscal del 50% durante un período de seis años y la repatriación de beneficios sin restricciones. La prioridad del gobierno es incrementar la inversión extranjera en los sectores agrícola y energético, que son los dos principales motores de la economía. Hay muchas oportunidades disponibles en el sector agrícola. Tener una gran extensión de tierra sin desarrollar combinado con la prevalencia de técnicas agrícolas tradicionales significa que la modernización puede tener un gran impacto en la productividad. La extensión de la costa atlántica y la belleza natural del país ofrecen una potencial inversión en turismo (principalmente en las Islas Bijagós).

República da Guiné Equatorial

Guinea Ecuatorial se encuentra en el Golfo de Guinea, una ubicación geográfica que alberga el 4,1% de las reservas de petróleo del mundo.

Desde que Guinea Ecuatorial comenzó a explotar sus recursos petroleros en 1992, el país ha dado un giro de 360º en su economía, convirtiéndose en el cuarto productor de petróleo del África subsahariana después de Nigeria, Angola y Congo-Brazaville.

Este nuevo estatus en la economía mundial permite a Guinea Ecuatorial estar entre los países africanos que ofrecen más negocios y oportunidades de futuro para las empresas.

El país ha abierto sus puertas a la inversión extranjera y hay muchas empresas operando en Guinea Ecuatorial.

Sin embargo, no solo el petróleo de Guinea Ecuatorial es una fuente de riqueza para el país; su producción de gas también es importante. El país es el primer proveedor de gas entre los estados miembros de la CEMAC.

¿QUÉ SECTORES SON MÁS FAVORABLES PARA LA INVERSIÓN?

Guinea Ecuatorial es un diamante en bruto. La extraordinaria inversión realizada en los últimos años con el surgimiento de varias ciudades como Malabo II, Sipopo, Oyala y Bata II; la ampliación de los puertos de Malabo y Bata; La construcción de carreteras en todo el país y, en general, la gran inversión en infraestructura, han planteado la necesidad de un servicio de transporte público eficiente, la necesidad de empresas que presten diversos servicios, el desarrollo de escuelas y gimnasios, etc.

Reino do Lesoto

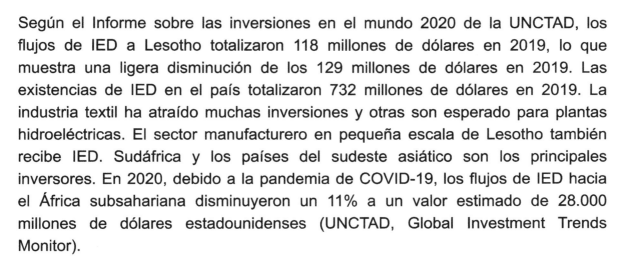

Según el Informe sobre las inversiones en el mundo 2020 de la UNCTAD, los flujos de IED a Lesotho totalizaron 118 millones de dólares en 2019, lo que muestra una ligera disminución de los 129 millones de dólares en 2019. Las existencias de IED en el país totalizaron 732 millones de dólares en 2019. La industria textil ha atraído muchas inversiones y otras son esperado para plantas hidroeléctricas. El sector manufacturero en pequeña escala de Lesotho también recibe IED. Sudáfrica y los países del sudeste asiático son los principales inversores. En 2020, debido a la pandemia de COVID-19, los flujos de IED hacia el África subsahariana disminuyeron un 11% a un valor estimado de 28.000 millones de dólares estadounidenses (UNCTAD, Global Investment Trends Monitor).

República da Libéria

Liberia ofrece oportunidades de inversión en minería, agricultura, silvicultura (madera) y servicios financieros. Liberia, una economía basada en los productos básicos, depende de las importaciones para más de la mitad de sus necesidades de cereales, incluido el arroz, el alimento básico más importante de Liberia. La pandemia de COVID-19 afectó negativamente a todos los sectores de la economía, y el Fondo Monetario Internacional proyecta un crecimiento negativo del 2,5% para 2020.

Liberia necesitaría una considerable inversión extranjera directa (IED) para cumplir sus objetivos y potencial de desarrollo. Sin embargo, los bajos indicadores de desarrollo humano, las carreteras en mal estado y la falta de acceso confiable a Internet en la mayor parte del país limitan la inversión y el desarrollo.

La mayor parte de Liberia carece de suministro de energía, aunque se están realizando esfuerzos para ampliar el acceso a la electricidad mediante el desarrollo de una red para la central hidroeléctrica de Mount Coffee, los proyectos de electrificación transfronteriza de West Africa Power Pool y otros proyectos de energía. Energía con apoyo internacional .

Líbia

Libia puede describirse como un mercado fronterizo con credenciales increíbles, mucho optimismo y una ambición motriz. El país también tiene mucho dinero y oportunidades ilimitadas para los inversores. Libia tiene acceso a una pila de efectivo de más de $ 200 mil millones y la capacidad de reconstruir su país. Pero hay un enorme margen de inversión en casi todos los sectores de la economía, desde el comercio minorista hasta la construcción, la formación y el petróleo.

Se espera que la pila de efectivo del país continúe creciendo a medida que la producción de petróleo supere las expectativas. La infraestructura, sin embargo, requiere mucho trabajo y el país necesita reconstruir literalmente todo, desde los servicios públicos hasta la vivienda y la energía, así como las telecomunicaciones, y no hay duda de que estas oportunidades, junto con la inversión, harán maravillas para la creación de empleo y la educación. .

El país se ve a sí mismo como un catalizador para la estabilización y está trabajando para capacitar a la fuerza laboral para satisfacer las crecientes expectativas de la nación y sus visitantes. Sus industrias actuales incluyen petróleo, textiles, cemento, artesanías y procesamiento de alimentos, pero se está intentando diversificar la economía con un enfoque en el turismo, la agricultura, el gas natural, la pesca y la minería.

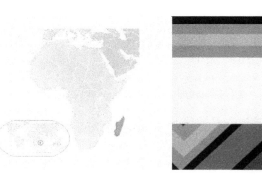

República de Madagáscar

Madagascar está dotado de un potencial para la minería, la agricultura, la energía, la pesca que son particularmente densos y variados, que solo necesitan ser explorados. La singularidad y riqueza de su biodiversidad (la tasa de biodiversidad es del 90% (n. ° 1 en África)) y la tasa de endemicidad es la más alta del mundo) también son un activo para las inversiones en turismo. Se espera que la inversión pública y privada se vea estimulada por el Plan de Emergencia 2019/2023 de Madagascar, que tiene como objetivo impulsar el crecimiento económico del país, fortalecer su capital humano y mejorar la gobernanza. El gobierno malgache se basa en asociaciones público-privadas, ya que se están implementando varios proyectos de infraestructura ambiciosos utilizando este modelo en el sector de las telecomunicaciones, el sector de la energía, etc. turismo, agroindustria, minería, textiles, TIC, energías renovables e infraestructura.

República do Malawi

Razones para invertir en Malawi

1- Procedimientos simplificados de establecimiento de inversiones

Malawi opera el Centro de servicio integral a través del MITC, donde los inversores obtienen todos los requisitos de procesamiento de inversiones necesarios bajo un mismo techo en menos de cinco días.

2 - Estabilidad política y seguridad

Malawi no tiene antecedentes de guerra civil y tiene una democracia vibrante

3 - Economía liberalizada y compromiso político

Tasas de interés determinadas por el mercado y tipo de cambio flotante. Apoyo gubernamental al crecimiento y desarrollo del sector privado a través de reformas estratégicas y coinversiones y proyectos llave en mano.

4 - Mercado laboral competitivo

Malawi se enorgullece de tener una fuerza laboral numerosa, altamente educada, capacitada, trabajadora y capacitada, que habla inglés y se capacita en el país y en instituciones de todo el mundo.

5 - Acceso preferencial a los mercados

Malawi es signatario de varios acuerdos comerciales multilaterales y bilaterales como parte de su política comercial. Éstos proporcionan acceso preferencial a los mercados mundiales bajo COMESA, SADC, UE y AGOA.

República do Mali

1. MALI, TU CENTRO EN ÁFRICA OCCIDENTAL

- 7 países vecinos;
- Solo un vuelo de 2 horas desde 10 capitales de África Occidental;
- Una moneda compartida con otros 7 países de la región;
- Acceso a más de 350 millones de consumidores.

2. UNA AMPLIA GAMA DE OPORTUNIDADES DE INVERSIÓN

1er productor de algodón en África con más de 1 millón y 300 fardos de fibra blanca;

2º rebaño de África Occidental con más de 30 millones de cabezas;

3er productor de oro en África con más de 50 toneladas al año.

3. UN ENTORNO ECONÓMICO EN CRECIMIENTO

- 5% de crecimiento medio desde 2015;
- Tasa de inflación por debajo del 2%;
- + 104% de tasa de consumo.

4. PROCEDIMIENTOS SIMPLIFICADOS Y REFORMAS ADECUADAS

- Registro comercial dentro de las 24 horas;
- 1 ventanilla única;
- 2 ministerios dedicados.

Reino de Marrocos

- tercer país africano más atractivo para los inversores extranjeros;

- segunda economía más atractiva para la inversión en África;

- 1er centro financiero en África;

- 1ª calidad de la infraestructura en África;

- El 53º país del mundo en términos de facilitación de negocios;

- 1er país de África en términos de índice de riesgo y seguridad;

- 1ª conectividad marítima en África y 24ª en todo el mundo;

- primer país africano más atractivo para las energías renovables;

- 14 km de Europa;

- 4º en el mundo en términos de desempeño climático;

- 1er tren de alta velocidad en África con una velocidad de 350 km / h;

- Marrakech es la 1ª ciudad más visitada de África.

República da Maurícia

Hay muchas buenas razones para invertir allí. A continuación se muestran siete de ellos, que resumen la poderosa atracción de Suiza en el Océano Índico.

1. Un sistema fiscal muy favorable

Mauricio adoptó una tasa impositiva baja para fomentar la creación de empresas locales y extranjeras:

• Sin impuesto a la herencia

• Créditos fiscales del 80% para empresas extraterritoriales

• Impuesto del 15% sobre las ganancias de la empresa y la renta personal

• 15% de impuesto al valor agregado (reembolsable)

• Sin impuestos sobre dividendos

• Sin aranceles aduaneros ni IVA sobre el equipo

2. Estabilidad política y social duradera

Desde su independencia en 1968, Mauricio ha disfrutado de una estabilidad política real. Su gobierno es elegido democráticamente cada cinco años. La estructura política se basa en el modelo parlamentario británico, siguiendo el principio de separación de los poderes legislativo, ejecutivo y judicial, bajo la atenta mirada del "cuarto poder", la prensa libre.

pública Islâmica da Mauritânia

Un entorno político estable.

Una costa atlántica de 754 km, acceso directo a Marruecos, Malí, Senegal y Argelia y acceso indirecto a países de África Occidental, incluida Nigeria, con más de 120 millones de consumidores. Libre comercio en un mercado común: la CEDEAO.

Marco legal e incentivos fiscales a las inversiones.

Proximidad a Europa.

Apertura económica.

Inversiones crecientes que demuestran la confianza de los emprendedores.

República de Moçambique

La economía en crecimiento

Mozambique prevé inversiones en el sector de la energía (electricidad) de más de $ 10 mil millones durante los próximos 10 años, así como inversiones significativas en el sector de petróleo y gas (planta Anadarko LNG), grafito (se iniciaron varias concesiones mineras), sector turismo - en todo el país, a lo largo de la extensa costa y en el sector agrícola. El Fondo Monetario Internacional y el gobierno de Mozambique pronostican un crecimiento del PIB del 5,3% en 2018, con una inflación inferior al 10% según el Banco Central del Gobernador. Un informe de Deloitte 2017 afirma que las perspectivas económicas de Mozambique son positivas.

Petróleo y gas

Mozambique es el tercer mayor poseedor de gas natural licuado (GNL) en África, con reservas de alrededor de 180 billones de pies cúbicos. Dos consorcios principales, uno liderado por Anadarko, con sede en Texas, y el otro por la italiana ENI, garantizarán que Mozambique se convierta en un importante exportador para 2023.

República da Namíbia

Namibia se describe a menudo como un optimista africano, y con razón. No solo disfruta de uno de los entornos más agradables, pacíficos y políticamente estables del continente, sino también de una infraestructura que rivaliza con muchos países desarrollados.

Namibia tiene una abundancia de recursos naturales, incluida una amplia gama de depósitos minerales, incluidos diamantes y uranio de clase mundial, cobre, plomo, zinc, oro, piedras semipreciosas, minerales industriales, sal y fluorita.

Namibia tiene áreas de pesca ricas, con su stock de especies demersales y pelágicas, que colocan al país entre las 10 naciones más grandes del sector pesquero internacional.

El sector agrícola de Namibia también es fundamental para la economía del país, con una próspera industria de la carne roja y cultivos en crecimiento como maíz, trigo, mijo, maní, frijoles y algodón.

El sector turístico de Namibia sigue siendo una industria en auge.

Namibia tiene vínculos comerciales preferenciales con los 190 millones de habitantes de la Comunidad de Desarrollo de África Meridional (SADC) como uno de los 14 estados miembros.

Namibia pertenece a la Unión Aduanera del África Meridional (SACU), que ofrece acceso libre de impuestos y cuotas a los mercados sudafricanos y otros.

República do Níger

La economía de Níger se ha basado tradicionalmente en gran medida en cultivos de subsistencia y ganado. Níger es al mismo tiempo una tierra de oportunidades con varios activos:

Níger tiene vastas áreas de tierra aptas para el desarrollo de negocios agropastorales más intensivos. El sótano de Níger es rico en recursos minerales como uranio, petróleo y gas, oro, hierro, fosfatos, carbón, piedra caliza, yeso, casiterita, etc.

Esto requiere una diversificación significativa de la economía con el desarrollo de un sector privado nacional e internacional dinámico dentro de un marco normativo e institucional claro y favorable. Níger es hoy un país cambiante y ofrece importantes oportunidades para consultores y proveedores de servicios, contratistas y proveedores, así como para inversores. Este desarrollo contribuye a la inserción de los jóvenes en el mercado laboral y a la riqueza y la estabilidad en general.

República Federal da Nigéria

Nigeria es un hermoso país africano en el Golfo de Guinea. Ofrece innumerables puntos de referencia naturales, abundante vida silvestre, oportunidades económicas y turísticas, y está a solo un vuelo rápido de muchos de los principales centros económicos del mundo. Encontrarás de todo, desde cascadas hasta densas selvas tropicales, artefactos de la civilización más antigua conocida por la humanidad, paisajes de sabanas salvajes y especies raras de animales y plantas.

Razones principales por las que debería invertir en la propiedad de una propiedad en Nigeria

A continuación se presentan las principales razones por las que la gente invierte en Nigeria.

1. Accesibilidad
2. Tierra
3. Cultura
4. Desarrollo económico
5. Abundancia de recursos naturales
6. Hora
7. Gran población
8. Economía de libre mercado

República do Quénia

¿Por qué invertir en Kenia? Kenia es un destino de inversión deseable debido a lo siguiente:

Excelente conectividad con los principales centros y zonas horarias del mundo, lo que facilita el trabajo con la mayoría de los continentes. Nairobi es el centro de transporte indiscutible de África Oriental y Central y la ciudad más grande entre El Cairo y Johannesburgo. Además, el Puerto de Mombasa es el puerto de aguas profundas más importante de la región y satisface las necesidades de transporte marítimo de más de una docena de países.

Una gran reserva de mano de obra calificada y educada que convirtió al país en el centro industrial, comercial y financiero de África oriental y central.

Una economía totalmente liberalizada sin controles de cambio ni de precios. No existen restricciones sobre los préstamos nacionales y extranjeros por parte de residentes y no residentes.

El mercado de valores más desarrollado de la región de África Oriental y Central, a saber, la Bolsa de Valores de Nairobi (NSE).

Una base manufacturera relativamente bien desarrollada en la región de África Oriental.

Potencial de exploración y explotación de recursos minerales. Los recursos minerales de Kenia, aunque limitados, son atractivos y una fuente potencial de materiales valiosos como el titanio. Actualmente, la exploración de petróleo está en curso frente a las costas del Océano Índico y en otras partes del país.

República Centro-Africana

Oportunidades de inversión: la República Centroafricana se ha embarcado en varios programas de reforma para atraer inversiones. Algunas de las reformas incluyen la reducción del capital mínimo necesario para iniciar un negocio, incentivos fiscales para las empresas, estructura de diálogo público-privado, etc. Estas reformas se suman a la implementación en curso del acuerdo de paz firmado por varias partes en conflicto. Algunos sectores con oportunidades de inversión en el país incluyen minería, silvicultura, proyectos de infraestructura, turismo, agricultura (cultivos de exportación como café y algodón), etc.

República Árabe
Saaraui Democrática

Marruecos ya reclamó la soberanía sobre el Sáhara Occidental desde los tiempos de la colonización española. Tras la adopción de la Declaración sobre la concesión de la independencia a los países y pueblos coloniales (Resolución 1514 (XV) de la Asamblea General del 14 de diciembre de 1960) por la Asamblea General de la ONU, España intentó celebrar un referéndum sobre la autodeterminación en el Sáhara Occidental. en 1974. Antes de que esto fuera posible, Marruecos y Mauritania persuadieron a la Asamblea General de la ONU para que solicitara una opinión de la Corte Internacional de Justicia sobre el reclamo de soberanía. La CIJ sostuvo que cualquier vínculo que los dos países mantuvieran con el Sáhara Occidental no debería afectar la descolonización del territorio. La Corte declara que, en el momento de la colonización española, el Sahara no era "terra nullius"; existían vínculos legales entre el sultán de Marruecos y algunas tribus que habitaban el territorio, así como derechos, incluidos algunos derechos territoriales, y que existían vínculos legales entre el territorio y la entidad mauritana. Pero que, sin embargo, no se había establecido la existencia de un vínculo de soberanía entre el territorio del Sáhara Occidental, por un lado, y el Reino de Marruecos o la entidad mauritana por otro, por lo que la Corte no verificó la existencia de vínculos que, por su naturaleza, pueden alterar la aplicación de la Resolución 1514 y, en particular, el principio de autodeterminación mediante la expresión libre y genuina de la voluntad de los pueblos del territorio.

La RASD es reconocida por más de 80 estados y ha sido miembro de pleno derecho de la Unión Africana desde 1984, pero no está reconocida por la ONU, que considera al Sáhara Occidental como uno de los últimos "territorios no autónomos" del mundo - una lista en el que se incluye el territorio desde la década de 1960 y la IV Comisión de Descolonización.

epública Democrática do Congo

La República Democrática del Congo (RDC) es el segundo país más grande de África y uno de los más ricos del mundo en términos de recursos naturales. Con 80 millones de hectáreas (197 millones de acres) de tierra cultivable y 1.100 minerales y metales preciosos, la República Democrática del Congo tiene los recursos para lograr la prosperidad de su gente. A pesar de su potencial, la República Democrática del Congo a menudo no puede proporcionar seguridad, infraestructura y atención médica adecuadas a sus 84 millones de personas, el 75% de las cuales vive con menos de 2 dólares al día.

La adhesión de Felix Tshisekedi a la presidencia en 2019 y el compromiso de su gobierno de atraer inversiones internacionales y, en particular, estadounidenses, aumentaron las esperanzas de la comunidad empresarial de una mayor apertura y transparencia. El gobierno de la República Democrática del Congo está trabajando actualmente con el USTR para recuperar las preferencias comerciales preferenciales en virtud de la Ley de Crecimiento y Oportunidades para África (AGOA). Tshisekedi creó una unidad presidencial para liderar la reforma empresarial y mejorar la posición 183 de la República Democrática del Congo entre 190 países en el informe Doing Business 2019 del Banco Mundial.

República do Congo

Oportunidades de inversión: el sector petrolero seguirá ofreciendo oportunidades de inversión. Las reservas de hidrocarburos se estiman en 1.600 millones de barriles de petróleo y 90.000 millones de metros cúbicos de gas natural. El gobierno lanzó recientemente un nuevo anuncio de licitación de licencias de exploración para 18 nuevos bloques para atraer nuevas inversiones en el sector. La industria minera también está comenzando a desarrollarse, principalmente en torno a la minería del hierro. Está previsto que la construcción de una línea ferroviaria entre Mayoko y el puerto de Pointe-Noire comience en 2020 con el objetivo de facilitar las exportaciones de mineral de hierro. La República del Congo se encuentra en medio de la implementación del Plan Nacional de Desarrollo 2018-22 y las reformas de la Línea de Crédito Extendida del FMI, que deberían ayudar al estado a atraer nuevos inversionistas, mejorando así la recuperación económica. El gobierno ha esbozado planes ambiciosos para diversificar la economía y atraer inversores extranjeros para desarrollar sectores clave como la silvicultura, la agricultura, la construcción, el ecoturismo, el transporte, la minería y los servicios de tecnología de la información. El Congo tiene una gran cantidad de tierra cultivable que no se está explotando, lo que ofrece potencial para la agricultura mecanizada y las empresas asociadas de procesamiento de alimentos.

República de Ruanda

Crecimiento rápido

Segunda economía de más rápido crecimiento en África (7,5% anual desde 2007)

La nación que más ha evolucionado en desarrollo humano en el mundo

Población joven y en crecimiento (~ 70% de la población menor de 30 años)

Riesgo bajo

5to país más seguro para caminar de noche en el mundo

El índice de endeudamiento más bajo de la región y calificaciones crediticias estables

moneda estable

Amigable para los negocios y de moda

2o por hacer negocios en África 1

Primero en transparencia gubernamental en África

La mayoría de las mujeres en el Parlamento y en un gabinete con equilibrio de género en el mundo (respectivamente 61% y 50%)

Una plataforma regional

Fuerte potencial de hub africano; aerolínea africana altamente conectada

2º ranking MICE en África; +19 valoraciones en 4 años

Creciente fuerza laboral educada y bilingüe (~ 50,000 graduados / año)

República Democrática de São Tomé e Príncipe

La nación insular de Santo Tomé y Príncipe (STP) está tomando gradualmente pasos positivos para mejorar su clima de inversión y hacer del país un destino más atractivo para la inversión extranjera directa (IED). STP es una democracia multipartidista estable y el gobierno está trabajando para luchar contra la corrupción y crear un entorno empresarial abierto y transparente. Para facilitar la recepción y ejecución de impuestos, STP promulgó la Ley del Impuesto al Valor Agregado (IVA) (13/2019), que entrará en vigencia en septiembre de 2020. Un Código Laboral moderno (6/2019) promulgado en abril de 2019, es destinado a facilitar la comprensión e implementación de las normas laborales por parte de los inversores. En junio de 2019, STP se convirtió en el vigésimo quinto país africano en ratificar el Tratado de Libre Comercio Continental Africano (AfCFTA). La primera Ley de Asociaciones Público Privadas (APP), el nuevo Código Notarial y el Código de Registro Mercantil entraron en vigencia en 2018; el Reglamento del Código de Inversiones adoptado en 2017; el nuevo Código de Inversiones y el nuevo Código de Beneficios e Incentivos Tributarios fueron adoptados en 2016. En conjunto, estas leyes y regulaciones relacionadas aprobadas el año pasado brindan un marco legal más moderno, atractivo y transparente para la inversión extranjera. Un Programa Umbral de País de la Corporación del Desafío del Milenio, implementado de 2007 a 2011, modernizó la administración de aduanas de STP, reformó sus políticas tributarias y redujo los costos de iniciar un nuevo negocio. Una ley contra el lavado de dinero y el financiamiento del terrorismo aprobada en 2013 hizo que STP cumpliera con las normas internacionales. Con un capital nacional limitado, STP sigue dependiendo en gran medida de la inversión externa y, como tal, está comprometida a llevar a cabo las reformas necesarias para mejorar su clima de inversión.

República das Seicheles

Ubicado en el corazón del Océano Índico, con excelente conectividad aérea a los principales centros de Oriente Medio, Europa, África y Asia.

La población principal se encuentra fuera del cinturón ciclónico.

Zona horaria favorable de GMT + 4.

La temperatura oscila entre los 25 y los 32 grados centígrados durante todo el año.

Tasa de alfabetización del 96% con una fuerza laboral cada vez más educada y calificada.

Entorno política y económicamente estable.

Una economía en crecimiento con oportunidades en expansión en pesca, agricultura, bienes raíces, turismo de aventura, TIC y energía.

Incentivos fiscales a las inversiones en el sector turístico, agrícola, energético y pesquero.

1er lugar en África y 27 en el mundo en el Índice de Percepción de la Corrupción 2019.

Segundo PIB per cápita más alto de África.

Ofrece un centro financiero de clase mundial sin restricciones cambiarias.

Ocupa el tercer lugar en el índice Mo Ibrahim de gobernanza africana.

1er lugar en África en el Índice de Desarrollo Humano (2019).

República do Senegal

Una tradición democrática fuertemente anclada

En África, Senegal tiene fama de tener una vida política pacífica, gracias a la solidez de sus instituciones y una fuerte cultura demográfica resultado de un largo proceso histórico. Hay muchos partidos políticos en Senegal y una sociedad civil bien organizada que participa en la vida de la nación. Después del reciente cambio político, se aprobó una nueva constitución; da un mayor significado a la ciudadanía y otorga nuevos derechos políticos y sociales a los senegaleses y a todos los que viven en el país.

Una red de asociaciones amplia y abierta

Senegal goza de confianza internacional y es un país cuyas voces se escuchan con atención y se respetan en el extranjero. La nueva estrategia de política exterior se basa en la consolidación de estos activos, así como en un servicio cercano y de calidad a los inversionistas extranjeros y nacionales, en las distintas representaciones diplomáticas alrededor del mundo.

El sector privado, motor de la economía

En los últimos años, Senegal ha adoptado un amplio programa de privatización de empresas públicas que participan en los principales sectores de la economía.

República da Serra Leoa

El país obtuvo una puntuación general de 163 de 190 países en el informe Doing Business 2019 del Banco Mundial, por debajo de 160 en 2018 y 148 en 2017. Aunque la puntuación general del país (48,74) ha aumentado ligeramente (+0,15) en 2019 con respecto a 2018. , la calificación más baja indica una mejora comparativamente más rápida en las calificaciones en otros países. El informe coloca a Sierra Leona por encima de la clasificación de la vecina Liberia.

Muy por encima de su clasificación general se encontraban las clasificaciones de Sierra Leona en 2019 en las categorías de "iniciar una empresa" (55), donde se ubicó muy por encima de Ghana (108), Camerún (92) y Nigeria (120); y "proteger a los inversores minoritarios" (89), donde se ubicó en o por encima de muchos mercados de países en desarrollo en África subsahariana, así como otros mercados de inversión emergentes fuera de la región, como Vietnam (89) y Filipinas (132). Las clasificaciones más bajas incluyeron criterios relacionados con la infraestructura como "obtener electricidad" (178) y "registrar la propiedad" (167) y "tramitar permisos de construcción" (182).

A nivel nacional, existen pocas restricciones, controles, derechos o impuestos específicos sobre la propiedad extranjera de empresas en Sierra Leona. Las empresas extranjeras pueden ser propietarias de empresas de Sierra Leona (incluidas las directas) sujetas al cumplimiento de determinadas formalidades de registro.

República Federal da Somália

Somalia ha estado sin un gobierno en funcionamiento durante la mayor parte de las últimas tres décadas. El país fue desgarrado por guerras de clanes que destruyeron las instituciones políticas, sociales y económicas. El gobierno central colapsó en 1991 y después de una década de anarquía, los esfuerzos diplomáticos internacionales se revitalizaron y en 2000 Djibouti acogió un proceso de conciliación política que condujo a la formación del Gobierno Federal de Transición (GFT), que luego tuvo que luchar contra un gobierno islámico. movimiento. El resto de esa lucha, al-Shabaab, demuestra ser la mayor amenaza para una Somalia estable en la actualidad.

Somalia pasó de un gobierno de transición a un gobierno de renombre mundial en septiembre de 2012, después de que se eligiera un nuevo presidente dentro del país por primera vez desde 1991. En otra transferencia pacífica sucesiva del poder, el gobierno actual fue elegido en 2017 y persiguió una política agresiva de reforma fiscal. A pesar del progreso continuo, el país aún enfrenta serios desafíos de seguridad e incertidumbre política. El liderazgo del gobierno federal y los estados miembros federales se encuentran en una lucha política constante que limita los esfuerzos de construcción del estado, mientras que al-Shabaab sigue siendo una amenaza para la estabilidad y la seguridad.

Reino da Suazilândia

Swazilandia está clasificado como un país de ingresos medianos bajos con su economía estrechamente vinculada a Sudáfrica. Sudáfrica representa alrededor del 85% de las importaciones y alrededor del 60% de las exportaciones. El crecimiento económico se desaceleró del 2,4% en 2014 al 1,7% en 2015, principalmente debido a una sequía severa y un sector minero más débil y perspectivas débiles en Sudáfrica.2017 estará por debajo del 2%. Los desafíos sociales incluyen la alta tasa de VIH / SIDA y una distribución desigual de los recursos. Con la política actual, la relación deuda pública / PIB podría aumentar del 17,4% en 2015 al 24% en 2018, aumentando los riesgos de insostenibilidad fiscal.

¿Por qué invertir en Swazilandia?

Régimen fiscal favorable a los inversores;

Mano de obra educada, fácilmente formable y productiva;

Acceso a los mercados de la Unión Aduanera del África Meridional de casi 50 millones de personas;

Acceso al mercado de la Comunidad del África Meridional para el Desarrollo (SADC) de más de 130 millones de personas.

Acceso al Mercado Común de África Oriental y Meridional (COMESA): veinte países africanos que representan un mercado de más de 230 millones de personas y

Buenas instalaciones de infraestructura

Sin embargo, a pesar de lo anterior, muchos inversores potenciales dudan en invertir en Swazilandia debido a problemas sociales, económicos, judiciales y políticos no resueltos.

República do Sudão

Campos de inversión:

1. AGRICULTURA

La tierra cultivable total es de alrededor de 300 a 400 millones de feddan (un feddan = 4200 metros cuadrados) y sólo se cultivan 40 millones de feddan.

La inversión en campos agrícolas es bienvenida en lo siguiente:

1. Producción de trigo / 2. Sorgo (Dura) / 3. Semillas oleaginosas (sésamo, maní y girasol). / 4. Frutas (mango, plátano, juava, limón, fresa, piña (ananans), pomelo. / 5. Verduras (tomate, judías verdes, akra, pepino, papa, cebolla, ajo, especias, verduras, lentejas). / 6. Apicultura para la producción de miel / 7. Frutas y verduras orgánicas (suelo aluvial a lo largo de las orillas del Nilo y deltas de Wadi Toker, El Gash, etc.)

2. GANADO

50 millones de feddan de pastos, más residuos de cultivos y tortas de aceite hacen que el costo de los alimentos sea muy bajo. 106 millones de cabezas de ganado vacuno, ovino, caprino y camello producen solo 3 millones de toneladas de carne. Además, Sudán es muy rico en vida silvestre y existen oportunidades de inversión para las granjas modernas de avestruces, antílopes, cocodrilos, etc.

República do Sudão do Sul

¿Por qué invertir en Sudán del Sur?

Las oportunidades abundan en todos los sectores de la economía, con especial atención a aquellos sectores que se nutren de los vastos recursos naturales del país.

Agricultura, tierra y agua abundantes con demanda local y regional no satisfecha en todas las áreas de la agricultura, 30 millones de hectáreas de tierra cultivable con menos del 5% de cultivo.

Los yacimientos mineros, ricos en oro, uranio, hierro, cobre y diamantes recién han comenzado a explorarse.

Petróleo, el país está dotado de reservas de petróleo que presentan nuevas oportunidades de exploración.

Infraestructura, existe una gran demanda para reconstruir y construir más de 2.500 km de carreteras con oportunidades para los operadores privados de peaje.

Energía, hay varias oportunidades de generación de energía del río Nilo.

Mercado nacional de más de 10 millones con una gran comunidad internacional de la diáspora interesada en volver a nuevas oportunidades económicas.

República Unida da Tanzânia

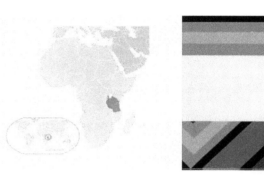

Por qué invertir en Tanzania

Tanzania tiene una abundancia de riqueza natural, lo que ofrece enormes oportunidades de inversión para los inversores. Estos incluyen una excelente ubicación geográfica (seis países sin litoral dependen de los puertos de Tanzania como sus puertos de entrada y salida más baratos); cultivable; atracciones turísticas de renombre mundial (Serengeti, Kilimanjaro, Ngorongoro y las islas de las especias de Zanzíbar); recursos naturales; un mercado nacional y subregional considerable; una amplia base local de suministro de materias primas; habilidades abundantes y baratas; garantía de seguridad personal; gente cálida y amigable y una adecuada orientación de la política de mercado.

República Togolesa

1. El enorme potencial económico y humano de Togo;

2. Entorno favorable a los inversores;

3. Una moneda estable;

4. Paz, estabilidad política y buena ubicación geográfica;

5. Pertenencia a organizaciones económicas regionales como la UEMOA y la CEDEAO;

6. Infraestructura portuaria y aeroportuaria;

7. Administración moderna;

8. Disponibilidad de mano de obra calificada;

9. Disponibilidad de empresas TIC;

10. Disponibilidad de fibra óptica a nivel nacional para interconectar empresas a nivel local e internacional.

República Tunisina

Cualquiera que busque una oportunidad de inversión única encontrará que invertir en Túnez es una de las mejores opciones que puede hacer una persona. Descubrirán que hay varias razones por las que deberían hacer esto. Sin embargo, primero hay que saber un poco sobre Túnez.

Túnez es un municipio situado en el Mediterráneo que también forma parte de la sociedad africana y la sociedad árabe, lo que significa que atrae a personas de diferentes culturas y esta es una de las razones por las que este país es tan popular para invertir.

Túnez de negocios

Una de las principales razones por las que la gente considera que esta es una gran inversión son las opciones de inversión legales flexibles que se presentan. Por ejemplo, quienes invierten en Túnez encuentran que obtienen varios incentivos y exenciones fiscales para hacerlo. Además, encontrarán que el procedimiento de inversión es simple y no requiere mucha comprensión, pero hay toneladas de inversiones en las que una persona puede participar. La protección que se obtiene al invertir en Túnez es también una de las mejores protecciones que se pueden encontrar en cualquier lugar en términos de protección de los fondos que se han invertido.

República de Uganda

razones para invertir

1 - Acceda a una de las regiones de más rápido crecimiento del mundo

Uganda y la región de África Oriental están creciendo continuamente en población y PIB.

2 - Uganda es abierta y segura para la inversión extranjera

Uganda es el país más abierto de la región a la inversión extranjera directa (IED).

3 - Costes laborales altamente competitivos

Uganda ofrece la mano de obra de menor costo en la región y se espera que los costos laborales crezcan más lentamente que otros países de la CAO.

4 - Uganda tiene una sólida base de recursos naturales

Uganda tiene muchos depósitos minerales sin explotar y oportunidades turísticas.

5 - Uganda lidera África en respuesta a COVID-19

Los datos de la Comisión Lancet COVID-19 clasificaron a Uganda como el mejor país de África en términos de supresión de la pandemia COVID-19

República da Zâmbia

La ubicación central y central del país en la región, así como una combinación de las siguientes fortalezas hacen de Zambia un lugar ideal para invertir:

Paz y sistema político estable.

Entorno económico positivo y favorable a los inversores.

Garantías y garantías para inversores con derecho legal a compensación total y valor de mercado.

Los abundantes recursos naturales presentan excelentes oportunidades de inversión y comercio.

Próspero sector privado.

Atractivos incentivos a la inversión.

Repatriación ilimitada de beneficios.

Servicios bancarios, legales y de seguros progresivos a estándares internacionales y mercado de valores.

Acceso libre de impuestos a mercados regionales y más amplios en África, la UE y los EE. UU.

Buen lugar para trabajar y vivir: clima subtropical, gente amable, en su mayoría de habla inglesa, estilo de vida al aire libre con reservas naturales, parques de juegos, ríos, lagos y cascadas.

República do Zimbábue

Apertura y restricciones a la inversión extranjera

Políticas de inversión extranjera directa

Con el fin de atraer más IED y mejorar la competitividad del país, el gobierno alentó las alianzas público-privadas y enfatizó la necesidad de mejorar el clima de inversión, reducir el costo de hacer negocios y restaurar el estado de derecho y la santidad de los contratos. Sin embargo, la implementación fue limitada.

La Ley de Indigenización y Empoderamiento Económico de Zimbabwe limita la cantidad de acciones en poder de extranjeros en los sectores del diamante y el platino al 49 por ciento, y organizaciones indígenas específicas poseen el 51 por ciento restante. El gobierno ha señalado que tiene la intención de eliminar estas restricciones. También hay sectores más pequeños "reservados" para los zimbabuenses.

La Autoridad de Inversiones de Zimbabwe (ZIA) promueve y facilita tanto la inversión extranjera directa como la inversión local. ZIA facilita y procesa las solicitudes de inversión para su aprobación. El sitio web de ZIA es http://www.investzim.com/. El país alienta a las empresas a registrarse en la ZIA y el proceso actualmente demora alrededor de 90 días. El gobierno ha formado una entidad simplificada más poderosa, pero aún no completamente funcional (una "ventanilla única"): la Autoridad de Desarrollo de Inversiones de Zimbabwe (ZIDA). Si bien el gobierno se ha comprometido a priorizar la retención de inversiones, aún no existen mecanismos o estructuras formales para mantener un diálogo continuo con los inversionistas.

Este libro es otro gran logro de mi vida. Es un verdadero pasaporte para mí continuar en mi noble misión de difundir el potencial de todo el Continente Africano, las obras proyectadas dentro y fuera de la AGENDA 2063 de la Unión Africana, reuniendo a líderes experimentados, con objetivos bien definidos.

Como he tenido la oportunidad de expresarme en los libros anteriores de la Colección África, es un trabajo muy grande por hacer, reunir a AFRICANOS DE ALMA, dentro y fuera del continente africano.

Aquí se mencionaron varias estructuras destinadas a las inversiones en África y deben ser consultadas por todos los que entiendan que al invertir en África, de alguna manera estarán pagando una gran deuda, que comenzó mucho antes, tenía un sello real de maldad en la Conferencia de Berlín, con la división del continente africano, mejor detallada en el libro CULTURA AFRICANA, O RETORNO. El pastel de vuelta.

LA POBREZA Y EL HAMBRE ya han pasado de moda. En el libro AFRICANO DE ALMA, un ejército de ideas y pensamientos, pude resaltar los paradigmas que aún alimentan la pobreza en todo el mundo, especialmente en el continente africano.

Enriqueciendo todo el continente africano sin reducir la brecha entre ricos y pobres, sin crear estructuras donde todo ciudadano africano tenga derecho a la alimentación en el plato, la escuela, la salud, el saneamiento básico, el transporte, la vivienda, la electricidad, el agua potable, etc., I Estoy seguro de que eso no cambiará mucho.

AUDACIA. Tenemos que ser audaces para cambiar y los más ricos liberarse de la prisión que construyeron para sí mismos. Digo esto a nivel de riqueza personal y riqueza colectiva.
Los gobiernos africanos deben trabajar hasta el cansancio el IDH - Índice de desarrollo humano. La forma más rápida, en mi opinión, es traer profesores, técnicos especializados y formar a jóvenes africanos, tan ávidos de conocimientos y de construir sus carreras profesionales.

OPORTUNIDADES DE CRECIMIENTO. Deben pertenecer a todos y no solo a mis familiares y amigos. Cuando hacemos esto, generamos riqueza. En mi contacto con la juventud angoleña, he tenido mucha visión de su potencial. Muchos de ellos, la mayoría, no viven en Talatona. Vive en Cazengão, Calemba 2, Golgo 2,

Gameke Rocha Padaria, Futungo de Belas, Cacuaco ... Finalmente se distribuyen. Detectarlos y crear estructuras que van desde las becas hasta la financiación de proyectos es fundamental.

EL FIN DE LA CORRUPCIÓN. Ciertamente comienza en la Escuela, en la formación de una nueva generación de AFRICANOS DEL ALMA, que al llegar a cargos públicos tan soñados, se vuelven hacia su pueblo sufriente, no contra su pueblo sufriente que acaba pasando, con los famosos. , ahora es mi turno de robar. No, no más robos. Basta de corrupción.

Elegí la vida que llevo, y puedo garantizar que, en todo el mundo, hay pocas personas con el grado de felicidad que tengo, porque como he tenido la oportunidad de mencionar en libros pasados, elegí hacer historia. , en lugar de hacer una fortuna. Y hacer una historia que reduzca la pobreza, elimine los pensamientos corruptos. De nada sirve tener contenedores de dólares manchados de sangre. Las marcas de sangre están en las manos, que terminan manchando los billetes de un dólar y no traen felicidad.

La Nueva África Brasileña

Celso Salles

educasat
Editora

Sabía que llegaría el momento de escribir este libro. No podía faltar en la Colección África. Y justo en las primeras líneas de esta presentación dejo el registro relevante del gran aporte de África en la cultura brasileña, conocida como cultura afrobrasileña.

ÁFRICA BRASILEÑA es extremadamente compleja, ya que reúne una serie de factores difíciles de explicar y comprender. El 56 por ciento de la población brasileña está compuesta por afrodescendientes, en color, cabello y mimetismo con el blanco. Son mulatos, mulatos, negros y negros, hombres y mujeres en general que buscan ante todo una referencia, una identificación.

Muy bien. Para gran desgana de nuestros antepasados, LLEGAMOS Y ESTAMOS AQUÍ. ¿Y ahora? ¿Que hacer?

Mi propósito en este libro es literalmente SALIR DEL LUGAR COMÚN. A partir de las mismas discusiones habituales, donde muchas de ellas acaban por no llevar nada a ninguna parte e iniciando un proceso de reflexión que nos puede dar pistas de los mejores caminos a seguir.

Imaginemos que estamos en una carretera y, de la nada, el vehículo que estamos usando tiene una falla mecánica y se detiene. Cansado, con la familia en el auto. Empezar a llover. Y como si fuera un verdadero milagro, aparca un mecánico y viene a nuestro rescate. En menos de 5 minutos el coche empieza a funcionar y el hombre sigue diciendo, no es nada.

Dada la solución, dudo que los que están leyendo quieran saber el color del mecánico. Si es blanco, si es negro, amarillo, rojo. Al contrário. Te sentirás aliviado, porque normalmente, en estas historias, terminamos en la difícil situación que vive el personaje.

Creo que ya tenemos una primera pista a seguir. Frente a un Brasil en pánico desde 2018, ÁFRICA BRASILEÑA tiene que RESOLVER. Ponga a Brasil de nuevo en camino.

ÁFRICA BRASILEÑA tiene que esforzarse por desempeñar un papel protagónico y, una vez que sufre todos los males y efectos de la posesclavitud, la solución a los innumerables problemas que vive la nación brasileña puede estar dentro de ella.

Una cosa es cierta, esperar que la solución de nuestros problemas venga de BRASIL EUROPEO Y NORTEAMERICANO es una gran pérdida de tiempo, ya que BRASIL EUROPEO Y NORTEAMERICANO, seguimos religiosamente todos los dictados normativos establecidos por ellos durante siglos. Dentro de un gran esfuerzo tenemos que iniciar un proceso de liberación de las cadenas que aún nos atan. Mentalmente TODAVÍA PODEMOS SER ESCLAVOS. Liberarnos de estas cadenas debe ser necesariamente nuestro primer gran paso. Centrarse en el bien colectivo, con prioridades en ayudar a los más débiles, nunca puede pasar de moda. Y en este contexto, nos trasladamos a una NUEVA ÁFRICA BRASILEÑA. Del problema a la solución. La simple elección de un presidente negro no puede cambiar absolutamente nada. En los próximos años, tenemos que elegir no solo a un presidente, sino a toda una gama de NUEVOS POLÍTICOS con planes de trabajo, si es posible, gente no mediática, con pocos seguidores, pero dueños de ideas transformadoras. Las redes sociales en Internet pueden convertir a personas horribles en celebridades y, por otro lado, suavizar la pequeñez de innumerables celebridades. La NUEVA ÁFRICA BRASILEÑA incluso tiene que repensar el concepto de celebridad. Tienes que salir de esta verdadera trampa mental. La Unión Africana, como pude detallar en el libro "55 razones para invertir en África", ha estado trabajando arduamente en la AGENDA 2063. NUEVA ÁFRICA BRASILEÑA puede copiar y comenzar a elaborar su Agenda que no necesita sea para 2063. Creo que puede ser para mucho antes, configurando el inicio de profundas transformaciones para este y los próximos siglos. En las próximas páginas, continuaremos poniendo pautas que nos puedan animar en la creación de la NUEVA AGENDA DE ÁFRICA BRASILEÑA.

EL COMIENZO DE TODO TIENE QUE SER LA EDUCACIÓN

Quiere dejar un gran activo a sus hijos. Déjalos EDUCACIÓN. Educación a todos los niveles. Cualquiera que quiera transformar a su gente tiene que trabajar duro en el IDH - Índice de Desarrollo Humano. La buena remuneración de los profesores es el primer paso que debe dar un país serio. Los profesores que tienen tiempo para dedicarse a desarrollar el mejor contenido para sus alumnos marcan la diferencia.

EL MUNDO CAMBIA TODO EL TIEMPO. EL PROGRAMA DEBE SER ACTUALIZADO.

Crear nuestros propios modelos de enseñanza en base a sus realidades, sin estar atados a éxitos importados, también es de fundamental importancia. Lo que funcionó muy bien en una región puede no funcionar correctamente en otra. Siempre están las verdades perennes y transitorias. Saber identificarlas es fundamental, ya que tenemos cómo conservar las perennes, pase lo que pase, siempre serán ciertas, y las transitorias son las que hay que analizar cuidadosamente y cambiar cuando sea necesario.

Otra cosa que tenemos que replantearnos mucho es el sistema de evaluación, desde los exámenes hasta los procesos de selección de estudiantes para el ingreso a Universidades Federales.

Toda la ingeniería selectiva se creó con base en el poder financiero de familias con altos estándares, de modo que los sistemas de selección impongan un fallo obligatorio, para quienes no tuvieron esa oportunidad de prepararse para el sistema selectivo de división de clases. La mayoría de los candidatos permanecen al margen de la sociedad, sin acceso a las principales universidades, que se limitan a los ricos. Los pobres se volverán más pobres y los ricos se harán más ricos. Tenga en cuenta que el aspecto del color no tiene mucha relevancia en el texto de este libro. Si bien sabemos que la mayoría pobre en Brasil es de ANTIGUA AFRICA BRASILEÑA, como dije, en este libro la propuesta es cambiar su estatus.

LAS PRINCIPALES DIFERENCIAS
DE AFRICA BRASILEÑA

La visión actual del África BRASILEÑA fuera de Brasil está tan distorsionada como la visión de los africanos fuera de África. Los medios de comunicación en general han jugado un papel sumamente dañino en ambos casos. Ya sea por interés o por desinformación, las inteligencias grandes e importantes no se celebran en ambas África. Es como si en Brasil el África BRASILEÑA solo tuviera futbolistas, pagodeiros, bailarines de samba mulatos y una mayoría de bandidos y asesinos. Recuerdo como si fuera hoy, cuando llegué a Zimbabwe, antes de que empezáramos las reuniones, las autoridades locales vinculadas al turismo, que era el tema que nos ocupaba, se trasladaron en directo al periodista e intérprete blanco, de ojos verdes, que estaba haciendo parte de la delegación brasileña en la Feria de Turismo de Zimbabwe. En un principio, las autoridades no contemplaron quién era quién en el encuentro, precisamente porque, incluso en África, la fama que se han plantado y sembrado los blancos les da un grado de superioridad, y a los negros, por todo lo que hacen los medios. se esconde, termina sin privilegios y con poco respeto.

Ya que estamos en el mismo barco, ¿qué tal si nos unimos dentro de lo que podemos llamar la ILUMINACIÓN AFRICANA?

No me importa si este es el mejor nombre, siempre y cuando podamos ILUMINAR esta oscuridad de falta de pensamientos renovadores en África alrededor del mundo.

Las grandes diferencias entre el África BRASILEÑA y el continente africano es que se empobreció y se devaluó en general, dentro de un país con cierto desarrollo, donde hay mejores condiciones para vivir bien. El acceso se ve muy obstaculizado por todas las estructuras, nacionales e internacionales, que, en todo lo que pueden, hacen todo lo posible para garantizar que las cosas continúen exactamente como están. Los lugares de privilegio, ocupados por unos pocos, están protegidos con hierro y fuego. Tenemos y vamos a cambiar eso.

REQUALIFICACIONES DE VIVIENDA

Creo que a esta altura del libro, el lector ya está empezando a pensar cuáles son los componentes de esta actual ÁFRICA BRASILEÑA. Muy rápidamente llegará a la conclusión de que los POBRES EN GENERAL son la mayoría, blancos y negros. Después de EDUCACIÓN debemos trabajar en REQUALIFICACIONES DE VIVIENDA y CONSTRUCCIÓN DE ÁREAS RESIDENCIALES dentro de proyectos urbanos que incluyen Escuelas, Puestos Médicos, Agricultura de Subsistencia, Cooperativas, Área de Combate Pandémico, Seguridad, Agua, Electricidad, Energía Solar, Saneamiento Básico, Deporte y Ocio. Por lo general, estos proyectos ya existen y están vinculados al poder público en la mayoría de las ciudades brasileñas, pero no necesitamos depender al 100% del poder público. Las iniciativas populares, trabajando bajo un régimen de movilización colectiva pueden y deben surgir de los pobres, con acciones y soluciones pequeñas, medianas y grandes.

El viejo dicho popular, cabeza que no piensa, el cuerpo sufre es muy cierto. Debido a innumerables problemas e intereses, muchas comunidades terminan viviendo décadas de desventaja, esperando a cabezas pensantes pro-desfavorecidas. En la práctica, para ser elegidos, los políticos necesitan un apoyo financiero que normalmente se les da a los candidatos que rezan en los folletos de los líderes locales. Y luego, están en la falacia y concretamente, no pasa nada.

Hagamos uso de otro dicho popular, dejemos que los atribulados se muevan. ¿Pero moverse a dónde? ¿Quién liderará este proceso?

La gran reflexión en este capítulo es que NECESITAMOS VIVIR EN CONDICIONES DE PROSPERACIÓN y que para ello la NUEVA ÁFRICA BRASILEÑA tendrá que, a lo largo de las décadas e incluso siglos, crear NUEVAS SITUACIONES para que esto suceda, considerando, como dije, la trabajar bajo un régimen de movilización colectiva.

FAVELA, RECONSTRUIR O REQUALIFICAR
Sandra Aparecida Rufino

Desde las dos últimas décadas del siglo XIX, debido a la expansión de la industria del café, Brasil ha tenido un importante aumento de población provocado por la llegada de trabajadores inmigrantes. Aunque vinieron con la intención de trabajar en las plantaciones, muchos se quedaron en las ciudades, especialmente en São Paulo, lo que provocó una importante expansión demográfica en este período. Este crecimiento brusco deriva en una serie de problemas al entorno urbano, tanto en

problemas sanitarios y de salud pública, como falta de vivienda, movilidad y segregación social.

El deterioro de las condiciones de vida en la ciudad, provocado por la afluencia de trabajadores mal pagados o desempleados, la falta de vivienda asequible y la expansión descontrolada del tejido urbano obligaron al gobierno a intervenir para intentar controlar la producción y el consumo de vivienda (BONDUKI, 1998, página 27).

El crecimiento horizontal sin ningún tipo de planificación dejó marcas imborrables en el diseño de la ciudad: "inundaciones, deslizamientos de tierra, contaminación de los recursos hídricos, contaminación del aire, impermeabilización de la superficie del suelo, deforestación, congestión habitacional, recurrencia de epidemias, violencia, etc." (MARICATO, 2001: 22). Junto a este crecimiento, persiste el problema habitacional, con un déficit de alrededor de 800.000 unidades en la ciudad de São Paulo, según estimaciones del IBGE, 2016. El tema va más allá. Hoy, la ciudad de São Paulo tiene una población de más de 12 millones de personas, de las cuales aproximadamente 3,5 millones viven en asentamientos precarios (IDEM, Ibidem). Casi el 30% de los ciudadanos vive sin las condiciones mínimas de habitabilidad. Parece que no se trata solo de dotar de vivienda nueva a quienes no la tienen, sino, probablemente, de recalificar la estructura urbana de ocupaciones ya consolidadas, garantizando el saneamiento, la movilidad, la salud y el derecho a la propiedad, además de respetando la identidad colectiva e individual (MARICATO, 2001).

En esta importante obra de la brasileña Sandra Aparecida Rufino, vemos claramente que las zonas más precarias de las ciudades son obras de hace siglos. La NUEVA ÁFRICA BRASILEÑA necesita afrontar estos retos de frente. La resiliencia es una buena cualidad del ser humano, pero todo tiene sus límites. Buena parte de estas áreas ocupadas en las grandes ciudades terminaron convirtiéndose en lugares de gran degradación en la vida de la población local en todos los sentidos. El romanticismo que a menudo se muestra en películas, telenovelas y videos musicales, en la vida real es un verdadero mar de lágrimas. La NUEVA ÁFRICA BRASILEÑA necesita romper esta cadena que lleva siglos arrastrando y planificar en su mente y la de sus descendientes que RECONSTRUYE O REQUALIFICA. Puede que haya nacido en un entorno muy hostil, pero no está escrito en ninguna parte que tenga que vivir para siempre en este lugar. La sensibilidad de quienes no viven en estos lugares y tienen el poder de cambiar es prácticamente nula. Esto explica la permanencia de estos lugares problemáticos e incluso su agravamiento a lo largo de los años con una mayor ocupación urbana, como se puede apreciar en la Figura 1. Bancos, Emprendedores y sus Corporaciones necesitan entender que no tiene menos sentido DEMASIADA CONCENTRACIÓN DE INGRESOS en manos de tan pocos y TANTA MISERIA para afligir a la mayoría de la población brasileña. LOS CAMBIOS VENDRÁN A LARGO PLAZO, pero las acciones de la NUEVA ÁFRICA BRASILEÑA deben comenzar AHORA.

LOS PROYECTOS DE REQUALIFICACIÓN URBANA Y LOS RETOS DE LA GENTRIFICACIÓN: EL CASO DE CHINA

Scarlett Miao

Traducción: Romullo Baratto y Camilla Sbeghen

Fuente: https://www.archdaily.com.br/br/946957/projetos-de-requalificacao-urbana-e-os-desafios-da-gentrificacao-o-caso-da-china

Desde la década de 1990, un gran número de ciudades de China han experimentado una renovación urbana. Estimulado por esta reconstrucción urbana facilitada por el estado, los rascacielos se están construyendo rápidamente en las principales ciudades para atraer a las clases medias ricas a estos lugares, lo que resulta en numerosas reubicaciones y desplazamientos de la clase trabajadora, este proceso se conoce como "gentrificación".

A medida que las ciudades y los vecindarios se aburguesan por completo para satisfacer los gustos de la clase media e impulsar el crecimiento económico, los recursos de la tierra urbana se tratan con un potencial económico creciente, dejando poco espacio para el desarrollo de la vida urbana en la calle. Al analizar las prácticas de cinco arquitectos en la creación de espacios públicos urbanos habitables, este artículo discutirá los desafíos y oportunidades de la revitalización urbana en China bajo la gentrificación.

Este texto está dirigido a AFRICANOS DE ALMA quienes podrán asumir cargos públicos con competencias para implementar proyectos de Gentrificación dentro del concepto de NUEVA AFRICA BRASILEÑA.

La gentrificación es el fenómeno que afecta a una región o barrio al cambiar la dinámica de la composición local, como nuevos puntos comerciales o la construcción de nuevos edificios, valorando la región y afectando a la población local de bajos ingresos.

Los efectos del RENACIMIENTO CHINO a partir de las ideas de Mao Tse Tung, mencionadas en el libro AFRICANO DE ALMA, utilizado como ejemplo hacia el RENACIMIENTO AFRICANO MODERNO, necesitan inspirar al NUEVO AFRICA BRASILEÑO ya que las condiciones de vivienda, especialmente en las grandes ciudades, necesitan un CAMBIO EN TODO PARA SER MEJORADO en las próximas décadas.

Cuando el tema es la vivienda de bajo nivel, es algo que en Brasil choca con los Estatutos de la Ciudad que privilegian mayoritariamente a los privilegiados de todos los tiempos. Por lo tanto, la atención total de la NUEVA ÁFRICA BRASILEÑA a este tema es fundamental.

INSTRUMENTOS DE REQUALIFICACIÓN
Irracionalidades urbanas y recalificación de áreas centrales
Leticia Gadens | Clovis Ultramari | Denis Alcides Rezende

La revitalización de áreas centrales (ya sea en países que llevan mucho tiempo invirtiendo recursos en la recuperación de sus ciudades, como es el caso de EE.

UU., Comenzando por el ejemplo clásico de la ciudad de Baltimore, o incluso en países como Brasil, donde estos recursos se disputan con otras demandas prioritarias, en general) pueden llevarse a cabo de diferentes formas, considerando los múltiples sectores involucrados y las diversas variables en cuestión.

Las principales iniciativas observadas en el análisis de los casos más conocidos de recalificación urbana son:

• Rehabilitación de áreas abandonadas por actividades económicas que ahora son más productivos o competitivos en el mercado internacional;
• Restauración del patrimonio histórico y arquitectónico, buscando en el pasado una conciliación de intereses que son difíciles de conseguir en el presente;
• Reciclaje de edificios, plazas y parques, demostrando un gran preocupación por la imagen de la ciudad;
• Tratamiento estético y funcional de fachadas de edificios, mobiliario urbano y elementos publicitarios;
• Redefiniendo usos. Este es, de hecho, uno de los más controvertida e incluso difícil de implementar por su complejidad social y los intereses inmobiliarios que suscita;
• Mejora del estándar de limpieza y conservación de espacios públicos, imponer nuevos estándares de servicio público, basados en una imagen más emprendedora;
• Fortalecimiento de la accesibilidad mediante transporte individual o colectivo. nosotros
En los casos brasileños, esta complementariedad proyectual no siempre se puede observar por los costos involucrados;
• Organización de actividades económicas. Esta actuación implica cambios en el uso de los edificios y, por tanto, genera implicaciones sociales e inmobiliarias de difícil control.

La economía solidaria se entiende como aquella que valora no la apropiación individual de los beneficios, sino la colectiva. Por gentrificación, a partir de la gentrificación inglesa, se entiende el cambio de la población local por nuevos residentes con mayor poder adquisitivo a partir de intervenciones de recalificación urbana.

NUEVA AFRICA BRASILEÑA, en todos los rincones de Brasil, donde quiera que vaya, solo tendrá PROBLEMAS. Lo que ha estado sucediendo durante siglos es que una generación ha dejado que la siguiente lo haga, mucho más por resiliencia que por cualquier otra cosa. NUEVA AFRICA, dentro de lo que ya he mencionado como ILUMINACIÓN AFRICANA, tiene el rol de iniciar nuevos pensamientos, ideas y acciones.

Los medios, por dinero, eligen literalmente a políticos que tienen a sus espaldas el compromiso de dejar todo como está. Prometen, no cumplen y aparecen en la foto como los salvadores de la patria.

Lo primero que debe hacer la NUEVA ÁFRICA BRASILEÑA es escapar del pensamiento "cuando llegue será mi turno de robar" NO. BASTA YA DE ESO. Hay que llegar allí, sí, pero con el propósito de VOLVER A LAS POBLACIONES MENOS FAVORITAS, NO CONTRA ESTAS POBLACIONES.

Y también para prepararnos mucho para afrontar estas estructuras de poder instaladas por los privilegiados, para los privilegiados. Ya he dicho en la mayoría de los libros de la colección África que, en lugar de hacer fortunas, necesitamos HACER HISTORIA, pero una historia de amor al prójimo y una vida mejor para todos. En el libro AFRICANO DE ALMA pongo este NUEVO PARADIGMA que necesita conquistar el mundo, contaminando a los privilegiados de todos los órdenes para que en lugar de dar limosna creen condiciones de crecimiento y vivienda digna para todos.

NUEVA AFRICA BRASILEÑA. DESPERTAR AL CRECIMIENTO DEFINITIVO DE BRASIL.

No tengo ninguna duda de que el vertiginoso crecimiento de Brasil ocurrirá con el despertar de la NUEVA ÁFRICA BRASILEÑA. Tenemos un contingente de la mayoría de nuestra población, compuesto por afrodescendientes que, sumados a los pobres de todos los colores, representan el gran universo brasileño.

Un gran universo aprisionado por el neoliberalismo, por muchas Iglesias, por los grandes medios de comunicación y por la falta de recursos en general.

Desde 2018 hemos sido testigos de una destrucción real de Brasil, promovida por muchos actores. Actores que se esconden en la política, el poder judicial, el legislativo y el ejecutivo.

Perdimos nuestro camino porque todos, invariablemente todos, luchan por sus intereses y por los intereses de la minoría privilegiada.

Está muy claro que cualquier cambio en los años venideros solo vendrá con una nueva postura de NUEVA AFRICA BRASILEÑA, de la siguiente manera:
1° PREPÁRATE PARA ESTAR EN EL PODER;
2° CUANDO LLEGAS AL PODER, CAMBIA LAS COSAS;
3° DESARROLLAR PLANES DE GOBIERNO Y POLÍTICAS PÚBLICAS QUE REALMENTE BENEFICIEN A LOS DESPRIVADOS.
NUEVA AFRICA BRASILEÑA tiene que participar en política. No con la idea de ganar votos para mantenerse en el poder y asentar su vida. Pero con la idea de REALMENTE CAMBIAR BRASIL, beneficiando a esta mayoría de la población, literalmente abandonada.

Dado que no todo el mundo nació para ser un jugador de fútbol famoso y ganar millones de dólares a lo largo de los años, preparemos a nuestros hijos para que sean abogados, médicos, administradores, enfermeras, dentistas e ingenieros. Recuerda lo que escribí en la página 9 de este libro, la historia del mecánico que cambió la vida de la familia atrapada en la carretera ...
BRASIL TIENE QUE CAMBIAR DE
PENSAMIENTO URGENTE.
NUEVA ÁFRICA BRASILEÑA es BRASIL. El Brasil europeo y norteamericano igualmente necesita cambiar. Estamos perdiendo una gran fuerza laboral que probablemente emigrará a países ricos con bajas tasas de natalidad. En el libro "La importancia de la diáspora africana en la nueva descolonización de África" en las páginas 47/54, traigo las observaciones de CARLOS GOMES, un académico guineano, quien fue adjunto de Kofi Annan en la ONU y ahora es un profesor de la Escuela de Gobernanza Pública Nelson Mandela, en Ciudad del Cabo. En la página 49 menciona: "La transición demográfica en África se está produciendo en un momento en el que el resto del mundo está envejeciendo muy rápidamente. Esto nunca antes había sucedido, históricamente".

Nuestro Brasil todavía tiene una población muy joven y económicamente activa, pero está perdiendo gran parte de esta fuerza productiva por las drogas, el tráfico y sus derivados. La gran marcha del poder brasileño siempre ha sido la de la separación y la segregación.

¿Qué es BRASIL IDENTITY?

Esta es una pregunta difícil de responder. Quizás la respuesta más fácil es: BRASIL NO TIENE IDENTIDAD. BRASIL TIENE IDENTIDADES.

Identidades con mayores fortalezas e identidades que han vivido al margen durante siglos. ¿Cuál es la verdadera identidad de los afrobrasileños con mejores recursos financieros? No daré nombres, pero la mayoría de estos afrobrasileños no tienen una identidad africana. Solo se quedan en el tono de la piel, en los rizos o en la calvicie.

África ha sido tratada durante siglos como sinónimo de pobreza y fracaso. Pero es el continente más rico del planeta Tierra, consulte el libro "55 razones para invertir en África". Esta imagen ha sido alimentada con uñas y dientes por aquellos que, sin las riquezas de África, no pueden mantener su poder. En el libro AFRICANO DE ALMA, Un ejército de ideas y pensamientos dio innumerables detalles.

El mismo interés que se tiene en mantener a África tras los otros continentes es el interés en mantener el África BRASILEÑA como es. Y este poder sustentador proviene del pensamiento: Los africanos, los afrodescendientes de todo el mundo necesitan pensar que NO SON NADA.

Así como me liberé de estos pensamientos, TAMBIÉN PUEDES LIBERARTE. He ido creando en mí la IDENTIDAD AFRICANA, que coloco en esta Colección África, para que otros africanos de todo el mundo puedan deshacerse de ellas. La humanidad en su conjunto necesita deshacerse de estos paradigmas de odio y dominación.

Cuando creé el Paradigma AFRICANO ALMA, que se puede ver en detalle en el libro, lo hice con la certeza de que, si estamos en este "colmillo" (situación difícil), lo ingresamos a través de los pensamientos que se han concebido durante los siglos. Había innumerables e innumerables paradigmas. Y será a través de los NUEVOS PARADIGMAS que comencé a crear y que nacerán de otros pensadores y activistas africanos, que nos liberaremos. Me tomé la libertad de colocarlos en lo que llamé LA ILUMINACIÓN AFRICANA.

Una liberación que beneficiará a toda la humanidad. Vemos en las manifestaciones contra los actos racistas en todo el mundo, que la mayoría de las personas con melanina blanca también están en contra de todo racismo.

TENEMOS QUE ATACAR LAS CAUSAS PARA
ELIMINAR UNA VEZ PARA TODOS LOS EFECTOS

Todas las formas de racismo tienen causas.

Debemos eliminar con vehemencia las causas que llevan siglos provocando estos efectos nocivos en forma de racismo y segregación. Nunca podremos ser una NUEVA ÁFRICA BRASILEÑA si no nos movilizamos en esta dirección.

Recuerdo muy bien cuando Pelé dijo: "desde el momento en que los jugadores africanos alcancen un buen nivel en el fútbol, serán ganadores durante muchos años e incluso ganarán el mundial de fútbol".

Debido a la cantidad de jugadores de origen africano presentes en la selección francesa, con todo el respeto y cariño que le tengo a Francia, su título mundial tuvo una gran fuerza desde África. La piel estaba bien. Otros equipos han visto esto y cada vez tendrán más jugadores africanos naturalizados en su plantilla.

Lo que sucede en Brasil y en el mundo es que NUEVAS ÁFRICAS EN EL MUNDO debe ocupar cada vez más sus lugares destacados y en varios otros campos. No solo en los deportes, en la música e incluso en las películas. Aun así, lo que hemos visto todavía es muy poco. Puedo considerarlos reliquias reales.

En el campo de la ciencia, por ejemplo, aparecen muy pocos africanos de todo el mundo. Y hay verdaderas celebridades científicas africanas nacidas en el continente y más allá. Como sabrá, el conocimiento tiene sus fuertes raíces en Egipto, que como puede ver en el libro "55 Razones para invertir en África", de Egipto, siempre ha sido de África. Nunca cambió de lugar.

Honestamente, yo, en particular, veo muchas más razones para estar orgulloso de mi IDENTIDAD AFRICANA que otros de diferentes orígenes.

Volviendo al título de Francia, los africanos llegaron gracias a las ESTRUCTURAS CREADAS POR FRANCIA.

NECESITAMOS CREAR ESTRUCTURAS QUE

HACER EMERGENTE LA NUEVA ÁFRICA BRASILEÑA

Mira lo hermoso que es esto. Dentro de esta visión, en muy poco tiempo TRANSFORMAMOS BRASIL. Y es sencillo ver esto. Si la mayoría de los afrodescendientes y los pobres tienen estructuras muy bien pensadas y puestas en práctica, la historia de Brasil cambiará y mucho para mejor. Ya no necesitaremos tener cuotas para absolutamente nada, ya que seremos parte del TODO BRASILEÑO.

Recuerdo como si fuera hoy, en 2006, en la ciudad de Viena, Austria, un brasileño con melanina blanca me preguntó por qué a donde íbamos los austriacos me priorizaban, yo era negro, y él no recibía la misma atención. No puedo culparlo porque se crió en Brasil, desde la perspectiva de la superioridad blanca.

Los austriacos están fascinados por la cultura de otros pueblos. Obviamente priorizarán quién puede transmitirles más conocimientos y algo que no les sea común. Y lo mismo ocurre con otros pueblos de Europa y gran parte del mundo.

LA FUERZA DE LA CULTURA AFROBRASILEÑA EN EL MUNDO

Ya empiezo a pedir disculpas, porque en mi planificación, cada libro de la Colección África tiene una media de 120 páginas, por lo que tengo que no detenerme sistemáticamente en determinados temas que, si no tengo cuidado, superan las 300 páginas. .

Hablemos un poco de Capoeira. El video más visto en mi canal Educasat www.youtube.com/educasat es Capoeira Angola - Cobra Mansa - Viena - Austria - 2009

(enlace de video: https://youtu.be/tMssvBLrL-g)

Produje el video el 28 de mayo de 2009 en Viena, Austria. En él se puede apreciar la emoción de las jóvenes austríacas con el contenido que les fue transmitido por la profesora y maestra capoeirista brasileña Cobra Mansa, quien ha viajado a numerosos países del mundo, llevándose y transmitiendo sus conocimientos.

La cultura afrobrasileña ha sido una gran embajadora de Brasil e incluso de África en el exterior. En este sentido, NOVA AFRICA BRASILEIRA ya ha jugado un papel muy importante. Bahía ha sido el estado que más contribuye a la cultura afrobrasileña fuera de Brasil, seguido de Río de Janeiro. Yo mismo conocí más de cerca la obra de Carlinhos Brown en Viena - Austria, debido a la cantidad de CD de un coleccionista austríaco a los que acabé teniendo acceso. Un Carlinhos Brown mucho más completo, diferente a la imagen que proyecta en los medios brasileños cuando se le abren las puertas.

Incluso puedo atreverme a decir que, fuera de Brasil, la IDENTIDAD QUE MÁS DISFRUTA DE LOS EXTRANJEROS ES LA IDENTIDAD AFROBRASILEÑA. También porque las otras culturas existentes en el país vinieron de allí.

Aquí en territorio africano he dado todo el apoyo que he podido, dentro de mi pequeñez, a las culturas africanas. Quiero decir, por mucho que tengamos una cultura afrobrasileña bien posicionada a nivel internacional, necesitamos la cultura africana. Los tambores de Senegal. Bailes y capoeira de Angola. Los idiomas de Nigeria se basan en sus canciones y ritmos locales, que en muchos rincones del mundo compiten cara a cara con la música estadounidense, que durante décadas ha tenido un gran monopolio de distribución de música en todo el mundo.

SI QUIERO RESPETO,
DEBO HACERLO PARA SER RESPETADO.
Como digo en la página 11, la educación es la base de todo. Vamos a alcanzar una etapa completa en nuestro país, en cuanto la educación pública tenga la misma o mayor calidad que la educación privada. Esta tiene que ser una gran batalla para la NUEVA ÁFRICA BRASILEÑA. El conocimiento marca la diferencia. Imagínese, la mayoría de la población brasileña está muy bien educada. Hoy, lamentablemente, solo los privilegiados financieramente tienen acceso a una educación de calidad.

La cantidad de niños y jóvenes que promoveremos con una educación de calidad será brutal. Recordando que la retribución de los profesores debe ser digna de la importancia de su trabajo.

Cada vez está más claro que si seguimos pensando con la cabeza de los europeos o incluso de los norteamericanos, como veníamos pensando, NUNCA obtendremos el respeto que merecemos.

Tenemos que pensar genuinamente en nuestras realidades. Esta marginación sistémica que ha estado ocurriendo en Brasil durante décadas necesita DEFINITIVAMENTE ser abolida.

Hoy asistimos a un cuadro muy bien definido, donde quienes tienen los recursos económicos tienen respeto, precisamente porque el capitalismo nos hace pensar así. El grado de éxito de una persona se evalúa por el dinero o incluso por los activos que posee. Y aquí viene la concentración de ingresos, la corrupción, porque todo vale.

Cuando un estatus en la sociedad o incluso una vida considerada buena, es mayor que el amor que puedes tener por un hijo, tienes que detenerte, URGENTE y pensar.

En nombre de este estatus, todo vale hoy en Brasil. TENEMOS QUE CAMBIAR ESTO RADICALMENTE, ya que seguimos pensando así, estamos al principio del fin.
¿Qué implica el número de seguidores en la importancia real de
¿gente? Puedo tener millones y millones de seguidores en las redes sociales y, dada la importancia de lo que hago para construir un Brasil más justo e inteligente, no representa absolutamente nada.

Hemos llegado a un punto en nuestras reflexiones en torno a una NUEVA ÁFRICA BRASILEÑA, donde saber exactamente lo que importa es fundamental para el surgimiento de esta NUEVA ÁFRICA BRASILEÑA.

Sacar a nuestros niños de los guetos, de los suburbios y proporcionarles una formación de calidad es la máxima prioridad.

Hechos recientes, como la trágica muerte de Mc Kevin en la ciudad de Río de Janeiro el 16 de mayo de 2021, deben ser considerados a la luz de quiénes son los mayores influencers de nuestros adolescentes en la actualidad. Mirando atentamente sus letras y mensajes, podemos ver claramente en su estilo de vida, después de la periferia, la fuerte influencia, mucho más negativa que positiva, ejercida sobre millones de jóvenes y adolescentes.

De lo que los adultos debemos ser absolutamente conscientes es de que el niño todavía no cuenta con todos los mecanismos de protección mental y conductual que ya hemos adquirido en la vida. El apogeo de las drogas y el crimen, terminan siendo los más vendidos de canciones. Por no hablar del consumo de ropa de marca, autos grandes y otros artículos superfluos.

Para seguir poniendo dinero y todo lo que pueda traer de felicidad momentánea a los desprevenidos, una vez más, refiero que estamos claramente en camino hacia el final.

Lo que soy hoy es el resultado de ejemplos que tuve en mi vida. En el libro "LA IMPORTANCIA DE LA DIASPORA AFRICANA EN LA NUEVA DESCOLONIZACIÓN DE ÁFRICA" menciono tres grandes ejemplos que me ayudaron mucho en mi construcción: el Arzobispo Dom Hélder Câmara, ya fallecido, Leonardo Boff, Teólogo, Escritor y Profesor y Padre Irala , creador del TLM - Formación de Liderazgo Musical y AOPA - Associação Oração pela Arte (opa.arte.br).

Estamos en la edad adulta, una mezcla de lo que fuimos toda nuestra vida, comenzando por las influencias de nuestra niñez y adolescencia.

Las Redes Sociales se especializan en hacer las cosas fáciles, difíciles, que para ser logros requieren mucho trabajo y dedicación. Tienes media docena de seguidores y ya crees que eres la última galleta del paquete. Y con eso no crece. No evoluciona.

El celular como se llama en Angola o celular, como se llama en Brasil, apenas apareció no eran inteligentes, pero recuerdo como si fuera hoy, todo lo que estaba previsto cuando se hicieron inteligentes, terminó sucediendo.

EL FUTURO DE TODO ESTÁ EN NUESTRAS MANOS

Tal como está, no podemos crucificar el teléfono celular. Debemos esforzarnos por enseñar cómo usarlo de la mejor manera posible.

Puedes pasarte todo el día escribiendo en Facebook, WhatsApp, viendo videoclips en Youtube o estudiando contenidos disponibles gratis en Internet que te permitirán evolucionar en tu vida profesional.

Es muy común en los restaurantes ver a la gente escribiendo en su teléfono celular en lugar de hablar. El encanto cara a cara pierde cada vez más espacio frente al encanto digital, sobre todo porque cualquier tipo de relación a larga distancia es mucho más fácil. La epidemia de Covid 19 ha agravado esto aún más, dada la importancia de evitar los contactos personales.

Por otro lado, la ausencia total de Redes Sociales, adoptada por muchos, es igualmente dañina. Tenemos que buscar el equilibrio en todo y siempre.

La NUEVA ÁFRICA BRASILEÑA, que representa a la mayoría del pueblo brasileño, necesita dominar muy bien este tema y crear mecanismos para proteger a la niñez, la juventud y la adolescencia.

En Angola, las Brigadas de Estudio ya han comenzado con el nombre de AFRICANOS DE ALMA, dentro del Proyecto que lleva el mismo nombre. Aunque Angola está en el continente africano y básicamente el 100% de su población es de melanina negra, podemos intuir que una NUEVA ANGOLA, así como una NUEVA ÁFRICA BRASILEÑA, se empieza a pensar, a partir de los AFRICANOS DE ALMA por aquellos quien heredará el país. Como pude decir en las páginas anteriores, todo comienza con la EDUCACIÓN BÁSICA. Enfocado en la Educación, con estructuras muy bien establecidas, profesores bien remunerados, intercambios internacionales bien alineados, CONVIÉRTETE EN UN PAÍS DEL

PRIMER MUNDO, sin importar en qué continente te encuentres. Vea la conferencia impartida por la Presidenta de ACHAMA - Associação Carácter, Habilidade e Atitude Motiva Angola, Sra. Luzolo Lungoji, hija de Maria y João Lungoji, ella de Santo Tomé y Príncipe y él de Angola. Luzolo es mitad santo tomé y mitad angoleña (https://youtu.be/E3Dly91AuEk). La conferencia se llevó a cabo el 28 de mayo de 2021 en el Colégio Kimbanguista 18 de Novembro - Complexo do Golfo - Luanda - Angola. Los AFRICANOS DE ALMA de mayo fueron homenajeados por Luzolo el 29 de mayo de 2021. Vea el video (https://youtu.be/XiqC2Kwxnew).

Luzolo, además del exquisito conocimiento que posee, fruto de sus estudios e investigaciones, utilizó dos libros para elaborar el contenido de su conferencia, como se muestra en el video:

1) Libro: La importancia de la diáspora africana en la nueva descolonización de África - Autor Celso Salles

2) Libro: LA NUEVA DESCOLONIZACIÓN DE ÁFRICA - Autor Bitombokele Lei Gomes Lunguani

ambos a la venta en www.amazon.com

En general, todos los africanos deben prestar especial atención a los pensamientos, creando nuevos e importantes paradigmas que puedan llevarlos a un lugar de prominencia, uniendo sus fortalezas existentes y las nuevas que vendrán en los próximos años, el resultado de una unión trabajar en todos los sectores de la vida humana. HAY LO QUE NO PODEMOS HACER.

PORQUE EL PRINCIPAL PROBLEMA EN ÁFRICA
ES EL SÍNDROME DEL GANADOR QUE ATRAPA TODO

Carlos Gomes, en el libro "La importancia de la diáspora africana en la nueva descolonización de África", página 48.

En su texto, Carlos dice: Y para que seamos capaces de respetar la diversidad, que es fundamental en África por la diversidad étnica, por las características que tienen que ver con la llegada tardía de la modernidad misma, necesitamos necesariamente la construcción de consensos. , construyendo lo que llamamos nación, para que las identidades sean mucho más nacionales y menos étnicas. Y para eso no podemos tener un proceso democrático donde haya siquiera un voto que pueda ser capturado por la identidad étnica. Tiene que ser más sofisticado ...

Si nos paramos a pensar, lo que tenemos en Brasil es una variedad de etnias de todo el mundo y la mayor en cantidad, pero bastante franca en el poder, es precisamente África BRASILEÑA. ¿Fuimos impedidos o nunca trabajamos para ello?

Soy brasileño. Yo nací en Brasil. Pero, ¿a qué Brasil pertenezco? NUEVA AFRICA BRASILEÑA necesariamente tiene que trabajar en la construcción de consensos para fortalecerse en la construcción de la NACIÓN BRASILEÑA.
Seguir siendo tratado en régimen de inferioridad y creyendo que
es de hecho inferior, la NUEVA ÁFRICA BRASILEÑA nunca sucederá.

TRABAJO INDIVIDUAL X TRABAJO EN EQUIPO
La NUEVA ÁFRICA BRASILEÑA necesita entrar con toda su fuerza, hacia el Trabajo en Equipo. Esa ha sido la gran diferencia, que con el tiempo nos ha frenado. Estamos más apegados al trabajo individual.

Este es uno de los temas que realmente hay que trabajar en las Brigadas de Estudio de NUEVA AFRICA BRASILEIRA. Tenemos que discutir entre nosotros qué nos impide trabajar en equipo.

¿Por qué en lugar de apoyarnos mutuamente en el éxito, nos llenamos de envidia y, de cualquier manera que podamos, hablamos mal y dañamos al que ha tenido éxito? ¿Por qué esto no es tan común en otros grupos étnicos que viven en Brasil? Trabajan de forma corporativa y con eso, uno ayuda al otro. EL TRABAJO EN EQUIPO MARCA MUCHA DIFERENCIA.

En cada equipo siempre hay momentos destacados individuales. Usemos un equipo de fútbol como ejemplo. Los medios de comunicación suelen hablar más de un jugador de gran calidad, gana mucho más que los demás, precisamente

226

porque se destaca en el campo. Los otros jugadores lo necesitan, al igual que él necesita a los otros jugadores. Lo mismo debe suceder en todos los demás segmentos de la vida.

LA INICIATIVA DE LA REVISTA LUIZA

La discusión fue grandiosa cuando Magazine Luiza colocó el anuncio del primer proceso de selección, exclusivamente para la admisión de aprendices negros en septiembre de 2020.

Por un lado, algunos elogiaron la iniciativa y vieron la manera

de corrección de la desigualdad racial en el mercado laboral brasileño en el que los negros (negros y pardos) ocupan solo el 30% de los puestos directivos, a pesar de ser más de la mitad de la población, según datos del IBGE. Por otro lado, hubo quienes consideraron la acción un delito de racismo.

Algunos incluso han recurrido al término racismo inverso.

LA NUEVA ÁFRICA BRASILEÑA NECESITA EMPRENDER Y CREAR EMPLEOS

Es necesario realizar un gran esfuerzo en las próximas décadas hacia los diversos emprendimientos generados por NOVA AFRICA BRASILEIRA. La formación de cooperativas orientadas a los suministros y exportaciones locales debe ser cada vez más realidades en los contornos de la NUEVA AFRICA BRASILEÑA, con la creación de nuevos productos. Las franquicias asequibles pueden y deben ser adquiridas por NOVA ÁFRICA BRASILEIRA.

CASA DA FRANQUIA - 100% NUEVA AFRICA BRASILEÑA

Dirigida por Gilson Ferraz Junior, Casa da FRANQUIA tiene numerosas opciones para los emprendimientos NOVA ÁFRICA BRASILEIRA. En el Sistema de Franquicia recibe numerosas ofertas formateadas por Gilson, con gran posibilidad de éxito. Se trata de negocios que ya han sido probados y manualizados. Hay una Tarifa de Franquicia a pagar a CASA DA FRANQUIA, que varía según el tamaño de la empresa y, mensualmente, las Regalías se pagan al Franquiciador. Puede comenzar como Franquiciado y, en el futuro, convertirse en Master Franquiciado, haciéndose cargo de un área más grande. No pierdas el tiempo, llama al +55 19

99613-3110 y habla con Gilson por WhatsApp. Puedes estar en Brasil, África o en cualquier parte del mundo. GILSON RESUELVE.

Ha llegado un momento muy especial en este libro. Es entonces cuando, sin ceremonia alguna, comienza un gran despertar de la NUEVA ÁFRICA BRASILEÑA a las grandes oportunidades que ofrece el continente africano a los empresarios y profesionales especializados brasileños. No tengo ninguna duda de que será el comienzo de buenos y nuevos momentos para el continente africano y para los africanos en la diáspora en general.

Necesitamos comenzar un gran cambio. En libros anteriores de la Colección África me he dedicado a deconstruir muchas de las cárceles que nos impusieron siglos de dominación. En las próximas páginas iré poniendo algunos detalles del libro "55 RAZONES PARA INVERTIR EN ÁFRICA" para que los miembros de NUEVA ÁFRICA BRASILEÑA puedan estar motivados a convertirlo en un libro de cabecera y contribuir en persona y con diversas inversiones para que el El continente africano y los africanos de toda la diáspora pueden ser grandes y nuevas potencias mundiales.

Las diferencias deben reducirse urgentemente a cero, ya que todos somos rehenes del Planeta Tierra, sin posibilidad de superar todavía el Cinturón de Van Hallen. Necesitamos evolucionar como humanidad y dejar a las próximas generaciones un fuerte compromiso de reducir las desigualdades, eliminando definitivamente el hambre de la faz de la tierra. Cada vez más tenemos que aprender a respetar las diferentes culturas y formas de vida. Incluso el capitalismo devorador tendrá que reinventarse a la luz del mantenimiento de las condiciones de vida en el planeta. Poner al ser humano por encima de todo, con una excelente calidad de vida para todos, creo que es un desafío mucho mayor que poner un pie en Marte. Afrontar nuestras debilidades y dificultades para pensar colectivamente es, sin duda, uno de nuestros mayores desafíos. Una NUEVA ÁFRICA BRASILEÑA tiene que ser pensada y construida a la luz del desarrollo de Brasil y otros países del Tercer Mundo, con prioridad para los países del continente africano. Cada uno de nosotros puede hacer algo muy bueno en este sentido. UNA NUEVA ÁFRICA BRASILEÑA incluye personas preparadas y motivadas para mejorar su calidad de vida. Nunca podremos olvidar la deuda que tenemos que pagar por el daño hecho al continente africano y los impedimentos que aún se piensan y cultivan para mantener a la raza negra en el gran oscurantismo que todavía se encuentra, cuando pensamos en la mayoría de la gente. Todos y cada uno de los cambios deben comenzar con nosotros mismos. Dentro de nuestro corazón y, poco a poco, contagiaremos positivamente a todas las personas a las que podamos acceder. LA COLECCIÓN ÁFRICA se construye con este firme propósito, el de ayudar a la raza humana a pensar de manera constructiva y evolutiva. Es una gota en el océano, pero esta causa vale la pena.

NUEVA ÁFRICA BRASILEÑA OFRECE:
- Formación de mano de obra calificada africana;
- Transferencia de tecnología en áreas básicas;
- Instalación de Franquicias;
- Fuentes de generación de energía eléctrica,
como mini-molinos de aguas fluviales;
- Energía solar;
- Equipos y Tecnologías
Purificación del agua;
- Tratamiento de residuos sólidos;
- Técnicas de plantación y
Insumos agrícolas;
- Aviones para vuelos cortos.
OTRAS NECESIDADES
DEL TERRITORIO
AFRICANO.

EL CONTINENTE AFRICANO OFRECE:
- Facilitación de Visados de Trabajo, tarjetas de residencia y ciudadanía, variando según la importancia de cada acción a desarrollar;
- Alojamiento con las mejores condiciones para el desempeño de las misiones;
- vehículos de transporte;
Generadores de energía eléctrica;
asignaciones de alimentos;

- Pasajes Aéreos
cuando sea posible,
debido a la importancia de
misión a realizar.
DEMASIADO
CONDICIONES PARA
BIEN RECIBIR EL
NUEVA AFRICA BRASILEÑA.

El desarrollo empresarial nunca puede restringirse al ámbito gubernamental. Hoy en día, con los beneficios de la comunicación, es muy fácil hacer negocios en muchos niveles. Lograr un gran impulso en este sentido es fundamental.

De las páginas 84 a 87 del libro "La importancia de la diáspora africana en la nueva descolonización de África" mostraron todos los embajadores brasileños en África, el 14 de enero de 2021 y se observa que ni siquiera hay un afrobrasileño. entre ellos.

Dentro de la realidad brasileña actual, no queda otro camino que crear los caminos de la NUEVA AFRICA BRASILEÑA.

La cantidad de negocio Brasil-África, en particular, la considero muy pequeña y haré todo lo que pueda para que haya una gran expansión. En este libro, A NOVA AFRICA BRASILEIRA, proporciono la información principal y trato de dar un comienzo para que los negocios se vuelvan más dinámicos.

Las Cámaras de Comercio tampoco incluyen el África BRASILEÑA. Es como si no existiera y estamos hablando de la mayoría de la población brasileña.

Contra los hechos no hay argumentos.

LA DESINFORMACIÓN QUE ALIMENTA LA POBREZA
En la conferencia que pronuncié en Brasil, (https://youtu.be/MOlyr8PyZWw - 5 de marzo de 2012. Instituto de Educación y Educación Superior de Campinas - SP -

Brasil) que denominé MARCA ÁFRICA, dirigida a un público universitario, el La comprensión del verdadero DESCONOCIMIENTO de los brasileños sobre África fue desesperada. Aún así, hoy en día, la mayoría de los brasileños, si no la mayoría, cuando se habla de África, piensa que es un país y no un continente.

Pero, ¿cómo es esto posible en el siglo XXI?

Uno de los paradigmas utilizados en el período de la colonización fue el de dividir y dominar. El paradigma que se utiliza hoy es DESINFORMARSE PARA SEGUIR DOMINANDO.

NO EDUCAR PARA DOMINAR

Este es otro paradigma destructor de países. ¿Cómo puedo desarrollar mi país si no tengo una fuerza laboral preparada, educada y capacitada? La generación de empleo está directamente ligada a la formación de mano de obra especializada. El IDH - Índice de Desarrollo Humano tiene que trabajarse hasta el cansancio.

Nos guste o no, este tiene que ser el primer gran paso: FORMACIÓN. PREFERENTE FORMACIÓN TÉCNICA.

La educación universitaria no siempre es la que más ayuda en el desarrollo de un país.

EDUCACIÓN: MENOS NEGOCIO Y MÁS VOCACIÓN

En cierto modo, Internet ha contribuido mucho a la expansión del conocimiento a nivel mundial. Lo que falta es la MOTIVACIÓN para que la mayoría de las personas se vuelvan autodidactas.

El hambre de conocimiento es tan grande como el hambre de comida. La creación de estructuras gratuitas para un acceso rápido a Internet debe ser una prioridad para los gobiernos africanos. ENTRENAMIENTO, ENTRENAMIENTO, ENTRENAMIENTO. Los talentos son muchos y diversos. Una vez creadas las estructuras de acceso a la información, se da un paso gigantesco hacia la evolución del país.

Hay varias Áfricas en el mundo, además de la brasileña. Despertar a estas África de forma inteligente es una tarea y una misión muy importante para todos nosotros. El mundo africano tiene mucho que ganar y la lucha contra la pobreza pierde terreno frente al INCENTIVO AL DESARROLLO del tercer mundo. Con el DESARROLLO de las capas menos favorecidas, la pobreza desaparece. Cuando pensamos en luchar contra la pobreza, nos sentimos tentados a distribuir alimentos. Cuando pensamos en fomentar el desarrollo, nos vemos obligados a invertir en transferencia de tecnología. En las próximas páginas haremos un breve recorrido por algunas África más en el mundo. Ven conmigo.

QUIERO IR Y QUIERO QUE VENGAS

Con estos dos deseos, tenemos todo para cambiar la historia de África y sus descendientes, donde la NUEVA ÁFRICA BRASILEÑA reúne el mayor contingente de todo el planeta.

Un lado necesita crear las condiciones para ir y el otro lado necesita crear las mejores condiciones para recibir.

El primer paso es la motivación. El segundo es el conocimiento y el tercer paso es trabajar hacia la materialización. De la página 40 a la página 92 se tiene información importante sobre las 52 repúblicas y las 03 monarquías presentes en el territorio africano que, sistemáticamente, han estado literalmente ocultas durante siglos por intereses internos y externos en el continente africano.

La lógica del crecimiento económico no es tan complicada. Cuando tiene una gama más amplia de productos y servicios de calidad, el mercado hace el resto. Los precios bajan. La calidad de los productos aumenta sustancialmente y el consumo conduce al surgimiento de industrias generadoras de empleo. Cuando miramos la información sobre la riqueza en África y vemos su población contingente, vemos cuán poderoso es el mercado africano.

Hace 20 años, cuando comentaba con las personas más cercanas, mis intenciones de evolucionar en el conocimiento de África y aumentar lo más posible el Networking, muchos me consideraban un loco. Hoy en día, las mismas personas piensan de manera muy diferente.

Y puedo asegurarles, leyendo este libro, que África es el CONTINENTE DE OPORTUNIDADES. Todos los que vengan pensando en calles de doble sentido, cosecharán más frutos. Todos aquellos que insisten en la visión extractivista, donde solo un lado tiene todos los beneficios, perderán espacio frente a los no extractivos.

Necesitamos generar riqueza en el territorio africano. Riquezas que benefician a los africanos y mejoran su calidad de vida. Todos los gobiernos de África están abiertos a pequeños, medianos y grandes inversores. La mayoría de las estructuras creadas con respecto a las inversiones extranjeras se basan en índices que hacen de algunos países un verdadero paraíso para los directores ejecutivos de la mayoría de las empresas. En cada libro de la Colección África he ido poniendo una serie de visiones e información de capital importancia. La NUEVA ÁFRICA BRASILEÑA, con el tiempo, se liberará de las gorras que aún se ciernen sobre sus ojos y finalmente despertará a su gran importancia en el crecimiento en territorio brasileño y también en territorio africano.

Los afrodescendientes debemos esforzarnos por ganar notoriedad en áreas vitales relacionadas con la ciencia en su conjunto. Tanto en Brasil como en África tenemos una biodiversidad increíble que necesitamos explorar de manera científica, generando medicamentos, alimentos y, sobre todo, energías limpias y renovables.

Por mucho que nuestras reservas de petróleo y otras riquezas minerales sean las más grandes del planeta, no podemos vivir de ellas para siempre. Tenemos que volvernos autosuficientes en la mayoría de nuestras necesidades.

La papilla lista para consumir necesita, con el tiempo, ser reemplazada por nuevos e importantes medios de producción. Todo tipo de instalación alimenta la PEREZA y ha sido la gran destructora de los procesos de desarrollo de los pueblos del tercer mundo.

Ver que vale la pena todo esfuerzo para crear medios productivos porque siempre nos darán autonomía y reducirán las importaciones y dejarán nuestras balanzas comerciales dentro del mejor equilibrio posible.

La CORRUPCIÓN, con el tiempo, ha corroído a los países del tercer mundo, ya que alimenta las formas fáciles de obtener riqueza, dentro del pensamiento de "lo que sea necesario" y "la felicidad que brindan los bienes materiales".

Necesitamos nutrir el espíritu del NACIONALISMO por encima de los intereses personales. Una nación rica para todos, no solo una casta privilegiada. Tenemos que pensar NUEVO y revolucionario de muchas maneras.

Los sentimientos de superioridad e inferioridad deben repensarse con el tiempo. Ningún pueblo es tan bueno en su superioridad que pueda vivir solo sobre la faz de la tierra. Por otro lado, ningún pueblo, ni siquiera raza, es tan sobresaliente en su inferioridad que no tiene nada que aportar a la humanidad.
El conocimiento nació en territorio africano. En Egipto. Y, créame, todavía hay mucho más conocimiento por desentrañar. Al conectar los opuestos tendremos muchas respuestas a numerosas preguntas de la ciencia en general.

Por mi edad y los conocimientos que he adquirido a lo largo de mi vida, termino siendo muy solicitado para realizar trabajos que, con la debida orientación, pueden realizar los jóvenes africanos. Y esto es lo que he estado haciendo durante mi estancia en territorio africano. Hago una cosa básica para mantenerme, mientras trato de formar a la mayor cantidad de jóvenes posible, abriendo puertas para su crecimiento y logros.

Ahora, si puedo hacer eso, otras personas y estructuras también pueden hacerlo. Esto debe extenderse a toda África.
Tenemos que liberarnos de la raíz del egoísmo que impera en el capitalismo y no tener miedo de trabajar en un nuevo paradigma que es la SOLIDARIDAD. Voy a arriesgarme al SOLIDARISMO aquí.

Las lecciones que Covid 19 le ha estado dando al mundo, cuando para tener aislamiento es necesario otorgar subsidios a la población, nos atrae a nuevos momentos en los que, con una mayor división de la riqueza, tanto interna como globalmente, puede ser una gran manera. adelante. seguido.

Por mucho que no queramos aceptar, especialmente a los que ocupan lugares privilegiados, nuestra época debe destacarse por el CAMBIO DE PARADIGMAS, muy bien mencionado en el libro ÁFRICANO DE ALMA - Un ejército de ideas y pensamientos.
Cuanto más grandes y evidentes sean las diferencias. el mas dificil

Son las formas de obtener un mínimo para una supervivencia digna, mayores serán los problemas sociales y, derivados de ellos, se intensificarán los robos, robos, plagas e incluso pandemias.

¿Vivimos mejor en el pasado? ¿Vivimos mejor ahora? ¿Cómo viviremos en el futuro? Estas son preguntas que a partir de ahora deben ser respondidas. Tenemos que aumentar nuestra capacidad para ver lo mismo desde diferentes ángulos.

Los desafíos que tuve en mi juventud son diferentes hoy. Estamos más conectados en la distancia que en la presencia física. Esto es notorio. Incluso porque en la relación digital, los choques son menores y podemos irnos. Lo que no pasa en la relación cara a cara.

En África veo comportamientos mucho más saludables, que experimenté en Brasil hace 50 años y que, hoy en día, nunca más los volveremos a tener, tanto en Brasil como en otras partes del mundo.

Las dificultades terminaron protegiendo a los africanos de una serie de efectos nocivos que en el resto del mundo ya tenemos en nuestra vida diaria. Cuando tengo la oportunidad de hablar aquí, veo que el pensamiento que se les dio de que la felicidad vive lejos, incluso porque yo vengo de tan lejos, no es del todo correcto.

Un crecimiento que permita a los africanos disfrutar de calidad de vida en su propia tierra, sin perder la fuerza de sus orígenes y tradiciones, creo que es el gran desafío a superar. Lo que Emmanuel Macron bien puede seguir haciendo en reconocimiento al gesto de Mamoudou Gassama (Páginas 100/101) es crear innumerables y mejores condiciones para el desarrollo de Mali, beneficiando a millones de habitantes de la República de Mali que, por supuesto, no necesitarán la ciudadanía francesa.

En la convivencia que tuve con africanos en Brasil y en Europa, pude sentir más cerca de ellos la infelicidad que la felicidad que les prometía una vida feliz fuera de África.

Después de todo, ¿DÓNDE VIVE LA FELICIDAD?

Llegamos como pasajeros en los vagones de tiempos pasados, fruto de buenos y malos pensamientos, y no tenemos mucho que ver con lo ya hecho. Sin embargo, el presente y el futuro nos pertenecen. Podemos continuar una serie de paradigmas que hemos heredado, pretendiendo que no tiene nada que ver con nosotros, pero podemos actuar de una manera mucho más saludable y, con valentía, cambiar nuestros pensamientos tanto como sea posible hacia un mundo mejor para vivir. .

En el libro "La importancia de la diáspora africana en la nueva descolonización de África" se pueden ver consideraciones importantes sobre el fin del hambre en el planeta. Lo digo sin rodeos que, por la forma en que hemos actuado como humanidad, ni siquiera en 1000 años seremos capaces de acabar con el hambre.

Necesitamos NUEVOS PENSAMIENTOS y ACCIONES en un planeta con viejas ideas. Si All Street logra entender que, por fuerte e importante que sea, no es dueño del planeta y comienza a abrirse a NUEVAS E IMPORTANTES IDEAS, no tengo ninguna duda de que tendremos un mundo mucho más armonioso, con líderes que están más preparados y enfocados en el bienestar social de sus pueblos.

La complejidad del mundo actual es bastante grande. El conocimiento superficial también lo es. La tecnología trae información a alta velocidad y el capital financiero se transfiere en segundos.

Un mundo más equilibrado, en mi opinión, será la gran salida de nuestra humanidad en las décadas y siglos venideros. Una cosa es correcta. Tenemos que aceptar este arduo desafío.

Y nuevamente, volvemos a la EDUCACIÓN como motor de un futuro menos desigual y más saludable para la raza humana.

Si logramos poner en la mente y el corazón de esta nueva generación que seremos más ricos, cuantas menos diferencias tengamos entre los pueblos, podremos ser muy optimistas sobre el futuro.

Una cosa es muy segura. Tal como estamos, no podemos continuar.

Nos enfrentamos a grandes desafíos. Pero las generaciones que nos precedieron también los enfrentaron. Incluso llegamos al desarrollo de armas nucleares, con alto poder destructivo. Puede que no estemos vivos hoy.

LA GRAN NUEVA ÁFRICA BRASILEÑA debe ser altamente competente para, en lugar de observar una evolución creciente de la venta de armas, con el apoyo de líderes débiles y una corrupción aguda, formar mentes brillantes, enfocadas en el desarrollo brasileño.

Si estamos en la línea de fuego, con nuestros hijos muriendo de balas y más balas llamadas perdidas, pero altamente apuntadas, tenemos que ser los primeros en movilizarnos para materializar nuestra NUEVA ÁFRICA BRASILEÑA.

En lugar de cadenas, ESCUELAS.
En lugar de armas, MATERIALES ESCOLARES.
En lugar de drogas, LIBROS.
En lugar de milicianos, MAESTROS.
En lugar de colinas, CONDOMINIOS DE VIVIENDA.
En lugar de hambre, BUENOS PLATOS.
En lugar de enfrentamientos, DEPORTES.
En lugar de espectáculos policiales, ESCUELAS GRATUITAS EN LÍNEA.
En lugar de basura, SANEAMIENTO BÁSICO Y AGRICULTURA.
En lugar de políticos podridos, NOBLES ACTIVISTAS SOCIALES.
(Dejo aquí mi más sincero homenaje a la socióloga Marielle Franco).

Tenga en cuenta los intercambios que NOVA AFRICA BRASILEIRA necesita fomentar y promover para que Brasil pueda, contra todo y contra todos, ser un ejemplo de país a seguir.
Sabemos muy bien lo que necesitamos cambiar. Solo necesitamos coraje y compromiso para hacer

los cambios. ¿No es fácil? NUNCA HA SIDO FÁCIL Y NUNCA SERÁ FÁCIL.

EL SOLIDARISMO LLEGA AQUÍ

De hecho, ya existe en el mundo y trabaja de forma encubierta. En la dedicatoria de este libro, me propuse rendir homenaje a Médicos sin Fronteras. Al igual que la ONG MSF, existen muchas otras iniciativas que han trabajado arduamente durante años para gestionar y reducir tanto como sea posible las innumerables aflicciones que experimentan los seres humanos en todo el planeta.

Si estas organizaciones fueron creadas por seres humanos, podemos concluir que la raíz del bien y del mal está dentro de nosotros. ¿Y por qué hemos optado por el mal a gran escala? Todavía seguimos los paradigmas que nos fueron transmitidos y actualmente amplificados en nuestras mentes, convirtiendo muchas tonterías en nobleza.

Nuevamente, enfatizo que nuestra gran pelea está dentro de nuestras cabezas. Necesitamos con urgencia ampliar el sentimiento de familia. No podemos quedarnos con el lazo de sangre y la idea de que, a partir de entonces, todo vale, mientras mis hermanos de sangre lo tengan todo, mucho más de lo que necesitan.

Creamos leyes y más leyes, y estas leyes, muchas desfasadas, desfasadas, terminan siendo el refugio de las peores personas. Cierta acción no es correcta en absoluto, pero está protegida por la ley. A menudo, es difícil vender la instalación.

El sentido común y el consenso son fundamentales para que nos reinventemos, para seguir los mejores caminos, brindando lo mejor para todos.

UNA HUMANIDAD MÁS REFLEXIVA

¿Quieres un sentimiento más tonto que el racismo? ¿Cuánto tiempo vivirá nuestra humanidad con esta gran idiotez? De hecho, huimos de los reflejos. También porque siempre nos llevan al cambio. Si nos metemos en Reflexiones con fuerza, muchas cosas cambiarán. Muchas verdades que han estado mutilando el alma humana comenzarán a deconstruirse y muchas perderán su terreno.

El 14 de diciembre de 2020 participé en el Programa Janela Aberta de TPA 1 - Televisión Pública de Angola, liderado por el presentador Borges Macula en ese momento y el tema en la agenda era el perdón.

Un sacerdote, un pastor y yo. Aparentemente me quedé en el programa, porque cuando se trata de perdón, tanto el sacerdote como el pastor son autoridades. Fue entonces cuando empujé la discusión al perdón colectivo. Básicamente, ¿quién debería pedir perdón por la esclavitud de los pueblos africanos?

Vea el programa completo: https://youtu.be/2ybuswYdTXU

De hecho, la REFLEXIÓN va de la mano con la SABIDURÍA. Es la palabra mágica que nos hemos estado perdiendo hoy. Estoy a la izquierda reflectante. Una izquierda que se deja analizar. Y con el autoanálisis siempre viene la mejora.

Tan poderosos y ricos como somos, estamos de paso. Gracias a Dios. Nuestra generación está pasando desde el momento en que nacimos.

¿Qué les vamos a dejar a nuestros hijos? ¿Dinero? Propiedades? ¿Acciones en las Bolsas de Valores? La respuesta a esta pregunta puede iniciar grandes reflexiones en nuestras mentes, con un poder significativo para cambiar.

La NUEVA ÁFRICA BRASILEÑA necesita continuar bajo la luz de mucha reflexión. Uno o más negros en el poder pueden no significar absolutamente nada para la NUEVA ÁFRICA BRASILEÑA. El poder debe ejercerse dentro de importantes nuevas líneas de gobierno. No importa mucho si es blanco o negro, siempre y cuando la visión sea diferente y tenga en cuenta esta inmensa mano de obra, de consumo que representa la NUEVA ÁFRICA BRASILEÑA. Abriendo puertas y ventanas a este gran contingente de personas, preparándolas para el estudio, el desarrollo y el trabajo, NOVA AFRICA BRASILEIRA iniciará un importante y nuevo momento en la historia de Brasil.

MENOS IGNORANCIA,
MÁS ESTUDIOS, INVESTIGACIÓN Y TRABAJO.
Cuando miramos a la gran población brasileña, vemos claramente la gran necesidad de desarrollar Programas y Más Programas, municipales, estatales y federales, para hacer evolucionar nuestra población. ¿Por qué un país tan grande y tan rico no puede ser tan próspero?

Invariablemente tenemos que pensar en las fuerzas externas e internas que, juntas y muy bien articuladas, quieren perpetuarnos como un gran mercado consumidor, rehenes de productos producidos en el exterior.

El capitalismo financiero ha dejado un gran vacío en los sistemas productivos de nuestro país, que puede y debe ser ocupado por la NUEVA AFRICA BRASILEÑA.

Me comprometo. Estableceré industrias pequeñas, medianas y grandes. Ganaré menos que invirtiendo en el mercado financiero, pero GENERARÉ EMPLEOS. Proporcionaré el bien social. RECONSTRUIRÉ MI BRASIL. TE HARÉ UNA PRIMERA NACIÓN DEL MUNDO.

REFINAMIENTO
Otro contenido importante disponible en forma de libro, donde pudimos realizar un importante recorrido por las realidades más diferentes. UNA NUEVA ÁFRICA BRASILEÑA que, en un contexto más global, reúne a los africanos de todo el mundo. Más grande y más pequeño. Todo ello con infinitas posibilidades para hacer un gran aporte a la deconstrucción de innumerables paradigmas que han ido destruyendo a todo un pueblo lleno de culturas y enseñanzas a lo largo de los siglos.

Tenemos y cómo tenemos que evolucionar como humanidad. Ya no es posible estar atrapado en pensamientos sin el más mínimo sentido común, desfasados en sus esencias. El DESPERTAR del continente africano y de los africanos de todo el mundo se intensificará cada vez más para el bien y el crecimiento de toda la humanidad. Nuestra generación tiene la gran responsabilidad de ser el principal protagonista del cambio. Las DIFERENCIAS al reducirse traerán paz y prosperidad a todo el planeta. "Basta de uns tendo que vomitar para comer mais e milhões morrendo de fome em um ano só. Nada de escravo de ontem ser senhor de escravo amanhã. BASTA DE ESCRAVOS. Um mundo sem senhor e sem escravos, um mundo de irmãos. DE IRMÃOS DE VERDAD." - Invocación a Mariama - Dom Hélder Câmara.

Creo firmemente que no podemos construir un futuro que no sea sombrío si seguimos utilizando malas ideas concebidas en un pasado de disputas, construidas con innumerables mentiras, defendidas como verdades hasta el día de hoy. Y hablando de mentiras, durante mucho tiempo nos hemos guiado por ellas. No nacieron en la época de Internet. Solo se expandieron y ganaron mayor velocidad en su transmisión.

COMPROMISO CON LA VERDAD
Cada vez más, este compromiso se convierte en nuestro gran desafío, porque al asumirlo, estaremos iluminando el futuro de las nuevas generaciones que heredarán un planeta mejor que el que encontramos, brindándoles una mayor longevidad y una mejor calidad de vida para todos. Que este paradigma de la NUEVA ÁFRICA BRASILEÑA nos lleve a una NUEVA HUMANIDAD.

Los secretos de la continuidad del conocimiento en África.

MANDOMBE

DE ÁFRICA AL MUNDO

Celso Salles

UNA GRAN
REVELACIÓN

Mi principal objetivo al escribir y publicar este libro es MOTIVAR a personas de todo el mundo y de todas las razas a conocer un básico de lo que es la escritura africana MANDOMBE, que en lengua africana Kikongo significa "LO QUE PERTENECE AL NEGRO". Mi primer contacto con MANDOMBE fue en Brasil en 2015, cuando recibí la visita del escritor Bitombokele Lei Gomes Lunguani e, inmediatamente, comenzamos la producción de los primeros videos donde el escritor Bitombokele presentó el MANDOMBE. Las grabaciones se hicieron improvisadas, donde transformé mi humilde apartamento en ese momento, en la Praça dos Expedicionarios, que llamé Praça Simon Kimbangu, ubicada en la ciudad de Bauru, en el interior del Estado de São Paulo, Brasil, en un video. habitación -clase. Bitombokele y Equipe están preparando una serie de materiales didácticos con el objetivo de facilitar el aprendizaje de la escritura de MANDOMBE.

En este libro, con el apoyo de lo que ya hemos publicado en la Plataforma Digital: www.mandombeuniversity.online, espero poder dar respuesta a las principales preguntas que suelen hacerse cuando la gente escucha el nombre sonoro MANDOMBE.

Para llegar a MANDOMBE tendremos que remontarnos un poco en la historia de África, en la época del surgimiento de Simon Kimbangu, su trayectoria vital en los aspectos humanos y divinos de su personalidad. El hecho de que yo no nací en África, y mucho menos en el kimbanguismo, le da al libro, en mi opinión, un carácter investigador y sin pretensiones cuando se trata de la religión kimbanguista. Sin embargo, desde el principio dejo muy clara la gran importancia que tiene la interconexión de la ciencia y la religión en los estudios de MANDOMBE, ya que se trata de una Revelación de Simon Kimbangu de la que conoceremos en las próximas páginas de este libro, realizada para el católico de la época, llamado Wabeladio Payi.

DE SIMON KIMBANGU, A TRAVÉS DE LA CARRERA NEGRA, POR EL BIEN DE TODA LA HUMANIDAD.

Hay una frase a la que presto mucha atención: "LA COINCIDENCIA ES LA MANERA QUE DIOS ENCONTRÓ PARA PERMANECER EN LA ANONIMIDAD". Muchos lo atribuyen a Albert Einstein y otros al escritor, poeta, periodista y crítico literario francés Théophile Gautier.

Nacimiento: 31 de agosto de 1811 - Tarbes

Muerte: 23 de octubre de 1872 (61 años) - París

La verdad es que, desde mi nacimiento (28/05/1959), como narra el libro Celso Salles, Biografía en blanco y negro, hasta hoy (17/07/2021), fecha en la que estoy comenzando a escribir este libro que llamé MANDOMBE - DE ÁFRICA AL MUNDO - UNA GRAN LLAMADA, soy el principal testigo de las increíbles e innumerables coincidencias, año tras año, que me llevan a creer en mi LLAMADA. Por lo que he sentido en las inspiraciones de Simon Kimbangu, cada uno de nosotros tiene una misión que cumplir. Cuál, o incluso cuál será su misión, lamentablemente no puedo decirlo. Tendrás que averiguarlo por ti mismo, por si lo que te estoy transmitiendo en este libro te puede encantar, como me ha encantado a mí.

LA GRAN DIFICULTAD DE AFRICANOS Y DESCENDIENTES AFRICANOS PARA RECONOCER, ESTUDIAR E INCLUSO ACEPTAR GRANDES CONTRIBUCIONES DE AFRICA.

En estos prácticamente 10 años de vivir en territorio africano, que se completarán en septiembre de 2021, cuando pisé por primera vez suelo africano, en Luanda, Angola y, por segunda vez, al mes siguiente en Harare, capital de Zimbabwe. , a invitación está totalmente patrocinado por el Ministerio de Turismo de Zimbabwe, me he dado cuenta de la gran influencia del pensamiento principalmente europeo en la mente de los africanos.

Nada muy diferente de lo que aún vivimos en Brasil hoy, en una situación aún más complicada, ya que se suma al imperialismo estadounidense que, después de Bolsonaro, tengo fe en que cambiará, porque un Brasil libre es mucho más interesante no solo para el Norteamericanos pero para el mundo entero y especialmente para el propio Brasil.

Tenemos grandes personalidades, pensadores africanos, así como afrobrasileños, pero estamos atascados en pensamientos y enseñanzas que hoy, sin mucha dificultad, vemos que necesitan ser revisados.

Usemos al propio Simon Kimbangu como ejemplo. Me entristece que, como afrobrasileña, ya tenga el conocimiento que tengo de Simon Kimbangu, su plan humano y divino, mientras que la mayoría de los africanos con los que tengo contacto, además de no ser consciente de ello, todavía me plantean innumerables dudas. mucho más prejuicioso que basado en la investigación.

Los días 28 y 29 de mayo de este año 2021 tuvo lugar la conferencia / webinar sobre movimientos socioculturales en Kongo: 100 años después de la detención de Simon Kimbangu.

Se reflexionó sobre el legado de Simon Kimbangu en las ciencias humanas, políticas y religiosas en todo el mundo.

Se llevó a cabo entre las 9:00 am y las 4:00 pm, hora de Nueva York.

Contó con la participación de:

- Prof. Emeritus. Wyatt MACGAFFEY (Universidad de Haverford)
- Prof. Emérito. John JANZEN (Universidad de Kansas)
- Prof. Ramon SARRO (Universidad de Oxford)
- Prof. John THORNTON (Universidad de Boston)

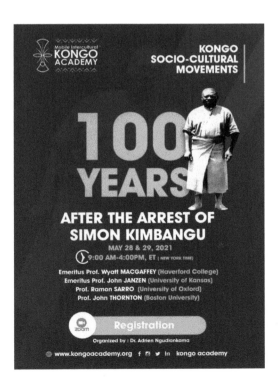

Nos guste o no, los dominantes de hace 100 años, que siguen siendo los mismos dominantes de hoy (2021), la figura de Papa Simon Kimbangu dejó importantes enseñanzas, verdaderos legados, que hay que estudiar a la luz de la ciencia y la religión. en tocar el lado espiritual tan fundamental para la evolución de la ciencia misma, como podrás presenciar en el nacimiento de MANDOMBE. Muchas "claves" que aún nos quedan por descubrir, pasan por "revelaciones importantes" que, en mi opinión sólo no se han hecho todavía, debido al corazón humano y al mal enfoque de la humanidad. Mientras el enfoque de la humanidad continúe siendo la dominación y las guerras, para que valga la pena la fuerza de los más fuertes, lo repito, en mi opinión, vamos a quedarnos muy lejos de donde ya podríamos estar.

DOCUMENTAL SIMON KIMBANGU

Junto con el escritor Bitombokele Lei Gomes Lunguani, produjimos en marzo de 2016 en Bauru, São Paulo, Brasil, el DOCUMENTAL SIMON KIMBANGU, que se puede ver
En portugués: https://youtu.be/45o7jCXvcxY
En francés: https://youtu.be/Db3-7LPy2CY

MANDOMBE es un sistema de pensamiento africano que proporciona normas epistemológicas que permiten y facilitan el desarrollo cultural y científico del continente africano.

Han pasado 60 años desde que África se independizó.
¿Cuál es el balance realizado?

El saldo sigue siendo negativo. El índice de desarrollo del continente africano sigue siendo muy bajo.

Hay un problema muy grave que debe abordarse. Por lo tanto, incluso antes de profundizar en el estudio de MANDOMBE en esta y las próximas clases, necesitamos estudiar esta herida que azota al continente africano.

MANDOMBE presenta un nuevo paradigma en cuanto a estudios académicos.

¿En qué circunstancias surgió MANDOMBE?

RESTAURACIÓN SOCIAL:

Es una revisión del sistema social en África. Se estudia lo que hace que un pueblo revise su sistema social. Muchos países ya han tenido la experiencia de emprender la restauración social.

Uno de los grandes ejemplos a seguir es el caso de CHINA que emprendió su restauración social a partir de 1963, liderada por Mao Tse-tung, a la que llamó la Revolución CULTURAL CHINA. Antes de 1963, China era uno de los países más pobres del mundo.

Cuando China despierte ...: ... el mundo temblará.
(Quand la Chine s'éveillera ...: ... Le monde tremblera)
a la venta en Amazon: https://www.amazon.fr/Quand-Chines%C3%A9veillera-monde-tremblera/dp/2213006717
Autor: Alain Peyrefitte

Uno de los grandes ejemplos a seguir es el caso de CHINA que emprendió su restauración social a partir de 1963, liderada por Mao Tse-tung, a la que llamó la Revolución CULTURAL CHINA. Antes de 1963, China era uno de los países más pobres del mundo.

Alain Peyrefitte (26 de agosto de 1925 - 27 de noviembre de 1999) fue un académico y político francés. Funciones gubernamentales:
- Secretaría de Estado de Información: abril - septiembre de 1962.
- Ministro de Repatriados: septiembre - noviembre de 1962.
- Ministro de Información: 1962-1966.
- Ministro de Investigación Científica y Asuntos Atómicos y Espacio: 1966-1967.
- Ministro de Educación: 1967-1968.
- Ministro de Reforma Administrativa: 1973-1974.
- Ministro de Cultura y Medio Ambiente: marzo a mayo de 1974.
- Guardián de las focas, Ministro de Justicia: 1977-1981.

En su libro: Cuando China despierta el mundo temblará, Alain busca transmitir lo que vio en China en julio de 1973. El mismo nombre del libro LO DICE TODO y, en 2021, realmente vivimos lo que profetizó. Yo, Celso Salles, nací en 1959 y, aún muy joven, presencié el llamado en ese momento "MILAGRO JAPONÉS" y seguí todo el desenvolvimiento de la REVOLUCIÓN CULTURAL CHINA, viendo a innumerables emprendedores prácticamente cambiar sus líneas de producción a China, para aumentar la competitividad de sus productos en el mercado brasileño e internacional.

Muchos de los efectos que estamos experimentando hoy son de causas recientes. Las personas más jóvenes necesitan buscar en Internet o incluso en libros, pero gran parte de lo que decimos lo vivimos de manera eficaz.

Cuando Bitombokele, en su primera clase en MANDOMBE, da a luz a la Revolución Cultural China, lo hace con mucha sabiduría, ya que esto es exactamente lo que el continente africano necesita hacer, obviamente, dentro de sus propias características.

AGENDA 2063 de la Unión Africana Puedo considerar en mi análisis como un paso importante hacia esta RESTAURACIÓN SOCIAL AFRICANA muy bien colocada por Bitombokele en su primera clase en MANDOMBE.

El contenido de las clases fue escrito por el escritor y profesor angoleño Bitombokele Lei Gomes Lunguani. Siempre que ponga alguna opinión lo haré en estas tablas con fondo gris, para que quede muy bien especificado donde como autor del libro coloco mi visión y donde está contenido extraído de las clases publicadas por MANDOMBE UNIVERSITY en la plataforma digital www.mandombeuniversity. online.

A propósito, traté de seleccionar solo algunos extractos de las clases de Bitombokele en la Universidad de Mandombe, sin embargo, en los enlaces colocados al comienzo de cada clase, tendrá acceso al contenido completo de cada clase en PORTUGUÉS (PR) y francés (FR). Este es un primer libro que habla de MANDOMBE que me propuse incluir en la COLECCIÓN ÁFRICA, precisamente por la gran importancia de MANDOMBE en un contexto general.

Puedes estudiar MANDOMBE gratis, ya que el contenido está abierto en el enlace: bit.ly/mandombebeguinner.
Si desea tomar clases con la ayuda de instructores, simplemente regístrese a través del enlace: bit.ly/mandombeworld.

A partir de la segunda clase, el profesor Bitombokele siempre comienza con el siguiente saludo, en idioma Kikongo:
- MASONO MANDOMBE MA MBOTE, que significa: NUESTRA ESCRITURA ES MARAVILLOSA.
cuya respuesta es
- MATONDO KUA NZAMBI, que significa: GRACIAS A DIOS.
Es un código establecido por Wabeladio Payi, que crea un escenario de

identificación entre los practicantes de MANDOMBE.

En esta Clase 2, hablamos del referente histórico del hombre negro. La Cumbre y Caída de África. Comienza presentando entidades importantes en la historia de África.

Una de las primeras entidades
destacado es HERODOT.

Herodoto fue un escritor y geógrafo griego considerado el primer historiador. Alrededor del 425 a. C., Herodoto publicó su obra magna: un largo relato de las guerras greco-persas que llamó "Las historias". (La palabra griega "historia" significa "investigación"). Antes de Heródoto, ningún escritor había realizado un estudio tan sistemático y completo del pasado ni había intentado explicar la causa y el efecto de sus eventos. Después de Herodoto, el análisis histórico se convirtió en una parte indispensable de la vida intelectual y política. Los eruditos han seguido los pasos de Herodoto durante 2.500 años. Se le puede considerar un padre de la historia porque estableció las normas para sistematizar la historia.

El Egipto faraónico, donde sus habitantes tenían el pelo rizado y la piel negra, fue la primera patria del conocimiento. Los africanos negros son la base del conocimiento.

Muy brevemente, los griegos luego se fueron a estudiar a Egipto, como es el caso de Pitágoras, que pasó 23 años en Egipto y luego contextualizó todo lo que aprendió en Egipto, en el código griego. Llevaba el conocimiento de Egipto con el abrigo genuinamente griego. Pitágoras dijo: No soy sabio, los verdaderos sabios están en Egipto. Solo soy un amigo de la sabiduría. Alguien que se acercó a los verdaderos sabios que están en Egipto-África.
Después del liderazgo griego viene el liderazgo romano, que en la fusión conocemos como la civilización grecorromana.

Básicamente, este es el triángulo del conocimiento: de Egipto a Grecia y de Grecia a Roma.

Otra entidad muy importante para los estudios africanos fue Cheikh Anta Diop (29 de diciembre de 1923 - 7 de febrero de 1986) fue un historiador, antropólogo, físico y político senegalés que estudió los orígenes de la raza humana y la cultura africana precolonial, corrigiendo mucho de lo mal enseñado, en un intento de quitar el protagonismo africano respecto a la cuna del conocimiento de la humanidad.

El trabajo de Diop planteó preguntas sobre los prejuicios culturales en la investigación científica. La Universidad Cheikh Anta Diop (anteriormente conocida como Universidad de Dakar) en Dakar, Senegal lleva su nombre.

Diop apoyó sus argumentos con referencias a autores antiguos como Herodoto y Estrabón. Por ejemplo, cuando Herodoto quiso argumentar que el pueblo colquiano estaba relacionado con los egipcios, dijo que los colquianos eran "negros, con cabello rizado". Diop usó declaraciones de estos escritores para ilustrar su teoría de que los antiguos egipcios tenían los mismos rasgos físicos que los negros africanos modernos (color de piel, tipo de cabello). Su interpretación de los datos antropológicos (como el papel del matriarcado) y los datos arqueológicos lo llevaron a concluir que la cultura egipcia era una cultura africana negra. En lingüística, creía particularmente que el idioma wolof del África occidental contemporánea está relacionado con el antiguo egipcio.

LA ESCRITURA SEPARA LA PREHISTORIA DE LA HISTORIA.

Todo lo que precede al advenimiento de la escritura es PREHISTORIA.

Otra entidad importante destacada en la Clase 2 es Théophile Obenga (nacido en 1936 en la República del Congo), profesor emérito del Centro de Estudios Africanos de la Universidad Estatal de San Francisco. Es un defensor políticamente activo del panafricanismo y el afro-siglo. Obenga es egiptólogo, lingüista e historiador.

Théophile Obenga estudió una amplia variedad de materias y obtuvo una amplia gama de títulos. Sus títulos incluyen:

Maestría en Filosofía (Universidad de Burdeos, Francia)

Medicina. (Universidad de Pittsburgh, EE. UU.)

Maestría en Historia (Universidad de París, Sorbona)

Estudios avanzados en Historia, Lingüística y Egiptología (Universidad de Ginebra, Suiza); en Prehistoria (Institut de Paléontologie Humaine, París) y en Lingüística, Filología y Egiptología (Universidad de París, Sorbona y Colegio de Francia)

Théophile Obenga tiene un Ph.D. Doctor en Artes, Artes y Humanidades de la Universidad de Montpellier, Francia. Es miembro de la Asociación Francesa de Egiptólogos (Société Française D'Egyptologie) y de la Sociedad Africana de Cultura (Présence Africaine). Contribuyó como parte del programa de la Organización de las Naciones Unidas para la Educación Científica y la Cultura (UNESCO), para la redacción de la Historia General de África y la Historia Científica y Cultural de la Humanidad. Fue, hasta fines de 1991, Director General del Centro Internacional de Civilizaciones Bantú (CICIBA) en Libreville, Gabón, y es director y editor en jefe de la revista Ankh. Del 28 de enero al 3 de febrero de 1974, en El Cairo, Egipto, Théophile Obenga acompañó a Cheikh Anta Diop como representante de África (también hubo varios profesores de Egipto y Sudán) al simposio de la UNESCO sobre "El asentamiento del Antiguo Egipto y el descifrado de la Escritura meroítica ".

LA CRISIS EN EL CONTEXTO AFRICANO.

EL CONCEPTO DE LA PALABRA CRISIS - Etimología

La palabra griega krisis fue utilizada por los médicos antiguos con un significado particular. Cuando el paciente, después de ser medicado, entraba en crisis, era señal de que habría un desenlace: curación o muerte. Crisis significa separación. Es el momento de la SEPARACIÓN de un estado a otro. Del estado de gloria al estado de caída. La transición de un estado a otro la llamamos crisis.

La crisis puede considerarse como el momento en que se cuestiona el equilibrio de un sistema. Algo que era estable pasa de un momento a otro a un estado de desequilibrio.

Una CRISIS puede ser un cambio biológico, social o psicológico.

Dentro de este cambio, debe haber un esfuerzo adicional para mantener el equilibrio. Dentro de la crisis, vivimos básicamente en dos estados: el de equilibrio y el de desequilibrio. Muchas personas terminan por no soportar el estado de crisis, cuando el cambio es desfavorable, precisamente porque no son capaces de mantenerse en un estado de equilibrio mental.

LA LÓGICA UNIVERSAL DE LA CRISIS

Considerando la crisis como un caos, un desorden, siempre hay un orden oculto de estabilidad que hay que descubrir para identificar y aprovechar las oportunidades que ofrece.

Es precisamente en este momento cuando se identifican los grandes líderes. La gran gente. Tus visiones y acciones.

Dentro de la CRISIS AFRICANA, estamos absolutamente seguros de que África necesita encontrar formas de superar esta crisis.

MANDOMBE y MANDOMBE UNIVERSITY quieren ser herramientas importantes para contribuir con los esfuerzos complementarios necesarios para que el africano supere la crisis y converja a nuevos e importantes momentos de su historia, volviendo a la edad de oro del antiguo Egipto.

CREACIÓN DE MECANISMOS PARA IMPLEMENTAR EL PROCESO DE ESFUERZO COMPLEMENTARIO EN ÁFRICA.

Mecanismos que actúan sobre las dimensiones:
- IDEOLOGICO
- ORGANIZACIONAL
- CIENTÍFICO
- TECNOLÓGICO

LA PARTE PRÁCTICA DE MANDOMBE
LOS PRINCIPALES CONCEPTOS DE LA PARTE TÉCNICA DE MANDOMBE.

Estudio de Mandombe como instrumento
del Renacimiento Africano Moderno.

En lengua africana KIKONGO

MANDOMBE = MA + NDOMBE

MA (que pertenece a)
NDOMBE (negro)

MANZAMBI - Conjunto de todo conocimiento que pertenece a Dios (Teología).
MAKINVUAMA - Todo conocimiento vinculado a la riqueza (Economía).
MAKIMBANGU - La rama de la teología que estudia la naturaleza de Kimbangu.
MASONO - El conjunto de todos los aspectos relacionados con la escritura.

MANDOMBE ES LO QUE PERTENECE AL NEGRO, hecho por el negro, para el negro y para el bien de la humanidad.

La lengua africana KIKONGO se utiliza en la transmisión del conocimiento de MANDOMBE, como se verá en las próximas clases. Al estudiar MANDOMBE, aprenderá mucho del idioma Kikongo y comprenderá mejor lo que dijo el Papa Simón Kimbangu en su discurso del 10 de septiembre de 1921:
"Sin embargo, les insto a no despreciar sus idiomas. Es necesario que se los enseñen cada vez más a sus hijos y nietos"

ESTUDIO DE MANDOMBE COMO INSTRUMENTO
DEL PENSAMIENTO AFRICANO MODERNO

CONCEPTOS

SINGINI - Punto de partida de una transición en MANDOMBE. (Hasta el talón)
MVUALA - Es símbolo de poder - CAÑA - BASTIÓN
- Concepto de MANDOMBE;
- Concepto de KIMBANGUISMO.

PAKUNDUNGU   PELEKETE

ESTUDIO DE KISIMBA, KONDE Y ZITA

KISIMBA - Es lo que sostiene o asegura algo. En MANDOMBE, es la figura geométrica la que se conecta a MWALA, lo que permite mostrar la posición en la que se encuentra KISIMBA.

KONDE: es la red. Se trata de una grilla ilimitada que constituye la fuente desde la que el investigador de MANDOMBE va a obtener KISIMBA.

ZITA: el nodo o punto de conexión. Es la imagen que representa la conexión o combinación de KISIMBA y MWALA.

Las lenguas africanas son lenguas monosilábicas. En la escritura de MANDOMBE, se utiliza el concepto ZITA.

ESTUDIO DE CONCEPTO DE KIMBANGU

La palabra Kimbangu debe entenderse desde dos perspectivas.

1º) Kimbangi (Atestación) + Mbangi (Testigo), así, Kimbangu es el testigo presencial, poseedor de una prueba o certificado palpable, para justificar su presencia en el momento del hecho, presentando prueba.

2o) Mbangu (Cesta hecha de yugos que sirve para almacenar objetos preciosos o incluso para servir comida) + M'bangundi (Contraseña o titular de código secreto)

Kimbangu es el revelador de los secretos escondidos en la canasta sellada, que representa los secretos de la naturaleza, de los tres elementos fundamentales del universo, de la naturaleza: el absoluto, el hombre y la naturaleza.

KIMBANGU tiene el código PIN del UNIVERSE.

La MANDOMBE inspirada en Simon Kimbangu es una de las primeras de sus revelaciones, donde, a través del muro de bloques, se desarrolló la MANDOMBE.

¿Cómo funciona la estructura docente de MANDOMBE?

En esta clase veremos exactamente esto, a través de los conceptos buscados en la naturaleza y en la cultura africana, en MANDOMBE representado por la lengua KIKONGO. El contexto lingüístico KIKONGO es responsable de la codificación MANDOMBE. Es un gran centro de investigación científica.
KANGU DIA MANDOMBE: Alianza que reúne a todos los que ya han aprendido MANDOMBE, los que están investigando y los que están aprendiendo MANDOMBE.
KANGU - Alianza
SAMA KIA MANDOMBE: Título otorgado al poseedor de la sabiduría de la MANDOMBE.

SAMA - Estructura de tierra que las hormigas construyen en las aldeas, en el bosque. Son hormigas comestibles en la cocina africana. Estas hormigas tienen una organización espectacular. Construyen castillos de tierra donde llevan a cabo una gestión alimentaria espectacular.

KEKETE: Asistente de MANDOMBE, que forma parte del Equipo SAMA KIA MANDOMBE.

N`SANDA: Es un árbol utilizado por los africanos mayores como lugar para resolver los problemas del Village. Es la plataforma donde se transmite el conocimiento de MANDOMBE.

NKUA MAZAY: Poseedor de conocimientos.

NKUA DUENGA: Poseedor de sabiduría.

MFUMUA N´SANDA: Responsable del Centro de Transmisión de Conocimiento.

KINZU: Es una olla de barro que solían cocinar las personas mayores. Representa la contribución que cada NKUA DUENGA hace al mantenimiento de la Estructura MANDOMBE.

LA HISTORIA SISTEMATIZADA DE MANDOMBE

LA FASE PROFÉTICA

En la dominación de un pueblo se utilizan básicamente 3 técnicas:

1) Robar o adulterar la historia de las personas. Estas personas están perdidas, sin referencia, sin pautas de comportamiento. Y esta distorsión de la historia es la que se transmite en las escuelas. Esto es lo que se transmite en los programas universitarios clásicos. Eso es lo que pasa en África. El desconocimiento que aún existe en África sobre la persona de Simon Kimbangu sirve de gran ejemplo y OCULTAR LA VERDADERA HISTORIA AFRICANA.

2) Insertar en la mente de los pueblos a ser dominados, el odio a sí mismos. Rompe todo lo que sea la autoestima. Hacer que los pueblos dominados piensen que no valen nada. No representan absolutamente nada.

3) La caída del alma cultural de los pueblos. Hacer que los africanos devalúen todo lo que es cultura que les pertenece: idiomas, escritos, artes. Todo lo que pertenece al pueblo africano debe devaluarse. El pensamiento, la forma de comer, la forma de hacer las cosas. Todo falla.

MANDOMBE viene a rescatar la VERDADERA HISTORIA y la autoestima del pueblo africano. La historia de África que todavía se cuenta hoy se ha blanqueado.

Ahora vamos a analizar dos documentos importantes que son muy importantes para entender la fase profética de la Historia Sistematizada de MANDOMBE:

1) LA PROFECÍA DE ISAÍAS 19: 14-20

En estos versículos, el profeta Isaías profetiza la caída de Egipto y la llegada de un salvador para rescatar al hombre negro.

14 El SEÑOR ha derramado sobre él un espíritu perverso; e hicieron errar a Egipto en todo su trabajo, como un borracho cuando se revuelve en su vómito. 15 Y Egipto no hará ningún trabajo que pueda hacer la cabeza, la cola, el sarmiento o la caña. 16 En aquel tiempo los egipcios serán como mujeres, y temblarán y temerán por el movimiento de la mano del SEÑOR de los ejércitos que se levantará contra ellos. 17 Y la tierra de Judá será de asombro para los Egipto; Todo aquel a quien se anuncie esto se asombrará por el propósito del SEÑOR de los ejércitos, que ha determinado contra ellos. 18 En ese tiempo habrá cinco ciudades en la tierra de Egipto que hablarán el idioma de Canaán y jurarán ante el SEÑOR de los ejércitos; y uno se llamará: Ciudad de la Destrucción. 19 En aquel tiempo el SEÑOR tendrá un altar en medio de la tierra de Egipto, y una columna se dirigirá al SEÑOR en su límite. 20 Y será por señal y testimonio al SEÑOR de los ejércitos en la tierra de Egipto, porque clamarán al SEÑOR a causa de sus opresores, y él les enviará un salvador y un protector que los librará.

2) La profecía de la gloria y el renacimiento de los negroides de Simon Kimbangu. Consulte las páginas 13, 14 y 15.

Independencia:
ESPIRITUAL
POLÍTICA
CIENTÍFICO

LA FASE DE LLAMADA O VOCACIÓN

David Wabeladio Payi nació en Ngombe Lutete el 15 de enero de 1957 en una familia de diez hijos. Mecánico capacitado, nunca ejerció su profesión. Muy temprano en 1978 luego de una visión espiritual, pasó días enteros en su habitación y luego se dedicó a sus investigaciones científicas, su esfuerzo y perseverancia finalmente fueron recompensados. A los 21 años, Simon Kimbangu le confió una misión en nombre de la Raza Negra y de toda la humanidad, una asistencia metafísica de investigación que lo llevó a descubrir el teorema de MANDOMBE en la pared de bloques.

LA FASE DE LLAMADA O VOCACIÓN

PEREGRINACIÓN CLANDESTINA DE WABELADIO

En:
Kinshasa, República Democrática del Kongo
Latitud: -4.320836 -4 ° 19 '15.010' 'N
Longitud: 15.29866 15 ° 17 '55.176' 'E
Zona: (África / Kinshasa)

Para:
Mbanza-Ngungu, Kongo-Central, República Democrática del Kongo
Latitud: -5.252099 -5 ° 15 '7.556' '
Longitud: 14,86913 14 ° 52 '8,868' '
Zona: (África / Kinshasa)

El séquito de Kinshasa al llegar a Mbanza-Ngungu se dirigió a Mafuila García, tío de Wabeladio, hermano mayor de la madre de Wabeladio, era un gran comerciante en ese momento, muy influyente, con muchos recursos mantenía a toda la familia, todos los estudios de Wabeladio. tenía poder en la familia. El tío Mafuila García quiso saber entonces qué estaba pasando. Wabelário luego comenzó a narrar toda la historia. La voz que escuchó, la guía que había recibido. Ve a Nkamba, reza ... El tío se dio cuenta de que se trataba de situaciones más allá del entendimiento humano. Luego dijo: pero somos católicos, esto no tiene nada que ver con nuestro perfil espiritual, este es Nkamba. Fue entonces cuando el tío dijo que Wabeládio entonces padecía malaria cerebral. Recomendó que regresaran a Kinshasa para que Wabeladio pudiera recibir atención médica.

Fue entonces cuando Wabeladio decidió hacer una peregrinación clandestina e invitó a dos de sus primos: Nkodi Mwafila, de 17 años, uno de los hijos de su tío Mwafila García y Miguel Mwafila, de 16 años, hermano de Nkodi. Los persuadió de que lo acompañaran, diciendo que Nkamba no estaba lejos. Solo se llevaron una linterna y la Biblia. Fue entonces cuando llegaron a la montaña Ngongo. En la base de la montaña hay un pequeño arroyo donde bebieron agua y, mientras descansaban, ocurrirá el primer milagro. Había uno mayor que salió de un denso bosque para llegar a la carretera principal. Wabeladio se dio cuenta de que no era normal que un hombre mayor saliera de ese denso bosque. Fue entonces cuando el mayor dijo: no te preocupes, estaré allí donde está tu destino. Y mientras continuaba su peregrinaje, Wabeladio escuchó voces como ángeles del cielo. Miró hacia atrás y el mayor se había ido. El primer himno que Wabeladio escuchó fue un himno kimbanguista muy conocido, pero Wabeladio en ese momento no tenía conocimiento del kimbanguismo. No había cultura kimbanguista. El himno que Wabeladio había escuchado decía: Aleluya, Aleluya al Lugar Santísimo. No estés triste. Aleluya, aleluya al Lugar Santísimo. Fue un mensaje de consuelo, que le dio a Wabeladio el valor para continuar su peregrinaje. Fue ayuda espiritual. El mayor que encontraron fue, de hecho, Simon Kimbangu, quien se les manifestó. Los himnos lo acompañaron incluso cuando llegaron a uno de los pueblos donde vivirán otras historias. Los primos no escucharon los himnos. El segundo himno decía: Aleluya, la gloria de Dios se manifestará ahora. Himnos en Kikongo. La familia de Mbanza-Ngungu en ese momento estaba preocupada por la desaparición de Wabelaio y sus primos. Se imaginaron que podrían estar jugando en algún rincón. No tenían idea de la peregrinación de Wabeladio y sus primos.

LLEGADA AL PUEBLO DE KIMONGO

Hacia las 6 de la tarde, ya cansado, Wabeladio decide rezar una oración. El primo menor, en lugar de rezar, comenzó a ver la naturaleza que lo rodeaba y fue entonces cuando tuvo una visión de muchas estrellas aglutinadas. Interrumpió la oración de Wabeladio, quien dijo: Dios ha escuchado nuestras oraciones. Continuemos como había luces.

Cuando llegaron al pueblo de Lumueno, llamaron a la primera puerta. Fueron recibidos por una persona que conocieron, que trabajaba para su tío Mafuila García, quien les brindó una cálida bienvenida con comida, bebida y un espacio para dormir. Mucho más tarde en la noche, comenzaron a escuchar voces que se creían malvadas afuera del anexo donde se conocieron y decidieron irse.

Pocos metros después de salir de las aldeas, Wabeladio sintió que la tierra temblaba como si fuera un terremoto. Comenzó a gritar que la tierra temblaba. Los primos no sentían nada. En un momento, Wabeladio estaba pegado al suelo. Ya no podía caminar. Los primos intentaron desprenderse de la tierra, pero no fue posible. Fue entonces cuando cayó una gran lluvia y todos estaban muy mojados.

Wabeladio estuvo pegado al suelo durante más de 4 horas. Hasta las 6 de la mañana cuando intentó levantar los pies del suelo y no hubo más resistencia. La lámpara que se habían llevado también estaba pegada al suelo.

Entonces decidieron interrumpir la peregrinación y regresar a Mbanza-Ngungu, pero cuando pasaron por el pueblo de Lumueno nuevamente, los vecinos se dieron cuenta de que estos jóvenes eran personas especiales y los llevaron al pastor kimbanguista que les dio la bienvenida. Entonces, la esposa del pastor tuvo serios problemas con la presencia de Wabeladio, debido a la presencia espiritual de Simon Kimbangu en Wabeladio que chocó con las fuerzas del mal presentes en su esposa. Finalmente, junto con un séquito kimbanguista del Village, fueron a Nkamba.

En Nkamba, Wabeladio tuvo nuevas visiones que los kimbanguistas locales identificaron que fue Simon Kimbangu quien lo había traído y recomendaron que Wabeladio cumpliera con lo que le había pedido Simon Kimbangu.

Toda esta historia en mayor detalle la cuenta Bitombokele en los videos en portugués y francés de esta lección 12.

LA REVELACIÓN

Después de que Wabeladio se fue a Nkamba, se bañó en las aguas de Nkamba, oró para recibir la misión que le sería encomendada, la familia se había extendido por el bajo Congo en busca de los tres jóvenes desaparecidos, finalmente fue llevado por su madre a su tierra natal Ngombe Lutete y luego a Mbanza-Ngungu.

En ese momento, el tío Mafuila García estaba muy enojado y fue entonces cuando Wabeladio comenzó a experimentar grandes tormentos.

Primero lo llevaron a un kimbandeiro (una entidad en África que se dice que tiene los poderes para detectar hechiceros o quienquiera que haya tomado un hechizo).

Después de que el kimbandeiro casi mata a Wabeladio golpeándolo tan fuerte, se rindió. Luego, Wabeladio fue trasladado al centro de metida, le realizaron todas las pruebas y no se encontró nada anormal en Wabeladio.

Finalmente Wabeladio fue referido a la Iglesia Kimbanguista donde terminó teniendo contacto con el Jefe Espiritual y Representante Legal de la Iglesia Kimbanguista en ese momento, Su Eminencia Diangienda Joseph, en el Centro de Recepción de Kinshasa.

Tan pronto como Wabeladio terminó de contarle toda la historia a Su Eminencia Diangienda Joseph, mandó llamar a un pastor y le pidió que escuchara los himnos que Wabeladio escuchó durante la peregrinación. El pastor escuchó y dijo: Son

Himnos de Promesa.

Su Eminencia Diangienda Joseph le explicó que el hecho de haber estado pegado al suelo durante 4 horas significaba que su padre Simon Kimbangu le encomendaría una misión a cumplir en esta tierra y que ningún ser humano en este mundo podría decirle qué. su misión sería. Él, Wabeladio, tendría que rezar mucho y concentrarse para recibir las revelaciones de Simon Kimangu.

Fueron necesarios 8 meses de oración y ayuno.

Después de este período, Wabeladio sintió que una gran fuerza temblaba en él. Fue entonces cuando su sentido de la observación se elevó a un nivel superior. Fue entonces cuando comenzó a ver algo extraordinario en la pared de su casa que aún no estaba revocada. Hablando con más propiedad, en el MURO DE BLOQUES. Vio lo que todos nosotros no pudimos ver. Vio que las líneas horizontales y verticales, formadas por los bloques superpuestos, son la combinación de dos elementos geométricos, que se asemejan a los números 5 y 2. Salió a los 8 meses para observar el muro BLOQUEO de las otras casas. Descubrió que era la misma realidad en todas las paredes de bloques. Llegó a la conclusión de que la realidad del muro de bloques era universal. Habló de su revelación, pero nadie sintió nada espectacular por lo que dijo. Por la noche, Wabeladio tuvo un sueño, donde una mosca dibujaba los números 5 y 2 por todo su cuerpo, los dos elementos estaban grabados en su mente.

Y esa misma noche en un sueño, aparece Simon Kimbangu y le muestra un certificado con el título:

CERTIFICADO DE ACTIVIDAD MATERIAL

con los dichos:

EN BASE A LOS DOS ELEMENTOS OBSERVADOS EN LA PARED DE BLOQUES, NEGRO HARÁ TODO LO QUE QUIERA EN LA ACTIVIDAD

MATERIAL.

A partir de ese momento, Wabeladio se lanzó a la investigación, la investigación, durante 17 años, que fue el momento en que concibió un sistema de pensamiento que veremos con mayor detalle en las siguientes clases.

Simon Kimbangu nos dio la CLAVE, llamada MANDOMBE. Abrir las innumerables puertas del conocimiento depende de cada uno de nosotros. Como hizo Wabeladio, tenemos que investigar y utilizar MANDOMBE en nuestros campos de actividad, como AFRICANOS DE ALMA a favor de la raza negra y de toda la humanidad.
Aproveche al máximo el conocimiento de este libro viendo incansablemente cada lección en video.

Celso Salles
Autor

ESTUDIO DE LA PARED DE BLOQUES

PERSPECTIVA EGIPTOLÓGICA

LA PARED DE BLOQUES es el elemento básico de la estructura organizativa que llamamos SPISTEMOLOGIA MANDOMBE.
Comencemos observando diferentes tipos de paredes de bloques.

PERSPECTIVAS. La forma de ver. La forma de pensar.

Distinguimos 3 perspectivas de muros de bloque:

1) Egiptológico;
2) Geométrico;
3) Mandombe

Perspectiva egiptológica.

Es el conjunto de todos los métodos, todas las metodologías, todos los procedimientos de producción y adquisición de conocimientos que los antiguos egipcios implementaron para desarrollar la tecnología de la construcción civil. Y esta tecnología de construcción civil que legaron a la humanidad, sirvió hoy como procedimiento para levantar los muros de bloques que han venido haciendo nuestros albañiles (profesionales de la construcción). Esto tiene una lógica. Porque los bloques siempre se forman de la misma forma y en todas las construcciones. Esa es la parte que vamos a averiguar, ya que proviene de la tradición del antiguo Egipto, que en este mismo momento todavía tiene símbolos geométricos, símbolos de la construcción de ingeniería de nuestros antepasados egipcios. Las llamadas pirámides.

Las pirámides son símbolos de la inteligibilidad de la epistemología del antiguo Egipto. Y este sistema fue tan sofisticado y lo sigue siendo hasta este preciso momento, que dejó obras gigantes que causan la admiración de la humanidad, principalmente en el mundo científico, en la ingeniería en general. Durante muchos años, una de las mayores fuentes de recursos en Egipto ha sido el turismo. Muchos se preguntan cómo lograron los egipcios construir las pirámides con las tecnologías de esa época.

La lógica epistemológica del muro de bloques en la perspectiva egiptológica consiste en superponer bloques gigantes. Cada bloque pesaba un promedio de 10 a 20 toneladas y fue transportado a enormes distancias desde el área de producción hasta el sitio de construcción.

Este es el caso de la Pirámide de Gizeh. Fue construido en 20 años. En su construcción se utilizaron 2 millones de piedras. Cada trabajo utilizó alrededor de 100.000 trabajadores durante un período de 20 años.

Podemos ver que todas las líneas verticales están en la misma dirección. En el medio del bloque es donde está el centro de gravedad del bloque. Esta realidad representa el secreto de la resistencia del muro de bloques. En la lógica de

MANDOMBE, pudimos justificar científica y tecnológicamente esta estructura constructiva. Está construido de esta manera para respetar el ángulo de 90 grados. Este es un ángulo de estabilidad que hace que la pared de bloques se mantenga erguida y resista el clima. En las próximas clases notaremos que existe una interconexión entre las perspectivas de Egipto y MANDOMBE.

Donde terminó el conocimiento de los egipcios, aquí es donde Simon Kimbangu comenzó a revelarnos el conocimiento que revolucionará a la humanidad, que es el muro de bloques. Simon Kimbangu reveló todos los secretos del muro de bloques para dinamizar la nueva civilización africana.

ESTUDIO DE LA PARED DE BLOQUES
PERSPECTIVA GEOMÉTRICA

Es una clase relacionada con la geometría y las matemáticas. MANDOMBE en general, como se verá en el transcurso de las próximas clases, ayuda mucho a comprender las realidades matemáticas.

Comencemos hablando de geometría descriptiva.

La perspectiva geométrica también es egipcia.

Comencemos con el concepto de geometría. La MANDOMBE en su esencia es un conocimiento geométrico. La geometría nos acompañará en todos nuestros procesos de adquisición de conocimientos de MANDOMBE. En la definición etimológica, geometría es una palabra de origen griego. El latín también nos ofrece las mismas características morfológicas. En la composición de la palabra geometría tenemos: geo = tierra y métricas = medida.

La geometría es el arte de medir la tierra. El río Nilo jugó un papel muy importante en el antiguo Egipto. Explorarlo provocó una gran evolución tecnológica en Egipto. Es el río más largo de África. La desembocadura del río Nilo es en realidad Egipto. En cuanto a las estaciones climáticas, hubo momentos en que el Nilo estuvo lleno y en otros sus aguas disminuyeron. Los antiguos egipcios cultivaban a lo largo del Nilo. En las orillas del Nilo, los agricultores trabajaron con varios cultivos. Cada agricultor tenía su pieza de tierra. Sabían que en cualquier momento el nivel del agua podría subir e invadir las áreas de plantación. Esto sucedía todos los años. Como resultado, se redujeron las parcelas de tierra. Ese trabajo de medir el tamaño de la tierra se llamaba geometría.

A través de las líneas, tomaron las cuerdas, estiraron las cuerdas y todo el trabajo de medición fue realizado por los expertos para restablecer la legalidad, evitando desacuerdos y disputas. La geometría es la parte de las matemáticas que estudia las propiedades y medidas de figuras, planos o espacio. Esta es la geometría descriptiva.

La naturaleza de MANDOMBE es una geometría realmente descriptiva. Quien esté escribiendo MANDOMBE está aplicando geometría descriptiva. Un niño de 10 años que está aprendiendo MANDOMBE es automáticamente un niño muy avanzado en geometría descriptiva. Le resultará mucho más fácil aprender ciertos conceptos matemáticos complejos.

LA PERSPECTIVA MANDOMBE DEL ESTUDIO DEL MURO
DE BLOCOS es básicamente el contenido del Libro 8, MANDOMBE, que también ofrece 27 lecciones en video en portugués y francés para aquellos que quieran profundizar sus conocimientos sobre el Teorema de MANDOMBE.

George Floyd

Con gran alegría termino este importante libro de la Colección África, precisamente en el aniversario del nacimiento de mi hijo menor, Lucas Salles. En este día 26 de julio de 2021, cuando cumple 21 años. Una fecha muy simbólica, ya que todo el conocimiento que se ha puesto en este libro no depende de la fe de quienes lo leen para expandirse. Quiero dedicárselo a Lucas y a toda la generación Salles que seguirá con él, sus hijos y nietos, así como a Leandro Salles, mi hijo mayor (27 años).

De lo que he aprendido del gran maestro Bitombokele Lei Gomes Lunguani, a quien considero particularmente, junto con Pai Seba a quien dediqué inicialmente este libro 8, los herederos de Davi Wabeladio. Él, en varias narraciones, incluida una de sus clases en este libro, destaca que Simon Kimangu es muy fiel a todos los que colaboran con su obra. El propio Wabeladio, como dice Bitombokele, fue elegido por las obras de su antepasado que tenía el mismo nombre, cuando Simon Kimbangu fue arrestado.

He pasado por estos 6 años de contacto e investigación con kimbanguistas, escuchando innumerables historias de personas mayores que sufrieron persecución, años después de la muerte de Simon Kimbangu. Muchos kimbanguistas fueron perseguidos y asesinados.

Estas son historias que a los "dueños de historias" no les gusta contar. O porque no lo saben o porque es una historia muy triste y vergonzosa.

En este contexto, no tengo ninguna duda de que un antepasado mío debe haber hecho algo muy bueno en la obra de Simon Kimbangu, ya que haber sido buscado en Brasil para realizar esta obra es realmente un gran milagro. Sé más que nadie que esto es algo humanamente imposible.

Por todo lo que seguimos hoy, nosotros, como humanidad, tenemos que cambiar nuestros caminos lo más rápido posible. Lo que vimos en las administraciones de Trump y Bolsonaro es motivo de VERGÜENZA PARA NUESTRA GENERACIÓN.

En Brasil, mientras escribo este libro, cientos o miles de brasileños mueren a causa de Covid 19, víctimas de los intereses económicos de "falsos brasileños" que comercian con las vidas de sus hermanos.

Así como Pakundungu y Pelekete se complementan, muchos opuestos se necesitan. Una armonía en blanco y negro, tampoco hace falta ser muy inteligente para ver que es todo lo que necesitamos como humanidad.

La Revelación de MANDOMBE no fue por casualidad. Tú que estás terminando la lectura de este libro y espero que estudies con amor los videos grabados por Bitombokele, eres un sabio. Y como sabio, ciertamente tiene una gran y noble misión junto con innumerables acciones que contribuirán enormemente a un NUEVO E IMPORTANTE CURSO DE HUMANIDAD.

MIENTRAS BAILAMOS
CULTURALMENTE

Celso Salles

El noveno libro de la Colección África nos lleva invariablemente a un análisis y reflexión de lo que nosotros, como raza negra, dentro y fuera del continente africano, hemos venido haciendo para crear nuevas y definitivas mejores condiciones de vida, dejando el condicionamiento al que estábamos. sometidos, en liberarnos de los innumerables grilletes que nos han impuesto desde hace más de 4 siglos. Como ya tuve la oportunidad de mencionar en el texto del libro "Africano de Alma - Un ejército de ideas y pensamientos", un cambio profundo puede considerarse como MISIÓN IMPOSIBLE. A corto plazo, sí, realmente es una misión imposible. Pero cuando pensamos en el largo plazo, no hay nada tan espectacular en hacer los cambios.

Este libro "MIENTRAS BAILAMOS CULTURALMENTE" es casi una continuación del libro "Alma africana: un ejército de ideas y pensamientos".

La idea del título del libro surgió de una conversación que tuve con el sociólogo afrobrasileño Tadeu Kaçula, cuando le dije que, mientras los negros bailan, los blancos piensan. Fue entonces cuando Tadeu, en su vena poética, complementó ... "Mientras los negros bailan culturalmente, bailan económicamente". Como se trata de una frase solo comprensible en la forma brasileña de hablar, aproveché la construcción verbal de Kaçula para generar el título de este noveno libro de la Colección África, para expresar de manera inteligible su importancia en portugués, inglés, francés, alemán y español. Formar las nuevas generaciones de africanos y afrodescendientes dentro de nuevos e importantes contextos y parámetros.

Una vez más, no podemos iniciar este tipo de conversación sin hablar de EDUCACIÓN o REEDUCACIÓN, que no es más que adoptar NUEVOS PATRONES DE PENSAMIENTOS de nuestra realidad. Puedo llamarlo una nueva Revolución del PENSAMIENTO AFRICANO que en el pasado necesitaba ser dividido y dominado para que todo el proceso de esclavitud y colonización pudiera ser posible.

El 2 de noviembre de 2009 tuve la oportunidad de visitar St. Antönien en los Alpes suizos. Sankt Antönien es una comuna de Suiza, en el cantón de los Grisones, con unos 331 habitantes. Se extiende en una superficie de 52,28 km², con una densidad de población de 6 habitantes / km².

Elevación: 1.459 m

Superficie: 52,28 km²

En Sankt Antonien

Si solo me hubiera quedado en Zúrich, habría vuelto a Brasil con una idea muy cercana a "la vida de una telenovela o una película", que es la imagen que se nos vende, siempre vinculada a famosos y personajes famosos. en general.

Sin embargo, tuve la oportunidad de ir a Sankt Antönien, donde vi claramente otra realidad. Una vida mucho más difícil, donde superar el frío intenso, con temperaturas bajo cero es cuestión de supervivencia. Aprovechan los recursos naturales y al cortar leña hacen viable económicamente el uso de generadores de energía eléctrica.

Asumir que no hay una vida fácil en ningún lado, para una brasileña o incluso africana que se imagina vivir en Europa con "la vida de una telenovela o una película" puede hacerle cambiar de opinión. La vida en estos lugares, por supuesto, no tiene nada.

Normalmente, nunca ponemos la felicidad donde estamos, y es innegable que la vida en el trópico, o la vida tropical, no nos obliga a tener toda la planificación que es fundamental en otras regiones del mundo, que terminan por desarrollar automáticamente sus locales. gente.

En estos lugares, el frío mata. Supere el frío. En las diversas África del mundo, es la pobreza la que mata. TENEMOS QUE SUPERAR LA POBREZA.

NUESTRO ARTE AFRICANO, EN TODO EL MUNDO, ES NUESTRO MAYOR PATRIMONIO, PERO NO PODEMOS VIVIR DE ÉL.

Tenemos que ocupar lugares de privilegio, obtenidos por capacidad. Para ello tenemos que estar preparados y competir en igualdad de condiciones. Tenemos que ser conscientes de que un lugar me pertenece no porque nací en él, sino por la forma competente en que me afirmo dentro de este espacio.

¿CÓMO SUPERAMOS LA POBREZA?
Mientras bailamos culturalmente, la pobreza se extiende entre nosotros.

Todos los países y todos los gobiernos tienen la obligación de cuidar a su gente, ofreciéndoles las condiciones mínimas que les permitan la dignidad de vida:
- Saneamiento;
- El agua potable;
- Hogar;
- Educación;
- Salud;
- Alimentación;
- La seguridad;
- Energia electrica...

En la práctica, lo que observamos es que las condiciones no son las mismas para todos y luego todo vale. Se compran los medios, se crean milicias armadas, se fomentan los conflictos, se desestabilizan los gobiernos.

La corrupción es la fuente principal donde los corruptores y los corruptores terminan siendo verdaderos tumores malignos, que matan a millones de personas anualmente en todo el mundo.

Este es el mundo en el que vivimos. Y cómo salir de él, beneficia a las clases que llevan siglos en el poder y tiene los principales mecanismos capaces de provocar cambios.

No existe una fórmula mágica para erradicar la pobreza de la faz de la tierra.

Como dominador, tengo que entender que el sol brilla para todos y que todos en el mundo tienen derecho a una vida digna.

Yo, mientras estoy dominado, necesito prepararme muy diligentemente para conquistar mi lugar bajo el sol.

¿CÓMO CONQUISTAR TU LUGAR AL SOL?

Empezando por la educación. Mi padre, el señor Manoel Ferreira Salles, era Jefe de Estación de Trenes y con el poco sueldo que tenía, hizo lo mejor que pudo para que no faltara nada en casa, criando a sus tres hijos, Ivany, Manoel Roberto y Celso Salles con mucho dignidad.

Estudié en escuelas públicas. Hice estudios primarios en Escola João Maringoni da Bela Vista y luego secundarios en Escola Morais Pacheco.

Al darme cuenta de la fragilidad de la educación pública en ese momento, a los 14 años, comencé a trabajar y pagar mis estudios en el Colegio, matriculándome en CTI - Colégio Técnico Industrial de Bauru - SP - Brasil. Tomé esta decisión básicamente a los 16 años, basándome ya en mi forma de pensar en ese momento.

No fue fácil. Me levantaba muy temprano para hacer el Servicio Militar, luego me iba a trabajar y por la noche estudiaba el curso de Técnico en Electrónica.

Al finalizar, fui a estudiar a la Facultad de Ciencias Económicas del ITE - Instituto de Educación de Toledo en Bauru, inicialmente en la disciplina de Administración de Empresas y luego en Economía, donde faltaba un semestre para completar el curso.

Mis hijos, Leandro Amorim Salles y Lucas Amorim Salles, tuvieron mejores condiciones, gracias a los mejores recursos que pude crear para educarlos.

Conquistar un lugar bajo el sol no es fácil para nadie. Se necesita mucha lucha. Tiene que ser un esfuerzo constante. Salga siempre del lugar común.

Mientras que en Brasil, una familia ve telenovelas, en Austria, la familia se reúne y comenta el diario.

Varias veces vi a adolescentes en autobuses en Viena, estacionar sus patinetas y pasar todo el viaje leyendo libros, sin mencionar que no hay coleccionistas en los autobuses. Llegas y sellas tu boleto en el dispositivo para eso. Con esta actitud, el austriaco elimina la corrupción en el embrión de su pueblo porque necesita ejercitar la honestidad a diario.

El acceso al transporte público no tiene torniquete. La inspección la realizan controladores vestidos de civil que ingresan al metro, tranvías o buses y piden boleto. Cualquiera que sea encontrado durante una inspección sin un boleto válido tiene que pagar 103 € en efectivo, además de estar muy… muy avergonzado. Además de educar a la gente, reduce los costos laborales en el transporte, que se puede utilizar de manera más productiva en el país.

Asimismo, en los viajes que realizaba en tren, de Viena a Zúrich, que duraban una media de 10 horas, era habitual ver a familias estudiando junto a sus más pequeños durante todo el viaje.

Vea que este comportamiento se ha transmitido de padres a hijos durante siglos. Y eso es lo que tenemos que hacer. El punto de partida del cambio tiene que estar en la mente de cada uno de nosotros, luego en la familia, luego en la escuela, en el trabajo y en la sociedad en su conjunto.

COMIENCE POR ENCONTRAR SU POTENCIAL DE CAMBIO.

Cada uno de nosotros, teniendo en cuenta dónde vivimos, nuestra edad, nuestros conocimientos, nuestra influencia, puede y debe jugar un papel importante en el cambio. Ciertas profesiones, como la de profesor, sociólogo, filósofo, escritor, cada una en su rol tiene mucha fuerza de cambio. La palabra simplemente hablada, dependiendo de quién la escuche, se vuelve fuerte. La digitalización, en cambio, llega a un mayor número de personas y no tiene límites para su alcance. La palabra escrita tiene una mayor longevidad. Se necesita mucho más tiempo para llegar a una gran audiencia, pero tiene una enorme penetración en el alma del lector. Todos, absolutamente todos son muy importantes.

CANTIDAD X CALIDAD

Actualmente, en el año 2021, cuando una determinada persona tiene miles o millones de seguidores en sus redes sociales, ya se siente un ser humano privilegiado. El mercado capitalista les paga por presentar sus productos y servicios y con eso, aparecen los recursos financieros. Sin embargo, si profundizamos en el porqué de toda esta popularidad, en la mayoría de los casos, quedamos muy desencantados, por la inutilidad de muchas de estas celebridades y sus publicaciones. Serán olvidados con el tiempo, ya que transmiten contenidos mediáticos, con una importancia muy relativa y temporal.

No podemos ponerlo como una regla, pero normalmente, el contenido de inmensa importancia no suele tener tanta audiencia o audiencia. Los algoritmos (procedimientos precisos, inequívocos, estandarizados, eficientes y correctos) aún no han logrado alcanzar la calidad de lo dicho y hacen uso de clics y vistas para llevar un determinado mensaje a un mayor número de personas.

La calidad de las palabras determina su longevidad. Esto lo podemos ver en varios libros, en lo que sus autores dijeron hace siglos y que siguen siendo parámetros importantes. Son palabras que nunca morirán, precisamente por su calidad.

PALABRAS DE VIDA ETERNA

Estos son los transformadores. Son los que hacen el cambio. El mundo digital ha crecido de forma espectacular, pero desde mi punto de vista ya ha alcanzado su techo. El techo de las palabras digitales es Fake News o Liar News. La velocidad con la que estas noticias mentirosas navegan por Internet y la forma en que están concebidas llevan a muchas personas a engañar. Son innumerables las mentiras transmitidas como verdades, que generan audiencia y provocan inconvenientes de gran poder destructivo. Trump y Bolsonaro pueden usarse como ejemplo de esto.

El tiempo actúa como un antídoto, ya que toda mentira tiene una fecha de caducidad que no resiste al tiempo.

¿Quieres otra gran mentira que pueda considerarse una mentira del siglo? La llegada del hombre a la Luna, una mentira en serie, con varios viajes que nunca se llevaron a cabo, es decir: NUNCA PASAMOS A LA LUNA. Con la tecnología y el conocimiento de hoy (2021), es muy fácil demostrarlo.

Toda la evidencia generada en ese momento con videos y fotos, a lo largo del tiempo, se convirtió en evidencia contraria que prueba exactamente el hecho de que el hombre no fue a la luna.

EL ÚLTIMO COMPROMISO CON LA VERDAD.

La verdad es lo que va más allá del tiempo. Muchas verdades, científicas o no, fueron contadas en épocas pasadas, muchas de ellas no aceptadas, que con el tiempo han demostrado su autenticidad.

Podemos reflexionar un poco sobre los PRONOSTICOS. Vi el nacimiento de la computadora, luego Internet, el teléfono celular y finalmente el teléfono inteligente. Ocurrieron muchas predicciones hechas en el nacimiento del teléfono celular. Lo que se llamó la PORTABILIDAD de la información en su momento no es más que lo que sucede hoy.

Básicamente, cada nueva invención está ocupando parte de los lugares de las tecnologías anteriores.

En el campo de las ciencias humanas no es diferente. Sin embargo, es más difícil de descubrir o interpretar. Las evoluciones guardan silencio.

El racismo en sí es mucho menor que hace 50 años cuando yo tenía 12 años. Todavía existe y es muy destructivo. Se vuelve más oculto o subliminal. A veces aparecen Bolsonaros que colocan a un racista en la Fundación Zumbi dos Palmares, con el objetivo de destruir la Fundación tan brillantemente representada en el pasado. Lo mismo se hizo con TODOS LOS MINISTERIOS BRASILEÑOS, en su afán de acabar con la República y transformar Brasil en una verdadera anarquía.

Y ahí va mi predicción, basada en lo que he estado viviendo y estudiando. Por el bien de la raza humana, el racismo debe ser erradicado de la faz de la tierra lo antes posible, porque como motor de separación, impide la evolución de la raza humana en todos sus aspectos.

Ya tuve la oportunidad de mencionar en los otros 8 libros de la Colección África escritos hasta ahora, la gran bendición que recibí de Dios al poder estar en conexión directa con el continente africano desde 2011. Veo cuánta humanidad en su conjunto necesita el conocimiento que existe aquí.

La propia MANDOMBE, contenida en el libro 8 de esta Colección África, trae numerosas revelaciones que invaden el campo de la metafísica y que pueden ser estudiadas por científicos de todo el mundo en el campo de la geometría descriptiva. Es un conocimiento nuevo para el bien de la humanidad. Los primeros interesados en MANDOMBE fueron los rusos que ya se han puesto en contacto con el maestro Bitombokele Lei Gomes Lunguani. Creo que pronto, incluso China estará interesada. Angola, principalmente, ha realizado un gran esfuerzo para evolucionar en el conocimiento de todas las posibilidades que MANDOMBE puede ofrecer en el campo de la ciencia en general.

No hace falta ser muy inteligente para tener en cuenta que el PREJUICIO SOBRE EL NEGRO, que tienen muchos países, incluido mi querido Brasil, te impedirá investigar o incluso estudiar MANDOMBE. Para ellos es COMO SI DIOS TUVIERA COLOR. Puedo afirmar categóricamente que no tiene y sopla sus revelaciones a cada pueblo.

TENEMOS QUE AMPLIAR NUESTRO ENFOQUE Y NUEVAS GENERACIONES. NO PODEMOS VIVIR SÓLO DE CULTURA Y FÚTBOL.

En el mundo afro, podemos identificar metas arraigadas en la mayoría de los jóvenes y adolescentes.

- Quiero ser futbolista y ganar millones y millones de dólares (como si fuera posible tener millones de jugadores y todos ganando millones de dólares):

- Quiero ser modelo fotográfico y tener una vida rica;

- Quiero ser un cantante famoso ...

- Quiero ser un cantante famoso ...

Muy raramente escuchamos:

- Quiero ser científico;

- Quiero ser un gran economista;

- Quiero ser un doctor;

- Quiero ser un ingeniero;

- Quiero ser filósofo;

- Quiero ser antropólogo;

- Quiero ser matemático;

- Quiero ser astrónomo;

- Quiero ser un experto en MANDOMBE

- Etcétera.

¿QUIÉN ES EL FLAIM?

Es nuestro. Tenemos que ocupar ESPACIOS NUEVOS E IMPORTANTES. Para ello necesitamos crear ESTRUCTURAS DE CONOCIMIENTO, que no dependan de las existentes.

CENTROS DE INVESTIGACIÓN con Internet gratuito, financiado por Gobiernos e Iniciativa Privada, donde los niños pobres tienen la oportunidad de adquirir conocimientos de forma gratuita.

Imagínese cuántas mentes brillantes estamos perdiendo, ya sea por prejuicios contra los POBRES o por una absoluta falta de visión e interés. ¿Vamos a seguir así? Asumamos nuestra incompetencia como una generación de los siglos XX y XXI. Hagamos como que no somos responsables de millones de muertes anuales, POR EL HAMBRE que como pude escribir en el libro 3 de la Colección África - LA IMPORTANCIA DE LA DIASPORA AFRICANA EN LA NUEVA DESCOLONIZACIÓN DE ÁFRICA, NO ES NADA SINO EL SALARIO DE LA POBREZA.

Es un hecho triste, pero todo lo que no mata a los ricos no se combate. La lucha contra el COVID-19 demuestra que cuando lo desea y cuando lo necesita, se erradica toda enfermedad. ¿Por qué no la malaria? ¿Por qué no enfermedades relacionadas con el hambre? Precisamente porque no matan a los ricos.

Pues bien, ha llegado el momento de que cambiemos eso, ¿no crees?

Aún con respecto a la Malaria, ya no es el agente transmisor de mosquitos el que mata, sino la INDIFERENCIA de la humanidad.

Las áreas de responsabilidad social de las distintas empresas, salvo raras excepciones, cuentan con fondos minúsculos, con gestores y responsables alejados de los que necesitan ayuda.

En algunas embajadas, los presupuestos para proyectos sociales se emiten en dólares, pero a una tasa muy por debajo del valor en dólares del mercado.

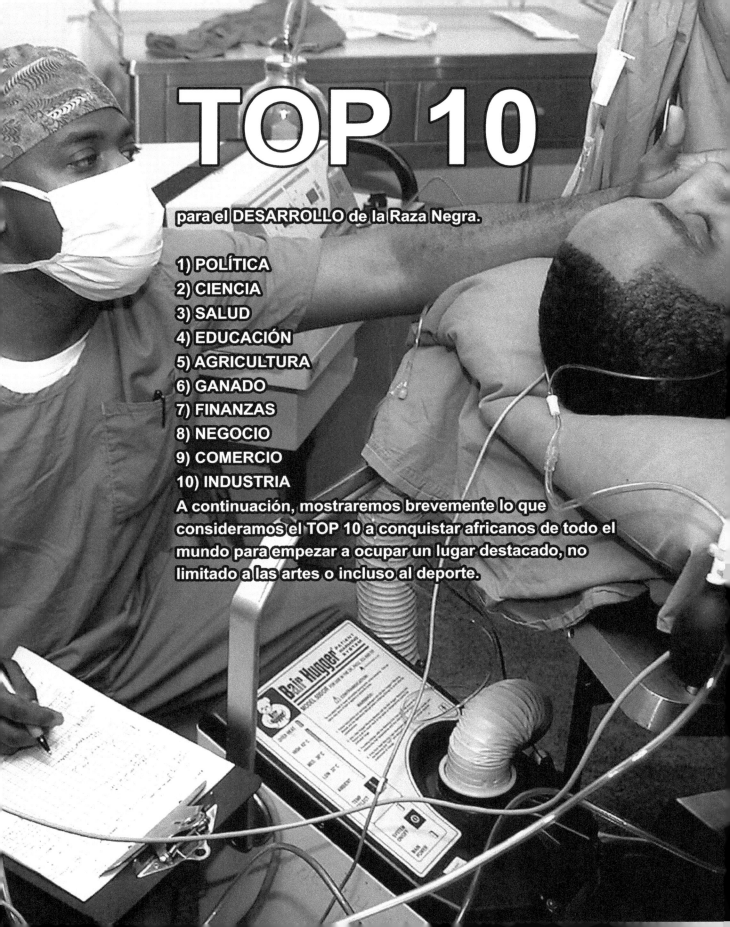

TOP 10

para el DESARROLLO de la Raza Negra.

1) POLÍTICA
2) CIENCIA
3) SALUD
4) EDUCACIÓN
5) AGRICULTURA
6) GANADO
7) FINANZAS
8) NEGOCIO
9) COMERCIO
10) INDUSTRIA

A continuación, mostraremos brevemente lo que consideramos el TOP 10 a conquistar africanos de todo el mundo para empezar a ocupar un lugar destacado, no limitado a las artes o incluso al deporte.

POLÍTICA

Dentro de lo que consideramos el TOP 10 de lo que necesita la Raza Negra para ocupar espacios más relevantes en todo el mundo, podemos situar la Política como uno de los principales objetivos. No nos dejan participar de la Política o nos retiramos, precisamente porque no tenemos una idea exacta de la importancia de tener representantes que puedan defender nuestros intereses. Teniendo en cuenta el número de negros en las clases más pobres de la población, debería ser exactamente lo contrario.

Son muchas las excusas que acabamos encontrando para justificar nuestra ausencia de los partidos políticos. Pero el caso es que necesitamos evolucionar mucho en este sentido.

Sin lugar a dudas, a nuestros antepasados no les preocupaba plantar esta ambición política en la mente de sus sucesores. Tenemos entonces el deber de preparar a las nuevas generaciones para que estén preparadas para ocupar el máximo número de cargos políticos que permitan al Legislativo, Judicial y Ejecutivo crear leyes y proyectos públicos que permitan:

- Educación pública de mayor calidad;

- Seguridad Pública;

- Vivienda asequible de alta calidad y bajo costo;

- Generación de puestos de trabajo;

- Saneamiento;

- Alimentación;

- Distribución de medicamentos

De todos modos, todas las necesidades de los pobres negros.

DESARROLLO DEL PROYECTO

Uno de los requisitos básicos para la evolución de las clases menos favorecidas, de una forma muy práctica, es que aprendan a crear proyectos. Un partido político, por pequeño o peor que sea, necesita tener varios proyectos públicos y trabajar siempre en el aspecto de crear políticas públicas que, luego de implementadas, puedan seguir existiendo, independientemente del partido en el poder.

Como muy bien describe la profesora de historia brasileña Juliana Bezerra en su artículo publicado en el portal Todamateria.com.br, la política es la actividad que realizan los ciudadanos en el ejercicio de sus derechos en los asuntos públicos a través de su opinión y voto.

La palabra política tiene su origen en la palabra griega "polis" que significa "ciudad". En este sentido, determinó la actuación de las ciudades-estado griegas para normalizar la convivencia entre sus habitantes y las ciudades-estado vecinas.

Definición

La política busca un consenso para la convivencia pacífica en comunidad. Por tanto, es necesario porque vivimos en sociedad y porque no todos sus miembros piensan igual.

La política que se ejerce dentro de un mismo Estado se llama política interna y entre diferentes Estados, se llama política exterior.

Uno de los primeros en explicar el concepto de política fue el filósofo Aristóteles. En su libro "Política", define esto como un medio para lograr la felicidad de los ciudadanos. Para ello, el gobierno debe ser justo y obedecer las leyes.

Pero, para que un Estado esté bien organizado políticamente, no le basta con tener buenas leyes, si no se encarga de su ejecución. El cumplimiento de las leyes existentes es la primera parte de un buen orden; el segundo es el valor intrínseco de las leyes a las que uno está sometido. En efecto, se pueden obedecer las malas leyes, lo que sucede de dos maneras: ya sea porque las circunstancias no permiten otras mejores, o porque simplemente son buenas en sí mismas, no se ajustan a las circunstancias.

En el siglo XIX, cuando el mundo industrializado se estaba consolidando, el sociólogo Max Weber definió:

La política es la aspiración de llegar al poder dentro de un mismo Estado entre los diferentes grupos de hombres que lo componen.

Los miembros de una misma sociedad pueden hacer política cuando quieren mejoras en la sociedad civil. Hoy, en las democracias occidentales, los ciudadanos pueden participar en la política a través de asociaciones, sindicatos, partidos, protestas e incluso de forma individual.

Vemos, entonces, que la política va mucho más allá de un partido político, profesionales e instituciones.

Precisamente por toda su importancia, los de raza negra y los pobres en general, no podemos dejar que la política se siga ejerciendo en base a promesas que nunca se cumplen, generalmente hechas en los periodos previos a las elecciones y siempre por una minoría con claros intereses en beneficiar. del poder egoísta.

El poder en general requiere mucha responsabilidad. Mucha preparación. Mucho conocimiento de las necesidades reales de la gente.

En este año de 2021, espero que mejore en los próximos años, nos hemos dado cuenta de lo enferma que está la política en el mundo en general. Grupos que se juntan, a todos los niveles, quieren hacer uso del poder para imponer su voluntad, teniendo como motor el poder financiero de la minoría ya especializada en engañar al pueblo.

La entrada de los medios y las redes sociales en Internet coloca un grado aún mayor de complejidad en la elección del mejor candidato, el mejor partido que, a partir de Fake News, confunde aún más la mente del electorado.

Cuanto más educado y politizado sea un pueblo, mejores serán sus gobernantes y la calidad de vida de este pueblo. Invertir en educación es el gran camino a seguir. Votar por un candidato porque pertenece a la misma religión que yo profeso es un gran error. ¿El líder religioso manda y yo voto porque él lo hizo? Está totalmente mal. Tengo que votar en base a las propuestas del candidato o del partido.

LA BÚSQUEDA DE LA MEJOR INFORMACIÓN

Con la abrumadora cantidad de información que bombardea las mentes de los votantes, necesitamos hacer algo relativamente simple. Reciba información y cotejela con otra información, vea colisiones y lo que es común en las distintas fuentes de información. Debemos tener en cuenta que la información puede no ser verdadera.

Hay que superar la pereza en la lectura. Depender únicamente de Internet, la radio, la televisión, los cultos religiosos, las revistas y los periódicos ES SOLO el gran error que se ha cometido en innumerables sociedades.

ESCAPAR DE LA ALIENACIÓN

La persona alienada está inmersa en un pensamiento y está retraída o desinteresada en su entorno. El lado INVESTIGADOR tiene que ser parte de todo ser humano. Desarrollar la capacidad de buscar la misma información de múltiples fuentes.

ESCAPE DE LA ARROGANCIA

Por muy acertado que esté, corro el riesgo de equivocarme. Por lo tanto, ser arrogante en sus convicciones es siempre un error que debe evitarse. Escuchar los lados opuestos y tratar de comprenderlos puede liberarlo de innumerables disgustos futuros. Los "toadies" son expertos en decir lo que queremos escuchar e igualmente expertos en ocultar lo que necesitamos escuchar. En mis conversaciones con innumerables jóvenes angoleños, he buscado orientarlos hacia el estudio de temas que la gente dice que no hacen dinero, pero que son fundamentales para una mejor comprensión política, como la sociología, la filosofía, la historia, la psicología. La mayoría de ellos vinculados al área humana.

Si mi único objetivo, o lo que pongo en la mente de mis hijos y amigos, es simplemente ganar dinero, creo que debemos REFLEXIONAR y cambiar lo antes posible.

Muy conectada con el objetivo de GANAR DINERO está la idea de VALE TUDO. Allí alimentamos la corrupción y otros males.

Como podemos ver estos días (2021) la mayoría de los políticos están en sus carreras exactamente con el objetivo de ganar dinero e incluso hacer una fortuna.

Pocos son los que tienen la ambición de HACER HISTORIA. Estos son los imprescindibles, que marcarán su nombre en la historia y mejorarán notablemente la calidad de vida de su gente.

Yo, en particular, veo el dinero como una forma de energía. Una energía necesaria para hacer realidad los sueños.

MEJORA LA CALIDAD DE NUESTROS SUEÑOS.

Si mis sueños son solo para tener:
- Carros de lujo;
- Latonas y más Latonas (mujeres y más mujeres);
- Casas y más casas;
- Realiza innumerables y costosos viajes en los paraísos de la tierra.

Es posible que descubra mucho más tarde que estos sueños por sí solos no pueden hacerme una persona feliz. Incluso porque, podría estar rodeado de numerosos falsos "amigos".

Tengo un amigo que dice: ¿Quieres saber quiénes son tus verdaderos amigos? MANTENTE POBRE.

Vea que estoy enfatizando enfáticamente que, especialmente en posiciones políticas, nuestros sueños deben ser diferentes:
- Incrementar el número de trabajos:
- Atraer inversores;
- Mejorar las condiciones de vida de mi pueblo;
- Luchar y reducir a cero todo tipo de corrupción;
- Proporcionar la máxima transparencia en la gestión de los activos públicos;
- Reducir la tasa de mortalidad infantil ...

EL NEGRO Y LOS POBRES EN EL PODER DEBEN RESULTAR EXACTAMENTE EN LA ERRADICACIÓN DEL PARADIGMA: YO ESTOY EN LA POLÍTICA PARA ENRIQUECIRME.

¿Estás listo para ejercer el poder?

He aquí una respuesta difícil. Todo tipo de gestión de personas es muy complicado. Gestionar un país no es tarea fácil. Como no podrá estar en todas partes, es esencial rodearse de asesores bien preparados y bien intencionados, ya que será necesario tomar muchas decisiones y, con información incorrecta, todo un gobierno puede ser descartado.

Vea cómo la EDUCACIÓN Y LA CAPACITACIÓN son importantes, porque no se puede capacitar líderes de la noche a la mañana.

La preparación interna y externa es de suma importancia, ya que debe comprender todas las fuerzas que afectan su gestión. Fuerzas positivas y fuerzas negativas.

Las medidas a corto plazo, o incluso basadas en la obtención de votos, también pueden ser perjudiciales, ya que administrar una medicina amarga puede ser todo lo que necesita hacer.

VISIÓN A MEDIO Y LARGO PLAZO.

Especialmente los más jóvenes, incluso impulsados por la velocidad de las tecnologías actuales, tienen dificultades para esperar las cosas. No todas las medidas que tome en la gestión pública o no, traerán beneficios a corto plazo y las críticas, naturalmente, serán duras.

REVISAR LAS LITURGIAS DE LAS OFICINAS

Muchos puestos creados en el pasado estaban tomando ciertas configuraciones que necesitan ser revisadas urgentemente. Uno de ellos es el embajador.

Desde la cita, hasta y especialmente la cita, deben tener en cuenta la construcción de caminos que permitan el ir y venir de las riquezas. En el libro 3 de la Colección África "La importancia de la diáspora africana en la nueva descolonización de África" llamé la atención sobre la inexistencia de un embajador brasileño negro en África. Es algo grave, cuando la mayoría del pueblo brasileño son precisamente afrobrasileños.

En el libro AFRICANO DE ALMA, coloco los principales paradigmas que a lo largo de los siglos han colocado a los negros en este verdadero oscurantismo.

En términos políticos, los negros y los pobres son realmente malos. Si no cambiamos eso, amargaremos siglos y siglos de infelicidad.

Tenemos que iniciar este proceso de cambio desde cada uno de nosotros. No echarle la culpa a los demás, que a pesar de cerrar todos los tamaños posibles, no son los únicos culpables.

Esta alienación real en la que vivimos, donde ocupamos pocos o casi nada de los sectores estratégicos en el desarrollo de los países en los que nos encontramos, necesita romperse y agitamos, desde nuestro pensamiento, innumerables acciones en busca de conocimiento, preparación y ocupación en un gran estilo de lugares prominentes en el escenario mundial.

En nuestra historia reciente, tenemos que destacar a BARACK OBAMA como un gran ejemplo a seguir. No ocupó la Casa Blanca al azar. Se ha preparado para ello y, por lo que vengo siguiendo en su Fundación, está preparando a nuevos jóvenes, de todos los colores, para que tengan futuras e importantes actuaciones en los puestos que ocuparán en los próximos años.

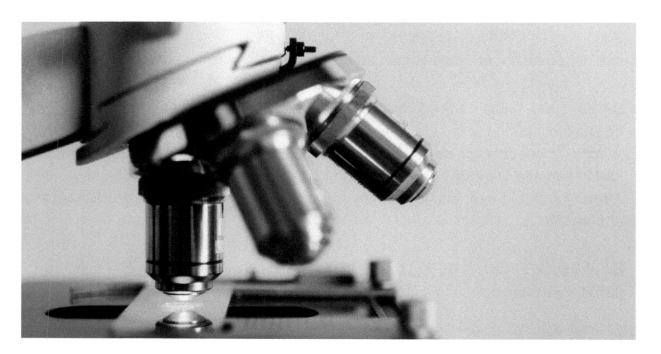

CIENCIAS

Necesitamos despertar a la nueva generación de negros y pobres sobre la importancia de la ciencia, que es esencial para transformar la vida de las personas en todo el mundo.

Intereses, investigación, investigación y constantes estudios.

UN PUEBLO SIN SCIENCE ES UN PUEBLO SIN FUTURO.

La ciencia puede y debe hacerse en los países en desarrollo, porque la falta de una comunidad es una de las razones del retraso.

Parte del secreto es saber qué ciencias cultivar y apoyar. Por ahora, descartemos aquellas ciencias que requieren una fuerte inversión en instrumentación científica, como la física nuclear, la astrofísica y la neurociencia.

Todas las firmas tienen un componente teórico, que solo requiere cerebro, lápiz y papel, así como seminarios y congresos, donde se pueden intercambiar ideas.

Por ejemplo, un grupo de matemáticos que deseara reunirse una vez a la semana podría reunirse en cualquier lugar para discutir sus propias ideas y las de colegas extranjeros.

¿Cómo se expresa el argentino Mario Bunge en su artículo "¿Se puede hacer ciencia en el Tercer Mundo? Publicado en universeracionalista.org, la principal dificultad que enfrentan los científicos independientes es la escasez o ausencia de asesores capaces de sugerir problemas y supervisar" Este problema es muy En serio, ya que la independencia del suelo puede funcionar durante un tiempo limitado, lo que confirma la idea de que es mucho más fácil cortar una chispa de la ciencia una vez que se cultiva.

A su vez, esta conclusión nos recuerda que no hay ciencia sin un gobierno favorable. En particular, el gobierno neoliberal se enfurece contra la ciencia básica [desinteresada] porque la acusa de no contribuir al PIB. Ignoran que la ingeniería se basa en las ciencias exactas, la medicina en biología y las ciencias sociales aplicadas a las ciencias humanas básicas.

En conclusión, la ciencia teórica puede y debe realizarse durante el período de desarrollo, pero esta tarea es mucho más difícil que simple. Esto requiere una vocación y una fuerza de voluntariado notoriamente extraordinarias. Es como la prueba, la prueba del agua para encontrar brujas: quien flota está hechizado. ¡Ayudemos a los que se atrevan a flotar! ¡Magos del Tercer Mundo, sindicatos en seminarios!

Mario Bunge (1919-2020) fue un físico y filósofo científico, siendo uno de los pensadores españoles más citados de la historia, según la revista Science. Fui miembro honorario del Universo Racionalista. Ha completado su doctorado en Física Matemática en la Universidad de La Plata, ha realizado 21 doctorados honoris causa y estudió Física Nuclear en el Observatorio Astronómico de Córdoba.

CIENCIAS SOCIALES
Un conjunto de materias que estudian al Hombre a través de sus relaciones con la

sociedad y la cultura.

Los temas relacionados con el hombre en la sociedad comenzaron a merecer la atención de los estudiosos y adquirieron un carácter científico a partir del siglo XVIII. Los primeros estudios sobre la acción de los hombres en la sociedad datan de esa época, así como sobre sus relaciones con sus semillas. En este acrónimo nacional la economía política.

Sin embargo, es en el siglo XIX cuando aparecen la mayoría de disciplinas que pertenecen al dominio de las Ciencias Sociales, como Antropología, Sociología y Ciencias Políticas. Estos fueron, en su génesis, profundamente influenciados por las teorías sobre la sociedad de los filósofos de la época, particularmente por Comte, Marx y Spencer.

En el siglo XX, las Ciencias Sociales experimentaron un amplio desarrollo, no limitado a trabajos de gran alcance científico, para democratizar y descentralizar las escuelas superiores y secundarias, convirtiéndose en objeto de estudio para los estudiantes.

También se ha ampliado el abanico de asignaturas pertenecientes a las Ciencias Sociales, que incluyen, además de las mencionadas anteriormente, Psicología, Etnología y Geografía Humana. Aunque sujeto a discusión, también es necesario integrar la Historia, la Filosofía e incluso las Ciencias Jurídicas en las Ciencias Sociales y Humanas.

El trabajo realizado en el marco de las Ciencias Sociales sigue una metodología propia, basada en datos cualitativos y cuantitativos. Los principales métodos utilizados para su obtención son: encuesta, entrevista, cuestionario, análisis documental, observación directa, observación participante y estadística.

Hoy, la acelerada evolución tecnológica ha dado un incremento muy válido en el avance de las Ciencias Sociales, permitiendo desarrollar y completar estudios empíricos por medios cuantitativos, dando lugar así a verdaderas teorías científicas sobre el comportamiento del Hombre como actor social.

En el campo de las Ciencias Sociales, tenemos mucho que aportar en un contexto general. Como vivimos, en su mayor parte, al margen de la sociedad evolucionada, tenemos que convertirnos en VERDADERAS SOCIALES CIENTÍFICAS para poder dictar nuevas reglas e influir en los cambios.

En el continente africano de la Cuna, observamos que se copia mucho de Europa e incluso de Estados Unidos. El problema es que, en lo que a Ciencias Sociales se refiere, esta copia trae mucho más daño que nunca, dada su enorme diferencia.

Dentro de mi campo de investigación que culmina este año de 2021, exactamente 21 años de trabajo, 10 de los mismos en África, puedo asegurarles que en muchos aspectos sociales, África es más saludable que el resto del mundo.

Sin embargo, existe un NÚCLEO FAMILIAR muy fuerte, mientras que en gran parte del mundo estamos perdidos. Creo que África no ha perdido el tiempo.

Por tanto, es necesario evolucionar en las Ciencias Sociales desde la propia África, desde sus parámetros, sin copiar a nadie. LA PROMOCIÓN MASIVA DEL BIENESTAR SOCIAL es uno de los principales objetivos de los estudios de viabilidad.

Las ciencias sociales en África tienen un papel sumamente importante porque corresponde a la formulación de nuevos conceptos y parámetros genuinamente africanos que se enseñan en las escuelas. Creo que este es uno de los primeros y más importantes pasos de la DESCOLONIZACIÓN MENTAL en África.

Las ciencias sociales necesitan mucho para influir en las políticas para que los nuevos funcionarios del gobierno puedan seguir otros parámetros de gobernanza, reduciendo la pobreza y diferenciando entre clases sociales.

Las ciudades más limpias con un transporte público evolucionado tienen mayores prioridades que la importación de autos de lujo y demuestra un cierto estatus que proviene más de actos corruptos que de riquezas adquiridas por medios productivos.

MÁS MARIELES Y MENOS BOLSONAROS

En Brasil, uno de los principales representantes del Tercer Mundo, los científicos sociales necesitan ayudar a generar MÁS MARIELES, con objetivos sociales definidos al servicio del empoderamiento de las mujeres, los pobres, los negros y las minorías en general, para que podamos tener un sociedad más plural y evolucionada.

LOS 50 TIPOS DE CIENCIAS
Fuente: https://simplicable.com/new/science

La ciencia es la búsqueda sistemática y objetiva de conocimiento basada en predicciones falsas (que pueden ser contradecidas por una observación), que se puede probar mediante el experimento o la observación. Aunque la ciencia busca la verdad, siempre está abierta a desafíos basados en hechos verificables. Una teoría de la ley científica puede ser ampliamente aceptada y verificada como verdadera para todos los propósitos prácticos. Sin embargo, nunca se considera final y permanente, porque puede ser desafiado por nuevos descubrimientos. A continuación, se muestran las ramas de la ciencia con ejemplos de cada una.

ciencia formal
Las ciencias formales son sistemas de conocimiento basados en conceptos abstractos representados por símbolos que son ampliamente aplicables a otras ciencias. A menudo se basa en la evidencia de que estos sistemas son internamente correctos con un alto grado de certeza.

Ciencias de la Computación
Matemáticas
ciencia de sistemas
Lógica
Estadísticas

Ciencias Naturales
La ciencia natural es el uso de la ciencia para comprender el mundo físico. Como estas ciencias tratan con fenómenos físicos y observables, se consideran ciencias

duras, por lo que el estándar de prueba es demasiado alto para que se acepte una teoría. El cumplimiento del método científico es relativamente alto en las ciencias naturales, y se requiere la revisión por pares y la reproducibilidad para la aceptación de una teoría.

- Astronomía
- bioquímica
- Química
- Geografía
- Ciencia de los Materiales
- Paleontología
- Zoología
- Ciencias Atmosféricas
- biología
- Tierra Science
- Geología
- Oceanografía
- Física

Ciencia aplicada

El uso de la ciencia para resolver problemas en el mundo real. Se trata de cómo descubrir el conocimiento para hacer y desarrollar planes de acción utilizando el conocimiento fundamental creado por las ciencias naturales y la forma. Por ejemplo, un arquitecto que utiliza la física, las matemáticas y la ciencia de los materiales para determinar la carga de viento que puede tolerar la fachada de un edificio.

- Ingeniería Aeronáutica
- Matemática Aplicada
- Arquitectura
- Ingeniería Química
- Ingeniería Informática
- Ciencia medioambiental

- Ciencia de la salud
- Ingeniería Mecánica
- farmacología
- Ciencia espacial
- Medicina Veterinaria
- Ciencia de la agricultura
- Física Aplicada
- Bioingeniería
- Ingeniería civil
- Ingenieria Eléctrica
- Ciencia forense
- Ingeniería Industrial
- Medicamento
- Fisioterapia
- Ciencia espacial

Ciencias Sociales

La ciencia social es el estudio de sociedades e individuos. Esta se considera una ciencia blanca donde las teorías pueden basarse en lógica informal, mediciones imprecisas o estudios que carecen de rigor científico. En campos como la psicología, es común que los estudios que se ajustan al método científico en el sean verificados por estudios posteriores.

- Antropología
- Ciencia cognitiva
- Economía
- Biblioteca
- La ciencia política
- Sociología
- Arqueología
- Ciencias de la comunicación
- Geografía Humana
- Lingüística
- psicología

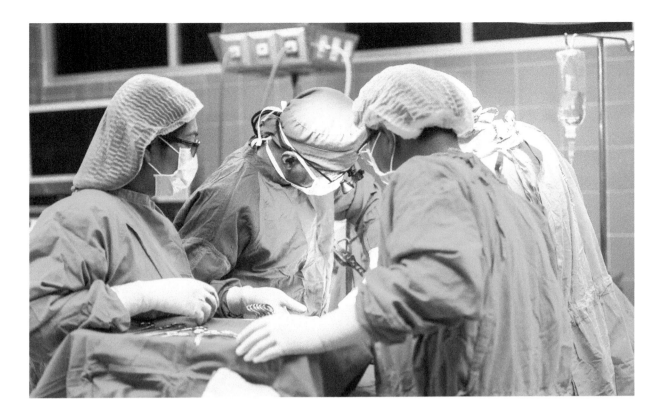

SALUD

Fuente: https://p.dw.com/p/3ANvz

No podría volver a comenzar este importante tema del libro, sin comenzar con la iniciativa cubana, sin mencionar las misiones internacionales cubanas que aún continúan brindando servicios de salud en más de 60 países alrededor del mundo. Aproximadamente 50.000 profesionales de la salud cubanos trabajan en el extranjero, a menudo en zonas vulnerables y de difícil acceso. ¿Cómo llegó un país relativamente pequeño como Cuba a formar suficientes profesionales no solo para atender las necesidades del sector salud de la isla, sino también para enviarlos a misiones internacionales?

La historia de las "batas blancas" de Cuba

La primera misión médica internacional salió de Cuba el 23 de mayo de 1963. Cerca de 50 profesionales de la salud viajaron como voluntarios a Argelia, país que el año anterior había logrado la independencia de Francia.

Antes de la independencia, la mayoría de los médicos del país eran franceses. En la Argelia de la posguerra, un país en proceso de reconstrucción, faltaban profesionales de la salud. Fue Fidel Castro, el presidente cubano, quien llamó a los voluntarios para ir a Argelia. "Hoy podemos enviar 50. Quién sabe cuántos en ocho o diez años, para que podamos ayudar a nuestros pueblos hermanos. Porque cada año tendremos más médicos ", dijo Castro en un discurso.

En ese momento, Cuba también estaba comenzando a reconstruir su sistema de salud. Durante tres años, la Universidad de La Habana había estado cerrada por decisión del dictador cubano Fulgencio Batista. Reabrió en 1959, tras la victoria de la Revolución Cubana por Castro.

De los aproximadamente seis mil médicos que permanecieron en el país luego de la revolución, varios se convirtieron en profesores universitarios y se dedicaron a la docencia y formación de profesionales de la salud.

Muchas universidades forman médicos en Cuba

En la actualidad, 13 universidades, 25 facultades de ciencias médicas, cuatro facultades de odontología y otras facultades, escuelas y ramas de las mismas forman profesionales de la medicina en Cuba, según informó el Ministerio de Salud del país.

Según el ministerio, Cuba cerró 2017 con casi 92.100 médicos, incluidos los que laboran en misiones en el exterior. Según datos de la Organización Mundial de la Salud, Cuba es uno de los países con mayor tasa de médicos per cápita del mundo, con 670 médicos por cada 100.000 habitantes. Casi el doble que Alemania con solo 380 médicos por cada 100.000 habitantes o Portugal (343) y mucho más que en países africanos como Santo Tomé y Príncipe (49), Cabo Verde (30), Angola (17 médicos), Guinea-Bissau (7) Mozambique (4).

Los voluntarios en el extranjero a menudo trabajan en lugares a los que los médicos locales no llegan o no quieren llegar. Como enfatizó el Ministerio de Relaciones Exteriores de Cuba, los médicos cubanos en Brasil trabajaron "en áreas rurales, en la Amazonía, en comunidades indígenas y en áreas de riesgo, donde no había otros médicos". En total, más de 8.300 profesionales cubanos trabajaron en el programa "Mais Médicos" en Brasil.

La salud como principal bien de exportación de Cuba

Pero los servicios médicos cubanos en el exterior son también la principal fuente de ingresos económicos de la isla de Cuba, superando los ingresos por turismo. Citado por varias publicaciones internacionales, el exministro de Economía de Cuba, José Luís Rodríguez, había manifestado que la exportación de servicios profesionales traía a la isla un estimado de 11,5 mil millones de dólares al año.

Los médicos cubanos en Brasil sólo recibían el 30% del salario del programa "Mais Médicos" y el resto, según afirmó el Ministerio de Relaciones Exteriores de Cuba, se invirtió en el desarrollo de servicios universales en el sistema de salud cubano.

Al mismo tiempo, el Ministerio de Salud de Cuba pagó el 100% del salario cubano (que corresponde a menos de 70 dólares mensuales) a los empleados del programa. El ministerio justificó la suma, ya que son los propios voluntarios quienes "libre y por elección personal deciden compartir los salarios como medio para fortalecer el sistema de salud cubano". En Cuba, tanto el sistema de salud como el de educación son gratuitos, y para serlo hay que financiarlos.

El fin del programa "Mais Médicos" en Brasil podría ser un golpe para la economía cubana. Por otro lado: si el trabajo de los médicos cubanos en Brasil fue realmente un incentivo tan importante para la economía de la isla, ¿por qué el gobierno cubano decidió retirar a sus profesionales? También a través de Twitter, el presidente cubano Miguel Díaz-Canel dijo: "Los principios no se negocian, se defienden".

Por lo que sé de las zonas de difícil acceso, tanto en Brasil como en África, poder seguir de cerca la labor de los médicos cubanos ha sido y ha sido una gran satisfacción para mí. De hecho, fuera de la política, de los intereses internacionales, hay un mundo mucho mejor que el que divulga la media (los medios).

A favor de la BBC, no de Londres, sino de la BBC - Cuban White Batas tenemos dos grandes e importantes preguntas:

1º) Países con médicos, pero la mayoría con poco o ningún interés en trabajar en zonas remotas;
2º) Países sin médicos suficientes y aún en proceso de formación de médicos a medio y largo plazo.

En Angola, en 2012, como menciono en mi libro Celso Salles - Biografía en blanco y negro, vi el hermoso trabajo realizado por los médicos cubanos en Caculama, un pequeño pueblo de la provincia de Malange. El Gobierno construyó una hermosa sede para albergar a los médicos cubanos que trabajaban en un hospital también construido por el Gobierno de Angola.
Un lugar en África, sin ninguna opción de ocio, comida y electricidad proporcionada por generadores e incluso así solo durante unas pocas horas del día, difícilmente atraería el perfil de todos los médicos del mundo. Aunque el médico aceptara trabajar en Caculama, creo que la familia del médico difícilmente se acostumbraría.
Es muy fácil escribir reseñas y más reseñas de la BBC, sin ser ni siquiera conocer las áreas en las que trabajan en el mundo.

Lo último que quiere saber un paciente en áreas remotas es la nacionalidad del médico.

En este tema tan importante, tenemos que mirar dentro de nosotros mismos, médicos o no, y preguntarnos, ¿en qué nos equivocamos como humanidad?

- Como gobierno: No creamos las estructuras adecuadas para servir a toda nuestra gente, en igualdad de condiciones, sin importar dónde se encuentren;

- Como Doctores: Olvidamos nuestros juramentos y nos dejamos llevar por los encantos de los grandes centros y por el estatus que socialmente nos otorga la profesión;

- Como humanidad en general: No cobramos ni lo uno ni lo otro. Ni gobierno ni médicos.

PENSAMIENTO Y ACCIÓN SOLIDARIA

Aquí en Angola, he tenido la oportunidad de apoyar un hermoso proyecto EXPO SAÚDE, realizado por Associação COROA DA VIDA. Pagados íntegramente por médicos, atienden zonas de Luanda donde la población tiene pocos recursos en el área de la salud.

Como he escrito en todos los libros de la Colección África, nosotros como humanidad estamos en un mal camino y necesitamos cambiar el rumbo de las cosas para que, en todos los sectores y especialmente en aquellos que son vitales para la vida humana, coloquemos EL LOS PRINCIPIOS POR ENCIMA DE TODOS LOS NEGOCIOS.

Todos necesitamos sobrevivir, pero algunos necesitan ayuda. Los gobiernos fueron creados para cuidar a la gente, no para matar o dejar morir a su gente.

Yo, en particular, sueño con los siglos venideros en los que nuestras próximas generaciones puedan estar orgullosas de pertenecer a la raza humana.

En nuestra generación TODO SE HIZO NEGOCIO. He estado en contacto con innumerables jóvenes en varias partes del mundo que sueñan con graduarse en el campo de la medicina, pero los impedimentos económicos son todos. Sólo una promoción de los pocos privilegiados logra graduarse en Medicina, y la mayoría de estos graduados provienen de vidas muy cómodas y refinadas, que difícilmente irán a los cuatro rincones de sus países a cuidar a los pobres, que no tendrán la oportunidad. recursos para ellos .pagar.

Solo veo una salida: APOYAR Y COPIAR CUBA en lugar de proteger a los médicos nacionales ya ricos. Después de todo, lo que importa es cuidar a las personas y no proteger al mercado de quienes priorizan el mantenimiento de una vida llena de beneficios y reconocimiento social.

Por nuestra parte, necesitamos sembrar en la mente y el corazón de nuestros niños negros y pobres, para que no se limiten a vivir de sus dotes artísticas y futbolísticas, sino que hagan todo lo posible para convertirse en médicos, esculpidos por los dolores de la pobreza. , que puedan acudir a los pobres y necesitados y cuidarlos.

Nosotros, como padres, maestros y ancianos en general, tenemos mucha influencia sobre los más jóvenes. Tenemos que usar este poder para infectarlos y buscar nuevos e importantes sueños.

Los libros de la Colección África se están moviendo por todo el mundo y mi gran sueño es plantar estas maravillosas semillas nuevas en las mentes y corazones de personas de todo el mundo, independientemente de sus creencias, colores y razas. Si todos estamos bajo el mismo sol, en la misma madre naturaleza, tenemos la prueba de que todos somos de la misma raza, la raza humana.

Debemos necesariamente volver al Tema Político de este libro y ceñirnos al hecho de que quienes ocupan los poderes en el mundo son las clases dominantes que permanecen en lugares privilegiados y que, generación tras generación, conducen al mundo a un holocausto verdadero y silencioso. , con millones de muertes anuales.

Como también dominan los medios de comunicación, el grito de auxilio de los más necesitados es un grito silencioso, sin el menor eco ni reverberación.

¿Vamos a rendirnos? NUNCA.

Tenemos que ser duros y trabajar mil veces más duro. Si heredamos pensamientos erróneos y más pensamientos erróneos, tenemos que crear pensamientos nuevos e importantes que guíen a nuestras nuevas generaciones en todo el mundo.

$$F: I \to \mathbb{R}, \quad x \mapsto \int_a^x f(t)\,dt$$
$$\int_a^b f(x)\,dx = F(b) - F(a)$$

EDUCACIÓN

En términos educativos, teniendo en cuenta la gran masa de negros y pobres del mundo, puedo decir que vamos de mal en peor. Son pocos los que tienen acceso a la Educación y en algunos lugares ni siquiera tenemos Educación. La imagen no podría ser más negativa. Y por eso me fascina tanto: TENEMOS TODO QUE HACER. No tenemos a dónde ir más abajo. Estamos en el fondo del POZO.

TENEMOS QUE REINVENTARNOS DE NADA.

Si nos detenemos a pensar, solo tenemos la opción de ARRIBA. Caer más lejos, imposible.

Por supuesto, cambia mucho de un país a otro, sin embargo, en general, nuestro ÍNDICE DE DESARROLLO HUMANO es extremadamente bajo.

En el libro A NOVA AFRICA BRASILEIRA pongo pensamientos importantes para iniciar un gran cambio para la mejora del IDH en el África brasileña, en el continente africano y en el mundo en general.

Todos estamos esperando la llegada de un gran salvador que nos lleve por estos nuevos caminos. Llegué a la conclusión de que este gran salvador, SOMOS NOSOTROS MISMOS. Nuestra voluntad de cambiar. Nuestra salida del conformismo y la realización de innumerables acciones hacia la Educación y Formación Masiva de los negros y pobres.

En los años 90 del siglo XX, cuando trabajaba en el área comercial de la cervecería más grande de Brasil en ese momento, Cervejaria Brahma, mi director comercial, Wilson Tomao, dijo: Salles, cuando se detecta un problema, es del 50%. resuelto.

Otro gran amigo, Sérvio Túlio Coube, entonces presidente de Tilibra - La mayor industria de cuadernos y agendas de Brasil, me dijo: Salles, no todo se puede cambiar, pero nada se puede cambiar hasta que lo enfrentas. Y el mismo serbio me dijo: es mejor hacer aproximadamente hoy que exactamente nunca. En términos generales, estos 3 pensamientos importantes han sido la base de mi importante viaje.

Si pudiéramos crear una línea de tiempo para cada país o pueblo, veríamos fácilmente que algunos ya están en lo que podríamos llamar el futuro y que muchos otros están muy atrasados en el tiempo. Al viajar por varios países, esto se puede ver claramente. Y todo se complica aún más cuando vemos que nadie se queda quieto. Quien está delante necesita correr porque sabe que quien viene detrás tiene el objetivo de llegar hasta él. Bien o mal, esta ha sido la dinámica de la humanidad.

Si pensamos en comenzar nuestra gran carrera, negros y pobres, para alcanzar e incluso superar a los que están al frente, podemos desanimarnos de inmediato. Entonces, si comenzamos al principio, reconocemos la distancia que nos separa y poco después comenzamos un estudio real de nuestras fortalezas y debilidades, podemos llegar a la conclusión de que nuestras fortalezas son mucho mayores de lo que pensábamos y tenemos posibilidades de superarlas. que están a nuestro lado, adelante, forjando un futuro mucho mejor que el que heredamos de nuestras generaciones esclavizadas y colonizadas.

En el libro LA NUEVA ÁFRICA BRASILEÑA, pongo sin temor a alegrarme la importancia de traer al continente africano profesionales especializados en la formación técnica laboral en diversos sectores. No sirve de nada continuar capacitando a personas que no tendrán dónde trabajar después de graduarse. Seguiremos dependiendo de mano de obra externa especializada.

Mucho más rápido de lo que imaginamos, seremos capaces de generar numerosas industrias que nos harán reducir nuestra dependencia del petróleo, así como de los minerales preciosos que ya no se usan solo para la belleza y comenzar a inventar otros innumerables usos importantes.

Todo crecimiento debe ir precedido de uno o varios pensamientos y luego de medidas prácticas.

No hay nada complicado.

Primero: ¿QUÉ NECESITA MI PAÍS?
Empiece a enumerar las principales necesidades de su país.

Segundo: ¿QUIÉNES SON LOS MEJORES EN CADA UNA DE ESTAS NECESIDADES?

Tercero: Uno a uno se inicia el mecanismo de elaboración de los distintos Planes de Negocio, contemplando TRAINERS y TRAINERS que luego se multiplicarán.

Lo que más impide que se haga algo así es: PONER MIS PRIORIDADES FRENTE A LAS PRIORIDADES DEL PAÍS.

Y luego comienza la destrucción:
- Cuál será mi comisión ...
- Donde van a trabajar mis parientes que no están preparados ...
- Todo lo que puedo complicar para vender la instalación después ...

Y una vez más mi país está a la deriva en la prosperidad.

Conclusión, si no ponemos fin a estas adicciones, estas adicciones nos acabarán con nosotros.

Cualquiera que tenga la oportunidad de tener una relación más cercana conmigo, al leer estas palabras, recordará que siempre dije esto en nuestras conversaciones.

En resumen: TENEMOS QUE LLEGAR, PARA CAMBIAR LO QUE HAY MAL.

Este tiene que ser el pensamiento de las nuevas generaciones. Y si seguimos copiando el temario de las innumerables formaciones de nuestros Graduados, SIN ANALIZAR LO QUE NECESITA CAMBIAR, no llegaremos a ninguna parte y seguiremos en el último puesto de la carrera, siendo adelantados en bucles y bucles por quien esté delante.

Todo el contenido programático que se dirija a nuestras nuevas generaciones de negros y pobres debe tener en cuenta estos nuevos paradigmas.

Y cerrando con broche de oro, recalco una vez más el BIEN SOCIAL.

Actualmente, el mercado consumidor nos impulsa a tener cada vez más y ese tener es lo que marca la diferencia. Si tengo 10 autos de lujo, 80 casas, 10 mujeres, seré reconocido como un hombre exitoso.

Un error. Incluso porque este tipo de pensamiento o ideología alimenta una codicia desenfrenada, que se inclina hacia la corrupción de innumerables formas. La prisión y la depresión serán los cálices amargos que se tomarán.

Necesitamos comenzar un gran frente para el cambio, primero dentro de nosotros mismos. Luego en nuestros hogares, en los grupos que se reúnen, en las escuelas, en las iglesias, en los partidos políticos, en todos los lugares donde vivimos.

Concluyendo este importante tema, llamo su atención sobre el hecho de que preferimos hacer bien lo que hacemos. Nos cuesta trabajar en lo que no dominamos. Quizás esa fue nuestra mayor dificultad. Nos encanta tener éxito. Nos encanta que nos reconozcan donde somos fuertes.

Enfrentar nuestras debilidades o defectos nos aterra. TENEMOS QUE CAMBIAR EXACTAMENTE ALLÍ. Si domino el aprendizaje de idiomas, tengo que trabajar duro en matemáticas, física, química.

Tengo que esforzarme por EMPRENDER negocios, expandiéndolos más allá de mi entorno.

Por todo esto, el CONOCIMIENTO y la FUERZA DE VOLUNTAD son necesarios. Es fundamental ganar un ritmo fuerte en la búsqueda de los innumerables conocimientos que ya se encuentran en el Tema de Ciencias de este libro. Sigamos adelante, todavía tenemos muchas cosas que ver en este libro.

AGRICULTURA / GANADERÍA

Todos los temas de este libro son de inmensa importancia. Este que habla de Agricultura no podría ser diferente, ya que está ligado a lo que más necesitan los negros y los pobres en el mundo. COMIDA.

¿Y por qué no producir nuestra propia comida?

¿Qué nos detiene realmente?

En el libro 3, LA IMPORTANCIA DE LA DIASPORA AFRICANA EN LA NUEVA DESCOLONIZACIÓN DE ÁFRICA pongo la lista completa de unidades EMBRAPA - Corporación Brasileña de Investigación Agrícola para que entidades de todo el mundo puedan beneficiarse del conocimiento que gentilmente ofrece esta estructura en Brasil. También en este libro, me tomé la libertad de crear el nombre AGROVIDA en reemplazo de AGRONEGÓCIO. Sí, porque antes que cualquier negocio está la VIDA. Puede perder muchas operaciones, como ya he perdido, pero perder LIFE es complicado.

La naturaleza que da todas las condiciones para la AGRICULTURA la hace absolutamente GRATIS. Si partimos de estos principios, tenemos que revisar profundamente el término NEGOCIO.

Dentro del enfoque LIFE, visualizo una AGRICULTURA aún más poderosa, porque al cumplir con su misión, que es ALIMENTAR y proporcionar VIDA, la naturaleza misma conspirará a favor.

Hay innumerables lugares en el planeta donde podemos cultivar cultivos sin destruir la naturaleza y alimentar a la población local con excedentes de exportación, generando riqueza para enormes focos de pobreza.

Una vez más vamos a tropezar con los órdenes establecidos y los intereses de las minorías, que invariablemente tenemos que colocar en cada capítulo, porque ahí mismo se encuentran los tumores malignos de la humanidad.

ABAJO, UNIDADES DE EMBRAPA:
Horario de atención en la zona horaria de Brasilia
Teléfono
Código postal
Ubicación en el mapa
Unidad de plataforma digital
Embrapa en Brasil: https://www.embrapa.br/embrapa-no-brasil

En agricultura, el conocimiento es fundamental. No necesitamos inventar ruedas existentes. En las unidades de Embrapa encontrarás una amplia gama de información que puede acelerar tu visión para el buen desarrollo de tu Proyecto Agrícola. Como dijo muy bien el primer presidente de Angola, Dr. António Agostinho Neto: "La agricultura es la base y la industria el factor decisivo".

FINANZAS

El conocimiento de FINANZAS también ha estado lejos de los negros y la gente pobre. Si no iniciamos el proceso de inclusión, con campañas para motivar a los jóvenes a realizar estudios que les permitan evolucionar en el campo de las finanzas.

Comencemos con una noción ligera de MATEMÁTICAS FINANCIERAS.

¿Qué son las matemáticas financieras y para qué sirven?

Las matemáticas financieras ayudan enormemente a planificar y administrar el dinero de una empresa. La matemática financiera es un área de aplicación práctica de la matemática, que consiste en cálculos dirigidos a una mejor organización y mayor control del dinero.

Más que una ciencia, es una herramienta muy útil en el día a día, tanto para cuidar las cuentas personales como las que pertenecen a una empresa.

Es a partir de los instrumentos de las matemáticas financieras que los sueños se hacen realidad.

Para comprenderlo mejor, solo recuerde la importancia de la organización y la planificación a la hora de contratar un préstamo u obtener financiación, ya sea para la compra de un vehículo o una propiedad.

A menos que tenga el monto total para pagar en efectivo, tendrá que hacer cálculos para comprender el impacto de este producto financiero y sus cuotas en su presupuesto personal.

Esto requiere un conocimiento básico de porcentajes, intereses y fórmulas que le permitan comprender exactamente el tamaño de la cuenta.

Recordando siempre que, en este tipo de operaciones, el coste final es diferente al contratado, precisamente por la incidencia de interés.

Otro buen ejemplo son las inversiones, cuando los números juegan a su favor.

Puede planificar su jubilación dejando dinero ahorrado. Pero es importante que esta decisión se tome después de comparar la rentabilidad con otras opciones.

De esta forma, identifica las ganancias que se obtendrán en un período determinado.

Y solo puede hacer esto desde instrumentos matemáticos financieros.

Pero su importancia va más allá y aparece de forma llamativa en el mundo empresarial.

¿Qué importancia tienen las matemáticas financieras en el mundo empresarial?

La salud financiera y el flujo de caja de una empresa se pueden calcular con matemáticas financieras.

Al observar los ejemplos planteados en el tema anterior, sobre la aplicación de la matemática financiera en el ámbito personal, ya es posible hacerse una idea de su importancia para las empresas.

Lo cierto es que el emprendedor no necesita dominar las matemáticas, sino que se compromete a comprender y saber utilizar algunas de sus fórmulas para tareas rutinarias.

El mejor ejemplo, sin duda, es el del flujo de caja.

Esta es la herramienta que registra las entradas y salidas de efectivo de la empresa. Es decir, sus ingresos y gastos.

En base a ello, el gerente identifica cómo va la salud financiera del negocio, dónde ha estado gastando más de lo que debería y, por ende, dónde están las oportunidades de ahorro.

Allí ya tenemos una muestra de que no hay forma de crecer, ni siquiera de sobrevivir como empresa, sin un estricto control financiero.

Y empeora aún más cuando se toman préstamos sin conocer la realidad del efectivo.

O quién sabe, diseñando un nuevo producto o abriendo una sucursal, sin proyectar cómo se desarrollará el negocio en los próximos meses y años. Todo depende de las matemáticas financieras.

Puede ser un gran administrador, pagar las facturas a tiempo, facturar a los clientes y recibir a tiempo, negociar condiciones ventajosas con los proveedores y tener altos niveles de productividad y eficiencia en la empresa.

Todo esto es válido para lograr los objetivos que se le proponen.

Por otro lado, todo puede irse por el desagüe en un solo movimiento no planificado que desconozca tu capacidad financiera a medio y largo plazo.

Lo que hace la matemática financiera es ayudarlo a comprender cómo se comporta el dinero.

Otro enfoque importante es dominar el conocimiento de ECONOMÍA.

La carrera del economista está llena de buenas oportunidades. El mercado laboral valora a los profesionales con formación en economía, tanto del sector público como del privado. Si estás pensando en ejercer esta profesión, sigue leyendo y echa un vistazo a 5 razones para estudiar Economía.

Principales razones para estudiar Economía

La Facultad de Ciencias Económicas tiene, en promedio, ocho semestres. Durante el curso, los futuros licenciados en economía tienen contacto con materias como Microeconomía, Macroeconomía, Economía Brasileña, Economía Internacional, Probabilidad y Estadística, Comunicación Empresarial y Econometría. Sin duda, este curso es uno de los más prometedores en la actualidad. A continuación, enumeramos las 5 razones principales para estudiar economía. ¡Vea!

1. Mercado caliente

Una encuesta sobre profesiones en alta, realizada por la consultora de selección Robert Half y publicada por Você / SA, señaló que los puestos relacionados con el mercado financiero se encuentran entre los más prometedores en la actualidad.

A pesar de las incertidumbres provocadas por la pandemia, este mercado sigue atrayendo nuevos talentos, especialmente en las áreas de fusiones y adquisiciones, riesgo, crédito y cumplimiento. Entre los Las organizaciones que más contratan son fintechs, bancos y corredores de inversiones.

2. Amplia área de especialización

Una de las principales preocupaciones que surgen a la hora de elegir una profesión es la empleabilidad. Después de todo, trabajar en el campo de la formación puede ser un desafío para muchas personas.

En este punto, quienes estudian economía tienen una gran ventaja. El economista puede trabajar en una variedad de mercados del sector privado, como evaluación de inversiones, planificación de mercados, gestión financiera y contabilidad.

Además, es posible encontrar oportunidades prometedoras en el sector público. A través de concursos periódicos, el economista puede ganar posiciones en agencias gubernamentales, como el BNDES y el Banco Central.

Finalmente, los economistas también pueden dedicarse al sector académico, desarrollando cursos de investigación y docencia en cursos de educación superior.

3. Profesión muy valorada en el mercado laboral

Además de ser uno de los profesionales más demandados por las empresas, el economista está muy valorado en el mercado laboral. Por ello, los profesionales recién egresados del área tienen la perspectiva de buenos salarios y excelentes oportunidades de crecimiento.

Según la Tabla de Salarios de Brasil, elaborada por Robert Half Consulting, el salario inicial de un economista junior está entre U $ 600,00 y U $ 1,200,00. Un economista jefe puede recibir hasta $ 8,000.

4. Posibilidad de emprender

Los datos del Global Entrepreneurship Monitor muestran que el número de emprendedores en Brasil alcanza los 52 millones. En el escenario actual del país, el emprendimiento es una alternativa muy atractiva, especialmente para quienes buscan ofrecer productos y servicios innovadores.

Si sueñas con abrir tu propio negocio, debes saber que la Facultad de Economía puede prepararte muy bien para este desafío. Después de todo, el curso comprende el comportamiento de diferentes mercados en diferentes situaciones.

Como economista, podrá hacer negocios en una variedad de sectores, además de ofrecer un asesoramiento experto a empresas e inversores.

5. Aprendizajes que ayudan en la vida personal

Sin duda, las nociones sobre economía, mercado e ingresos aprendidas en Economía serán de gran utilidad para la vida financiera y personal del alumno. Después de la formación, el economista actúa como un agente multiplicador de las lecciones recibidas en el curso, ayudando a la sociedad.

En Angola he guiado a muchos jóvenes a estudiar ECONOMÍA, precisamente por los grandes retos que afrontarán en el futuro.

Particularmente en los desafíos relacionados con la gestión financiera del país, el conocimiento de la economía es vital para el éxito en general. Un país económicamente fuerte es fundamental para una mejor calidad de vida de su gente.

Tanto la OFERTA como la DEMANDA deben gestionarse con mucho conocimiento para que pueda haber controles de precios y stock regulatorio de productos en general.

Para este momento de su lectura, ya debe haberse dado cuenta de la importancia real de este libro, ya que tenemos que abrir las mentes de nuestra pobre juventud negra para que visualicen ventanas importantes que necesitan abrirse para ellos, para que no se dominado por estereotipos de que solo a través de la fama, la música o el deporte tendrás éxito en la vida.

Existe un vasto universo de posibilidades para que los jóvenes negros y pobres obtengan el éxito tan soñado, que les garantizará los mejores ingresos para el mejor sustento de sus familias y la realización de sus sueños.

A menudo, este tipo de orientación no puede provenir de familias negras y pobres, ya que no tuvieron la oportunidad de adquirirla y transmitirla a sus hijos.

De ahí la gran importancia de este libro y de otros que no tienen miedo de afrontar los hechos y reconocer la necesidad que tenemos de cambiar desde dentro de nosotros.

Esto lo viví yo mismo, como ya tuve la oportunidad de mencionar en las páginas anteriores de este libro, y las decisiones que, a pesar de la corta edad que terminé tomando, me permitieron ir transmitiendo este mensaje a mis 62 años (2021).

NEGOCIO

El mundo empresarial es el más cercano a los jóvenes negros y pobres. Pero en su mayoría son negocios sin un alto valor agregado, generalmente en el área de alimentación, transporte y otras áreas que se pueden realizar con poca inversión y conocimiento.

Con la falta de preparación para obtener trabajos importantes en mercados cada vez más pequeños y competitivos, la mayoría de los jóvenes negros y los jóvenes pobres terminan encontrando una forma de subsistencia en el espíritu empresarial.

Suele ser trabajo informal, que acaba por albergar a un gran número de jóvenes de la denominada clase baja.

Cuando llegan a los 18 años sin mucha educación, estos jóvenes terminan con muy pocas opciones de apoyo.

Por no hablar de los que ingresan al mundo criminal.

El primer e importante punto es que todos los negocios legales son bienvenidos y expandir este universo empresarial es nuestro mayor desafío.

Vea que los temas anteriores son de fundamental importancia para que quienes llegan a esta edad se destaquen en el mundo empresarial. El conocimiento y la preparación son fundamentales.

Uno de los cursos de formación más adecuados para ayudarte a triunfar es la formación en Administración de Empresas, tanto a nivel secundario o técnico, como a nivel universitario o universitario. El TALENTO es la principal fuerza impulsora del éxito. Sin embargo, el talento por sí solo no lo es todo. Hay que sumar conocimiento, perseverancia y paciencia.

Igualmente, identificar las necesidades de los mercados donde pretendes instalar cualquier tipo de negocio es fundamental. El tema de las finanzas que vimos en las páginas anteriores marcará una gran diferencia a la hora de desarrollar algo que muchos ni siquiera sueñan que existe y que es de fundamental importancia, el llamado PLAN DE NEGOCIO. Con el PLAN DE NEGOCIO tienes la posibilidad de cometer menos errores. Esto se debe a que te obliga a analizar una serie muy amplia de situaciones que pueden incluso hacerte replantearte la viabilidad del negocio que deseas implementar.
Actualmente existen muchas aplicaciones que te permiten crear un buen plan de negocios a un bajo costo mensual. Uno de los que uso en mis Proyectos Sociales es UpMetrics. Ya viene con numerosas plantillas que facilitan mucho su trabajo.

El plan de negocios que hice para el proyecto COA, presentado en el Libro 4 - Quién planta dátiles no cosecha dátiles, se preparó utilizando tecnología UpMetrics. Cabe señalar que la aplicación es un facilitador de tu trabajo, pero no generará ningún Plan de Negocio sin tu participación efectiva.
Deberá completar toda la información en base a su conocimiento del negocio que desea implementar. Por ahora todo está en inglés.

NOTA: Tienes que esforzarte por conocer un mínimo del idioma inglés, ya que siempre es muy útil en la mayoría de plataformas digitales que debes utilizar para un mejor desempeño de tu negocio.

Luego de realizar tu PLAN DE NEGOCIO, que seguramente ya debes haber considerado una inversión en marketing o difusión, puedes utilizar las redes sociales donde podrás llegar a una gran audiencia para atraer clientes dentro de un mejor Costo X Beneficio.

Hacer negocios implica necesariamente dominar numerosos conocimientos. Cuanto más complejo sea su negocio, mayor será su conocimiento.

NUNCA DEJE SUS SUEÑOS Y PREPÁRESE PARA ELLOS.

El optimismo en todo lo que hacemos en la vida es siempre muy bienvenido y cuando se trata de varios conocimientos, es aún mejor. La teoría y la práctica se completan en el mundo empresarial.

LOS FACTORES EXTERNOS PUEDEN AYUDAR O DIFÍCILMENTE.

Todo dependerá de su disposición a superar las objeciones. Una pandemia como la de COVID 19 puso al mundo patas arriba. Se tuvieron que revisar miles y miles de negocios. Muchos fueron abortados. Muchos están en espera. Todo es muy relativo y no hay una regla específica sobre cómo actuar.

La sabiduría de los mayores es siempre muy bienvenida en estas situaciones, ya que ciertamente han tenido que superar muchas dificultades en la trayectoria de sus vidas.

Recuerdo muy bien que en 2001, el 11 de septiembre, un real en Brasil equivalía a un dólar estadounidense. Con el 11 de septiembre, el valor del dólar se disparó. Dormimos en el paraíso y nos despertamos en el infierno en Brasil.

Tuvimos que reinventarnos. Y esta experiencia cuenta mucho, ya que superar la confusión termina siendo uno de los principales requisitos para el éxito.

En algunas de las conferencias que doy, siempre digo que ser emprendedor requiere nervios de acero. Muchos se involucran en el emprendimiento porque no tienen espacio en el mercado laboral. Otros para buscar mejores condiciones de vida.

Lo que encontraremos en la historia de las naciones evolucionadas es TRABAJO y la creación de ESTRUCTURAS que permitan la evolución de sus pueblos.

EL GRAN DESAFÍO HUMANO ES LIBERAR A LOS DESPRIVADOS DEL CRECIMIENTO.

En el libro 4 de la Colección África, pongo al final del libro que un país como Brasil, que tiene más de la mitad de afrodescendientes, si crea las mejores condiciones para el crecimiento de esta mayoría, muy pronto se convertirá en una de las naciones más poderosas del mundo. Una masa que, impedida de progresar, se convierte en un problema, una vez motivada y con estructuras preparadas para crecer, inevitablemente elevará el PIB brasileño a niveles mucho más altos.

Para ello, la política, principalmente, ya no puede centrarse en defender los intereses de una minoría y empezar a trabajar duro para crear situaciones de igualdad, que permitan el nacimiento de nuevas generaciones de científicos, empresarios, agricultores, profesionales liberales de la más alta competencia. ..

En el libro 6 de la Colección África, vuelvo a colocar, sin miedo a ser feliz, las 55 RAZONES PARA INVERTIR EN ÁFRICA. Hay 52 repúblicas y 3 reinos con gran poder de crecimiento. El propósito de este libro era traer una nueva visión de África, con innumerables posibilidades. En este libro podrás ver rápidamente lo que ofrece cada país como ventajas para que lleves tu sueño empresarial a desarrollarse en África.

En el libro 7 LA NUEVA ÁFRICA BRASILEÑA presté especial atención a todo un universo de franquicias que pueden encontrar grandes oportunidades en el territorio africano. Negocios exitosos, formateados, que se pueden implementar en África, generando riqueza para el continente africano y para los distintos franquiciadores.

Pude trabajar en estrecha colaboración con el embajador sueco en Angola en ese momento, Lennart Killander Larsson, y aprendí mucho de él y de Suecia. Las embajadas de Suecia en África son verdaderos centros de negocios que operan a través de su Equipo Suecia.

Tanto en Brasil como en África, muchos fueron los acuerdos que tuve y tengo la oportunidad de apoyar. En Angola, destaco el hermoso trabajo realizado por Gold Procurement desde 2014. Gold Procurement, Lda es una empresa angoleña especializada en la compra y suministro de Equipos de Protección Personal para la Industria Angoleña. Es la primera plataforma de compras en Angola, ofreciendo a sus clientes todo tipo de productos y soluciones de acuerdo a sus necesidades. Gold Procurement gestiona la cadena de suministro completa de las empresas, ayudándolas a centrar su atención en su negocio principal, subcontratando sus compras a Gold Procurement. Con plataformas de soporte en los 5 continentes, Gold Procurement es la opción ideal para el crecimiento de su empresa.

Recientemente, Gold Procurement inició líneas de fabricación para productos con gran necesidad en Angola. Estos son los llamados Trapos de Algodón Cortados Dorados, Fabricados con tejidos 100% algodón, tienen alto poder para absorber los desechos. Son ideales para segmentos industriales en general, desde talleres y fábricas hasta maquinaria. Los trapos de algodón GOLD se ofrecen con opciones de pacas grandes y entrega inmediata. Disponible en balas de: 50 kg / 45 kg / 25 kg / 10 kg / 05 kg

NEGOCIO

El comercio ha sido el sustento de la gente pobre en general. En Brasil, los vendedores ambulantes. En Angola los Zungueiros. Son hombres y mujeres de inmensa fuerza de voluntad que enfrentan enormes desafíos a través del comercio para lograr sustento en sus hogares.

Los grandes mercados informales están formados por la propia gente donde cobran precios muy competitivos y venden absolutamente todo. No solo productos, sino servicios.

Los mercados como estamos acostumbrados a ver, que normalmente pertenecen a grandes cadenas de todo el mundo existen, pero solo sirven a una parte de la sociedad.

LA VIDA SIEMPRE ENCUENTRA LA MANERA DE AVANZAR

Y así ha sido. Veo este gran mercado por explorar, respetando esta gran masa de población mundial. Es inútil ocultar la pobreza. Es parte del mundo actual y reducirlo de todas las formas posibles es nuestro gran desafío. Los científicos sociales, en particular, deben intervenir y presentar una gran variedad de invenciones. El desarrollo de la capacidad de los pobres para crear sus propias soluciones a sus principales necesidades debe pasar invariablemente por el comercio. Baños públicos. El agua potable. Agua para higiene general. Lucha contra brigadas de basura y mucha educación para la gente en general. Los generadores de energía eléctrica con dispositivos que permiten un mayor rendimiento en áreas remotas y extremadamente desafiantes también son una prioridad. Carros de transporte adaptados a bicicletas, bancos para guardar productos, etc.

Debido a mis constantes desplazamientos, puedo decir que el mundo científico aún tiene mucho en lo que trabajar. Muchas veces brindar mejores condiciones de vida no es copiar el estilo de vida de otros lugares, sino simplemente mejorar la calidad de vida de las comunidades que viven más en contacto con la naturaleza, brindándoles soluciones que satisfagan sus necesidades básicas y no solo, con equipos y productos en general creados. específicamente para sus necesidades.

Este es el caso del Control de Encendido vía Teléfono Móvil, creado por el inventor Luciano Muecalia. Sirve perfectamente a regiones de difícil acceso, donde moverse del punto A al punto B puede ser incluso imposible. Es un puente que cae. Es un automóvil que se descompone y un hombre de familia puede sufrir numerosos daños porque es posible que no pueda llegar a tiempo para encender el generador de su negocio o residencia.

Otros inventos importantes son constantemente creados por científicos heroicos que, con sus propios recursos, ponen sus talentos al servicio de la comunidad local.

Los talentos nacen en todas partes. Es común, especialmente en África, encontrarse con mentes brillantes que hacen cosas para deleitar a científicos de renombre.

¿Qué falta entonces?
Crear condiciones para el descubrimiento de estos talentos y estructuras capaces de garantizarles el mantenimiento y la continuidad de su trabajo.

Los países del primer mundo, en lugar de hacer grandes esfuerzos para que exista una dependencia global de sus inventos y productos, necesitan entender que un vehículo con la máxima tecnología del planeta puede simplemente no funcionar en algunos suelos africanos.

Las sillas de ruedas hechas para moverse sobre asfalto no funcionan en las afueras de África. Es imposible para los científicos brillantes de los países desarrollados encontrar soluciones a situaciones que ni siquiera pueden imaginar.

Los puentes móviles y acoplables son necesidades imperativas en muchas regiones del planeta, que se pueden montar y desmontar en horas.

En medicina, entonces, diferentes hojas y plantas curan innumerables dolencias que los remedios tradicionales no pueden tener la misma eficacia. Estos son conocimientos que se han transmitido de generación en generación.

Cuanto mayor sea el propósito de ayudar, crear mejores situaciones laborales y de vida para las personas de todo el mundo, más prosperará el negocio de todas y cada una de las empresas.

En lugar de importar equipos y soluciones impensables para determinadas ubicaciones, cree a partir de las ubicaciones.

Cuanta más gente tenga la salud y los recursos para consumir productos globales, mejor para los capitalistas. Para que eso suceda, debes tener esta visión. Cuántos miles y millones de personas en África podrían consumir su producto si tuvieran los medios para hacerlo.

Los BANCOS en particular tienen esta mentalidad de anteponer el capital a todo lo demás, como si el capital mismo tuviera vida. Una codicia sin medida y sin sentido lógico. El capital no nació para su propio sustento, sino para el movimiento de negocios que generan riqueza y aún más capital.

El capitalismo financiero ha sido el gran verdugo de nuestro tiempo (2021), pero ciertamente tiene una fecha para cambiar. Él mismo ya está cavando su fin, ya que obliga a la gran masa de la población mundial a sobrevivir sin él. Sobrevivir o morir. Como la vida siempre encuentra la manera de avanzar, SURVIVAL es seguro.

INDUSTRIA

Existen varios tipos de industria, el proceso de actividad industrial se clasifica según su foco de actuación.

La actividad industrial consiste en el proceso productivo que tiene como objetivo transformar la materia prima en mercancía a través del trabajo humano y, de forma cada vez más común, utilizando máquinas. Esta actividad se clasifica según su foco de actividad, dividiéndose en tres grandes grupos: industrias de bienes de producción, industrias de bienes intermedios e industrias de bienes de consumo.

Las industrias de bienes de producción, también llamadas industrias básicas o pesadas, son las encargadas de transformar las materias primas en materias primas procesadas, siendo la base de otras ramas industriales. Las industrias de bienes de producción se dividen en dos ramas: bienes de capital y extractivos.

Industrias extractivas - son aquellas que extraen materias primas de la naturaleza (vegetal, animal o mineral) sin ningún cambio significativo en sus propiedades elementales. Ejemplos: industria de la madera, producción de minerales, extracción de petróleo y carbón mineral.

Industrias de equipos: son responsables de la transformación de bienes naturales o semielaborados para la estructuración de las industrias de bienes intermedios y bienes de consumo. Ejemplos: acero, petroquímicos, etc.

Las industrias de bienes intermedios se caracterizan por el suministro de productos procesados. Producen maquinaria y equipo que se utilizará en los diversos segmentos de las industrias de bienes de consumo. Ejemplos: mecánica (máquinas industriales, tractores, motores de automóviles, etc.); autopartes (ruedas, neumáticos, etc.)

Las industrias de bienes de consumo tienen su producción dirigida directamente al mercado de consumo, es decir, a la población en general. También existe la división de este tipo de industrias de acuerdo a su desempeño en el mercado, se ramifican en industrias de bienes duraderos y bienes no duraderos.

Industrias de bienes duraderos: son aquellas que fabrican bienes no perecederos. Ejemplos de este tipo de industria son: automóvil, mobiliario comercial, material eléctrico, electrónica, etc.

Industrias de bienes no duraderos: producen necesidades básicas y consumo generalizado, es decir, productos perecederos. Ejemplos: alimentación, textil, confección, medicina, cosmética, etc.

El filósofo Paulo Ghiraldelli, a quien dedicamos nuestro especial agradecimiento en este libro, ha llamado nuestra atención sobre el pensamiento que han hecho creer a nuestros jóvenes, que el gran objetivo de las personas debe ser convertirse en autónomos, alejándose así de el mercado laboral innumerables candidatos que, llevados a ser sus propios jefes, no logran convertirse en profesionales de alto nivel.

Especialmente en Brasil, con la fuerte caída en el número de empresas con productos de alto valor agregado, la formación de mano de obra especializada se está reduciendo aún más.

Principales ocupaciones del sector industrial

Electrotécnico

Profesión para quienes buscan trabajos relacionados con la ejecución y mantenimiento de componentes y equipos electrónicos. Es una rama de la Ingeniería Eléctrica, por lo tanto, la profesión requiere trabajadores enfocados, organizados y responsables.

Al finalizar el curso técnico, el profesional podrá trabajar en las industrias metalúrgica, de telecomunicaciones o incluso de la construcción civil. Sin embargo, donde hay más espacio para que el técnico en Electrotécnica se destaque y crezca es en las empresas dedicadas a la generación y distribución de energía eléctrica, además de las empresas de agua y saneamiento y las empresas que instalan y mantienen equipos técnicos.

Asistente de producción

Es el profesional encargado de preparar los materiales para la alimentación de las líneas de producción, organizar el área de servicio, abastecer las líneas de producción y las máquinas de alimentación. Es él quien monitorea los procesos y equipos de la línea de producción, ayudando a gestionar los procesos industriales, de acuerdo con los estándares y procedimientos técnicos de calidad, seguridad, higiene y salud.

Debido a todas estas habilidades, el asistente de producción tendrá opciones para trabajar en industrias en diferentes áreas. De hecho, es capaz de trabajar en cualquier sector, pudiendo optar por las industrias alimentaria, automovilística, metalúrgica, farmacéutica, etc.

Mecánico de mantenimiento de maquinaria industrial

Se encarga de realizar el mantenimiento de los componentes, equipos y maquinaria industrial. Planifica las actividades de mantenimiento, evaluando las condiciones operativas y el rendimiento de las máquinas y equipos.

Se encarga de lubricar máquinas, componentes y herramientas, documentar la información técnica y realizar el mantenimiento preventivo y correctivo de maquinaria y equipos. Al igual que el asistente de producción, tiene multitud de opciones y puede elegir el área que más le guste.

Asistente de logística

El Auxiliar de Logística se encarga de colaborar con la planificación de espacios y la distribución de mercancías, aportando la información necesaria para la toma de decisiones sobre las operaciones logísticas. Además, desarrolla actividades relacionadas con los recursos materiales, financieros y personales de una empresa.

Sus principales funciones son separar, enviar y recibir materiales teniendo en cuenta plazos y modalidades, solicitar y controlar los costos de las operaciones logísticas, programar y coordinar al conductor de la empresa, trabajar con la reubicación de materiales, controlar el stock de todos los clientes, emitir facturas desde el envío simple. para almacenar entrada, entre otras funciones diversas.

Para que el profesional tenga un buen desempeño, es fundamental que tenga habilidad con los números, capacidad para resolver situaciones adversas, paciencia, metodología y agilidad.

NR 10

La profesión básica NR 10 es probablemente una de las más jóvenes del sector industrial. La NR 10 es la Norma Reglamentaria 10 del Código del Trabajo, que aborda específicamente la seguridad en las instalaciones y servicios eléctricos. Es una subdivisión del área de Seguridad Ocupacional, pero más enfocada. La presencia del Técnico NR 10 es necesaria debido a la complejidad y riesgo que entraña cuando el tema es la electricidad.

El curso técnico en básico NR 10 es importante porque puede mejorar el plan de estudios de quienes quieren trabajar en puestos que requieren vivir con electricidad. Demuestra que el profesional conoce la normativa respectiva y, por tanto, es capaz de realizar actividades de riesgo eléctrico sin que ello suponga una amenaza para él y los demás.

Además de las ocupaciones antes mencionadas, existen varias otras en el sector industrial, como Operador de Soporte Técnico Informático, Asistente de Laboratorio de Análisis Físico Químico, Diseñador Técnico, etc. Lo más importante es tener aptitud y, sobre todo, una buena educación en la zona.

"Made in Ethiopia", la nueva moda para la producción textil en África

Las etiquetas de la ropa revelan dónde se hicieron realmente. Etiopía ya figura en las etiquetas de las principales marcas y quiere convertirse en el centro de producción textil de África. ¿Pero a qué precio?

Etiopía piensa en grande. Para 2025, se espera que más de 30 parques industriales gigantes abastezcan al mundo con ropa fabricada en el país, creen 350.000 puestos de trabajo y generen alrededor de 27.000 millones de euros a través de las exportaciones.

Para Temesgen Tilahun, de la Comisión de Inversiones de Etiopía, la mano de obra es un activo importante en la competencia con países asiáticos como Bangladesh, Vietnam y China.

"Etiopía es un país con más de 110 millones de habitantes. Entre el 60% y el 70% de estas personas son muy jóvenes, en edad laboral, capacitadas y muy disponibles. Tenemos que aprovechar este potencial para transformar Etiopía en un centro de producción . No exigimos salarios altos, que es un aspecto importante que los inversores deben considerar invertir en Etiopía ", dice.

Salario más bajo del mundo en el sector
En Bangladesh, los trabajadores ganan tres veces más que en Etiopía y en China hasta diez veces más. En ningún otro país esta industria paga menos que en Etiopía. Según una encuesta reciente de la Universidad de Nueva York, a menudo cuesta solo 23 € al mes.

Los bajos salarios, combinados con exenciones fiscales, una ubicación atractiva y electricidad barata, deberían atraer a Etiopía a empresas textiles de todo el mundo.

Volumen 90%

"Made in Ethiopia", la nueva moda para la producción textil en África
Ya se están construyendo fábricas en todo el país. La producción de prendas de vestir está en pleno apogeo. Empresas como H&M, Levi's, Primark, Calzedonia, Calvin Klein, Tommy Hilfiger, Tschibo, Aldi y Lidl ya están produciendo en Etiopía.

Para el Gobierno de Etiopía, el Parque Industrial Hawassa, en el sur del país, es un modelo para el futuro de la producción textil: ofrece condiciones de trabajo seguras, instalaciones modernas y ecológicamente correctas.

Aquí trabajan 23 mil personas. Uno de ellos, que prefiere no ser identificado, nos cuenta su rutina. Cuando tienes un turno temprano, comienza a las cuatro de la mañana, seis días a la semana. Ganas unos 27 euros (900 Birr) al mes, más almuerzo y transporte al trabajo.

"Lo que obtenemos no es suficiente, porque es desproporcionado con el trabajo que hacemos. Me quedo 8 horas cosiendo. Gano 600 camisetas al día. Realmente es mucho trabajo, pero muy poco dinero. No es justo". describir.

Alto precio para los trabajadores

Los salarios extremadamente bajos provocan una gran fluctuación de trabajadores en los parques industriales. Los gerentes informan que aproximadamente la mitad de la fuerza laboral renuncia en el primer año. Según la investigación de la Universidad de Nueva York, este número alcanza casi el 100%. Las huelgas también son cada vez más frecuentes.

Nuestro interlocutor vive en una pequeña habitación compartida, en una cabaña en las afueras de Hawassa. "Tres de nosotros vivimos aquí y tratamos de compartir todos los costos posibles. El alquiler, pero también los gastos de comida, entre otras cosas. No se puede vivir más barato, pero el dinero a menudo no es suficiente para todo el mes. Difícil. Esperamos que algún día aumente el salario ", concluye.

Pero eso no es lo que parece. Las empresas se están beneficiando de los bajos salarios y hacen que el gobierno etíope rinda cuentas. Sin embargo, el Gobierno tiene dificultades para introducir un salario mínimo legal. No hay inversores para los muchos parques industriales planificados y tampoco quiere asustarlos.

REFINAMIENTO

Escribir este libro fue realmente un sueño hecho realidad, ya que los africanos de todo el mundo han carecido de este tipo de orientación. Al elegir una profesión, uno suele pensar primero en lo que genera dinero y mucho después en la vocación.

Existen innumerables barreras, empezando por la financiera y la falta de estructura en la mayoría de los países, que cuando existen, solo benefician a los hijos de familias con mayor poder financiero, en detrimento de los talentosos, sin los recursos para pagar lo bueno e importante. escuelas.

Los hijos de los pobres y los negros acaban siendo empujados por todas las fuerzas imaginables e inimaginables para engrosar un grupo de perdedores, sin suerte e incapaces de ver más allá de ese verdadero agujero negro en el que nacieron y se ven obligados a permanecer.

Las galaxias iluminadas por estrellas y más estrellas solo son vistas por unos pocos, y no tengo ninguna duda de que esta es una de las principales causas de las diferencias que se han perpetuado durante siglos.

La mayoría de las decisiones que tomé en mi adolescencia y juventud fueron en gran parte responsables de la historia que he construido. Como no tenía dinero en ese momento, creé algo que llamé "capital invertido" que no era más que pasivos o deudas. Lo que en Brasil llamamos "nombre sucio" (dado al deudor en general), lo llamo "nombre atrevido". Hoy, a los 62 años, no pude hacer lo que hice cuando tenía 20 años. Esta audacia naturalmente me causó varias limitaciones, pero me proporcionó una experiencia de vida que nunca tendría si mi enfoque no fuera correr riesgos.

PENSAMIENTO, digo de nuevo lo es todo. Si nos guiamos ciegamente por lo que canta "Zeca Pagodinho" el músico de samba brasileño, "LETS LIFE TAKE ME, LIFE TAKES ME", puede que no lleguemos muy lejos y esto es lo que ha sucedido principalmente con la raza negra en el mundo y con la pobre en general.

Un conformismo o resiliencia verdaderamente sanguinario, porque al mismo tiempo que llevan a nuestros jóvenes a aceptar simplemente lo poco que les ofrece la vida, son bombardeados por el mercado capitalista que, con su voraz hambre de consumo, les impone productos y más productos. que no pueden comprar y para ello acaba buscando recursos en robos, narcotráfico y prostitución.

Incluso cuando los recursos llegan a manos de personajes famosos, futbolistas, músicos, una buena parte se gasta de forma inapropiada porque pocos son los que tienen la formación para transformar el dinero en capital y el capital en riqueza.

Hay toda una ingeniería de consumo creada para sacar dinero de las celebridades. Chicas guapas, coches de lujo, mansiones muy caras. Creo que no necesito nombrar nombres, ya que el regreso a la miseria de las celebridades desde la pobreza o el gueto son platos llenos para los medios sensacionalistas de todo el mundo.

La educación y la formación son los antídotos contra este veneno que ha estado consumiendo la mente y la vida de los negros del planeta. Más que exigir nuestros espacios en un mundo blanco y dominante, tenemos que construir nuestros espacios y dentro de ellos, establecer nuevas reglas que no excluyan a nadie por su color o clase social, pero que, a través de la generación de puestos de trabajo, los saque de la pobreza. y del hambre todos, absolutamente todos nuestros hermanos.

En definitiva, no podemos limitarnos solo a bailar, jugar al fútbol, al baloncesto y vivir en plazas que nos fueron alentadas o incluso impuestas.

Si alguien tiene que iniciar CURSOS NUEVOS E IMPORTANTES, ¿por qué no podemos hacerlo nosotros mismos?

En la foto de arriba, la joven angoleña Chinda Dias, posando con los libros 5 y 6 que acaban de llegar de Correios de Angola. Una imagen que refleja la gran satisfacción del trabajo realizado.

Chinda ha seguido varias pautas que le di con respecto a la búsqueda del CONOCIMIENTO. La recomendé a algunos sitios con numerosos cursos en línea de forma gratuita. Acaba de trabajar en una destacada empresa de Angola y ya empezó con un salario que le permitirá cambiar la historia de su vida. Y se incorporó a la empresa, donde la mayoría de los contratados son blancos, ocupando un puesto de gran relevancia.

Como la mayoría de los jóvenes angoleños, Chinda Dias baila espléndidamente y sigue bailando, pero ahora va más allá del baile, podrá estudiar aún más, viajar para tomar cursos en Sudáfrica durante sus vacaciones, mejorar su idioma inglés, realizar sueños y más. Sueños.

Al igual que hice con Chinda Dias, recomendé los mismos cursos a otros jóvenes a los que les importaba un comino. Siguen esperando a que todo caiga del cielo. Como decía mi amiga Aldeci Carvalho, que vive en el estado de Espírito Santo en Brasil: "El cielo solo llueve y truena". Y sin embargo como se enseña en la Iglesia Kimbanguista: AMOR, MANDAMIENTO Y TRABAJO.

Concluyendo y mirando en las Sagradas Escrituras, "DAN A DIOS LO QUE ES DIOS Y AL CÉSAR LO DE CÉSAR".

Puedo garantizar que la pobreza, la tristeza, el sufrimiento, el dolor, el hambre no agradan a Dios que creó a todos sus hijos para ser felices.

¿Y SI ÁFRICA PODRÍA HABLAR?

Celso Salles

Son innumerables las razones que acaban por callar África. Uno de los principales ha sido el silencio de los propios africanos. Hablar. Comunique sus ideas y sus pensamientos. Pocos están dispuestos a ser los mensajeros de África. Lo que más influye en este silencio no es el miedo, sino la pereza. Y es la pereza la que hay que luchar contra el cansancio. Salga de la línea con la comodidad. El propio motor de búsqueda de Google tiene la palabra escrita digitalmente como su gran motor de búsqueda. Las tragedias, las guerras y los conflictos son publicitados rápida e intensamente por los medios de comunicación, lo que acaba alimentando imágenes de pobreza, hambre y violencia que, de hecho, tienen en todo el mundo, no solo en África. Puedo decir que lo mismo ocurre con los musulmanes, inmensamente pacíficos, pero con una imagen deteriorada por la cobertura de prensa de grupos radicales, conflictos localizados y muchas veces iniciados por quienes están en el poder en el mundo que aman el odio, porque venden armas, quitan gobiernos. y evitar que África crezca.

El mal en general es mucho más hábil que el bien para revelarse a sí mismo. Todo lo que construye o provoca crecimiento suele ser silencioso. En el año 2021 podemos agregar la mentira masiva como otra forma dañina de difusión de mensajes.

Por un lado, los que ostentan el poder, por el otro, los mentirosos. La pregunta es: ¿Qué le queda a África?

De una cosa estoy seguro, para seguir como estamos, no podemos. Descubrimos que la voz de África, aunque en pequeña cantidad, no se amplifica, incluso con los micrófonos encendidos y conectados a una red mundial.

Para considerarmos que a África está efetivamente falando, temos que analisar uma série de fatores, a serem trabalhados em uníssono para que novas e importantes ações possam ser feitas, a fim de que a voz da África comece a ser ouvida de forma geral, em todo el mundo.

El propósito de este libro es DESPERTAR. Es humanamente imposible poner La Voz de África en 120 páginas de un libro. Necesitaríamos miles y miles de bibliotecas. Por tanto, nuestra ambición es pura y simple, abrir los ojos de todos los africanos sobre la gran importancia que tiene un trabajo sinérgico y en equipo, donde muchos puedan hablar de sus realidades, fuerzas propulsoras y restrictivas.

Hay miles y miles de culturas que ya no se pueden limitar al exilio como se viene haciendo desde hace más de 4 siglos. La falta de conocimiento sobre África es gigantesca. En varias partes del mundo, incluido Brasil, se cree que África es un país.

¿Por qué no cree que Europa es un país? Exactamente por la cantidad de información generada y compartida. Para el plan de estudios de miles y miles de cursos curriculares y más.

En el libro 5 de la Colección África "55 razones para invertir en África", recorrimos los 55 países de África exactamente con el enfoque PROGRESIVO, que es lo que hacen los Primeros Bloques Mundiales.

Aquí en Angola, donde en 2011 pisé por primera vez en territorio africano, hay innumerables oportunidades de inversión, con una gran fuente de riqueza, un pueblo mayoritariamente joven y con un enorme potencial de aprendizaje y trabajo.

Al igual que en Angola, en los otros 54 países de África las oportunidades son inmensas. ¿Qué necesitamos hacer? Necesitamos hablar hasta los codos si es necesario para que esta NUEVA ÁFRICA pueda surgir en los años venideros.

COMPARTE TODO LO BUENO.
ACCESO MULTIPLICADO.

Mira, ¿es bueno? CUOTA. No te lo guardes para ti. Páselo hacia adelante. Comuníquese con más personas. Como intentaré mostrar en el resto de las páginas de este libro, ÁFRICA HA HABLADO MUCHO, contrariamente a la creencia popular. En pocas palabras, mucho de lo que se dice que es bueno en África, sistemáticamente termina por no llegar a una gran audiencia en todo el mundo. Y luego entras. Y luego entro. Cada uno de nosotros tiene un papel extremadamente importante en esta divulgación.

Desde el año 2000 yo mismo he tenido la oportunidad de desarrollar numerosas actividades que han contribuido a lo largo de los años a una mayor y mejor percepción de África.

A través del Canal de Youtube de EDUCASAT, iniciado el 16 de junio de 2007, he ido llevando miles de videos de África al mundo, donde sin ninguna campaña para atraer seguidores, el 19 de agosto de 2021 alcancé las 1128,451 visualizaciones. Depende de MÍ HACER HABLAR A ÁFRICA. TAMBIÉN DEPENDE DE USTED. (youtube.com/educasat)

ÁFRICA ESTÁ HABLANDO
PERO DESAfortunadamente, PUEDE NO ESTAR ESCUCHANDO.

ESCUCHAR AFRICA HABLAR
CON CORAZONES Y OÍDOS ABIERTOS

Toda la planificación realizada por la Unión Africana es de la más alta competencia. Lograr la Agenda 2063 en su totalidad requiere mucho apoyo de todos los países miembros y del mundo en general. Cambiar la actitud equivocada de siglos es un desafío inmenso que debe iniciarse en el alma de cada uno de nosotros. Empezar a escuchar los reclamos de África hechos de una manera tan competente y profesional es, sobre todo, nuestro deber.

África NECESITA CRECER Y DESARROLLARSE CON EL APOYO DE TODOS NOSOTROS.

Los países con una riqueza inmensa y mano de obra joven no se combinan con el desempleo, la pobreza y el hambre. Hay errores estructurales que se remontan a siglos y que necesitamos corregir urgentemente.

En el pasado nos apropiamos de lo que no era nuestro. Así que ha llegado el momento de que comencemos una gran cadena mundial de apoyo para todas y cada una de las iniciativas de la Unión Africana.

Nosotros en el resto del mundo estamos en una situación privilegiada, pero no podemos olvidar que gran parte de este privilegio se logró con sangre africana. Como afrobrasileña, también con la sangre europea corriendo por mis venas, a pesar de mi melanina negra, tengo que asumir el lado europeo y RECONOCER mi culpa dentro de este lado. Pero no basta con reconocer, tenemos que tomar medidas serias para REPARAR todo el daño que le hemos hecho al continente cuna.

Olvidar, ignorar, fingir que no sabemos nada o que no es nuestro, son procedimientos que debemos cambiar. Si fueron mis antepasados quienes causaron todo el dolor al continente africano, sí, me corresponde a mí y a mis descendientes provocar cambios significativos que permitan el AVANCE DEL CONTINENTE AFRICANO hacia su pleno y mayor desarrollo.
Cualquier tipo de SABOTAJE que se pueda pensar debe ser eliminado inmediatamente. La Unión Africana está haciendo su parte. Ahora, como seres

humanos, necesitamos hacer nuestra parte.

En mi forma de ver las cosas, nuestra humanidad actual necesita mucho de lo que he llamado en libros anteriores el AFRICANO DE ALMA. Con AFRICANO DE ALMA equilibramos nuestra existencia como seres humanos.

Desde 2011, cuando puse un pie en África por primera vez, he podido sentir, en persona en el continente africano, mucho de lo que ya hemos perdido como seres humanos en otras partes del mundo.

Nos ponemos fríos, consumistas, amargados, tristes, llenos de odio y ponemos el dinero como única fuente de felicidad. Y de ahí proviene la corrupción y las grandes desigualdades.

Hemos vivido como si el capital financiero fuera un dios. Y para una buena parte de la humanidad lo es. Sin embargo, para aquellos que tienen una visión más aguda, el camino de la amargura que recorremos como la humanidad lo ve claramente. Un verdadero desequilibrio, hombre, Dios y naturaleza.

Lo que más perdemos en nuestras civilizaciones occidentalizadas es lo que puedo llamar el NÚCLEO FAMILIAR, tan presente y visible en África, que por una bendición divina aún lo mantiene en sus raíces y culturas. Un desarrollo africano, sin la pérdida de sus tradiciones, costumbres y cultura es fundamental. Tenemos que africanizar Occidente en lugar de occidentalizar África.

En las siguientes páginas pondré algunos textos importantes de mi fuente de investigación, extraídos de la Plataforma Digital de la Unión Africana, según entiendo que son los GRANDES PONENTES del Continente Africano. Al mismo tiempo, expondré algunos puntos de vista que considero de fundamental importancia. Las imágenes africanas destacadas pertenecen a la Revista Anual de la Unión Africana, que se puede descargar utilizando el CÓDIGO QR en inglés o francés en las páginas 12 y 13 de este libro.

au.info

Un África integrada, próspera y pacífica, impulsada por sus propios ciudadanos y que represente una fuerza dinámica en el escenario mundial.

África sin visa

La Aspiración 2 de la Agenda 2063 prevé "Un continente integrado y políticamente unido basado en los ideales del panafricanismo y la visión del Renacimiento africano" y la Aspiración 5 prevé "Una África con una fuerte identidad cultural, herencia común, valores y ética compartidos "

Para lograr estas aspiraciones de los africanos de verse a sí mismos como un pueblo unido bajo los ideales del panafricanismo, es necesario eliminar las barreras físicas e invisibles que impedían la integración de los pueblos africanos.

El proyecto insignia de la Agenda 2063, el Pasaporte Africano y el Libre Movimiento de Personas, tiene como objetivo eliminar las restricciones a la capacidad de los africanos para viajar, trabajar y vivir en su propio continente. La iniciativa tiene como objetivo transformar las leyes de África, que siguen siendo en general restrictivas del movimiento de personas, a pesar de los compromisos políticos de derribar fronteras con el objetivo de promover la emisión de visados por parte de los Estados miembros para mejorar la libre circulación de todos los ciudadanos africanos en todos los países africanos. .

Se espera que la libre circulación de personas en África ofrezca varios beneficios importantes, que incluyen:

• Estimular el comercio, el comercio y el turismo intraafricanos;

• Facilitar la movilidad laboral, la transferencia de conocimientos y habilidades intraafricanas;

• Promoción de la identidad panafricana, la integración social y el turismo;

• Mejorar la infraestructura transfronteriza y el desarrollo compartido;

• Promover un enfoque integral de la gestión de fronteras;

• Promoción del estado de derecho, los derechos humanos y la salud pública.

El Departamento de Asuntos Políticos lidera los esfuerzos de integración de la Unión Africana sobre la capacidad de los africanos para vivir y trabajar en el continente y trabajar con los estados miembros para identificar oportunidades para eliminar las barreras al movimiento de africanos en África.

Particularmente me encanta la idea de un pasaporte africano y el libre tránsito de africanos en África, como ocurre en el continente europeo, por ejemplo.

Me encantaría estar vivo para ver que esto suceda. Casi sería como retroceder en el tiempo y sentir lo que nuestras generaciones más recientes no pudieron sentir: UNA ÁFRICA.

Para que un país determinado crezca es necesario que todas las personas, la gente en general, den prioridad al país en lugar de sus propias prioridades. Todos o la mayoría haciéndolo, el país evoluciona, sin miedo a equivocarse.

Lo mismo ocurre con un continente. Todos los países pensando en el continente, crecerá y se desarrollará.

Entonces podemos pensar:

1º - Desarrollo personal;

2º - Desarrollo Colectivo Nacional;

3º - Desarrollo Colectivo Continental.

La base de estos desarrollos es la EDUCACIÓN. Precisamente por eso la Agenda es 2063, no es 2023, ni 2033. Es necesario considerar toda una serie de logros dentro del conjunto que propone la Agenda 2063, para que llegue este día tan soñado.

Estando en el continente africano, mientras escribo este Libro 10 de la Colección África, siento que incluso la Unión Africana todavía no es conocida por la gran masa, y mucho menos la Agenda 2063 o incluso este maravilloso Programa África sin Visa.

Básicamente, todas las acciones dirigidas a cambios significativos, que van en contra de los intereses particulares de las personas, las naciones y los continentes, nunca se evidencian.

Sin embargo, es MARAVILLOSO IMAGINAR EL CONTINENTE AFRICANO con esta nueva actuación. Absolutamente todo en África es dinámico. Esta NUEVA ÁFRICA 2063 beneficia a la economía del continente de forma sana y duradera. Se fomentan todos los sectores de la economía. La cantidad de inversores de todo el mundo que dan prioridad a África también se disparará.

Volviendo al plano del PENSAMIENTO, tenemos que eliminar la idea de que "cuando uno gana, el otro pierde". Podemos pensar de manera muy diferente, como "cuando uno gana, el otro gana aún más". El mayor desarrollo de África creará nuevos e importantes mercados de consumidores. Todo el mundo quiere un iPhone de gama alta, pero su precio restringe a muchos usuarios. Si mejoro las condiciones para los usuarios, alimentaré nuevos e importantes mercados, lo que calentará varias industrias en todo el mundo, especialmente si estas industrias tienen su sede en el continente africano. DETENER - PENSAR - REFLEXIONAR.

African Union

African Union Headquarters
P.O. Box 3243, Roosvelt Street W21K19, Addis Ababa, Ethiopia
Tel: +251 (0) 11 551 77 00 **Fax:** +251 (0) 11 551 78 44
www.au.int

www.twitter.com/_AfricanUnion
www.facebook.com/AfricanUnionCommission
www.youtube.com/AUCommission

Migración, Trabajo y Empleo

A lo largo de su historia, África ha experimentado movimientos migratorios, tanto voluntarios como forzados, que han contribuido a su panorama demográfico contemporáneo. En muchas partes del continente, las comunidades están distribuidas en dos o tres estados-nación y el movimiento a menudo no está limitado por fronteras políticas. La migración en África se debe a una multiplicidad de factores que incluyen la necesidad de mejores condiciones socioeconómicas a través del empleo, factores ambientales, así como el alivio de la inestabilidad política, los conflictos y las luchas civiles. África también está experimentando cambios en los patrones de migración reflejados en la feminización de la migración; un aumento del número de jóvenes en tránsito y un aumento de los flujos migratorios irregulares, que incluyen la trata de personas y el tráfico ilícito de migrantes.

La integración económica es un camino clave para el desarrollo y requiere movilidad laboral y otras formas de participación económica que requieren el movimiento de personas y la Unión Africana cree que, si se gestiona de manera coherente, son los principales factores que provocan la migración en el continente. , las naciones y las regiones pueden cosechar los beneficios de los vínculos entre la migración y el desarrollo mientras el continente se esfuerza por lograr los ideales de la Agenda 2063.

El Marco de políticas migratorias de la Unión Africana para África MPFA es uno de los marcos continentales que se ha desarrollado para permitir que África gestione mejor la migración planificada y se beneficie de ella, proporcionando orientación estratégica a los Estados miembros y las comunidades económicas regionales en la gestión de la migración a través de la formulación e implementación de sus propios planes nacionales y políticas migratorias regionales de acuerdo a sus prioridades y recursos. El MPFA proporciona orientación en varias áreas clave, que incluyen:

gobernanza de la migración
migración laboral y educación
Participación de la diáspora
Gobernanza fronteriza;
Migración irregular;
Desplazamiento forzado;
Migración interna;
Migración y Comercio;

El Departamento de Asuntos Sociales promueve el trabajo de la UA en el área de migración, trabajo y empleo, y el Departamento de Asuntos Políticos está trabajando con los estados miembros para implementar el Protocolo de la UA sobre libre circulación de personas, derechos de residencia y derecho de establecimiento.

He tenido la oportunidad de observar que no hay escasez de talento en el territorio africano. En mi opinión, la mayor dificultad actual es la gestión de ESTOS TALENTOS. Durante este período que me encuentro en territorio angoleño, he tenido la oportunidad de quedarme en varios barrios de Luanda, capital de Angola. Um dos que tenho aprendido muito e gosto muito de ficar é no bairro chamado Mártires de Kifangondo, onde a maioria dos residentes são oriundos dos países da Costa Ocidental da África, nomeadamente, Gâmbia, Senegal, Costa do Marfim, Gana, Mali, Togo, entre otros. En este barrio de mayoría musulmana me tratan muy bien los jóvenes, los adultos y sobre todo los niños. Me llaman BRAZUCA. Siento la alegría y el honor que sienten de tener un BRAZUCA (brasileño) en el barrio donde son mayoría. Vivo cerca de una gran mezquita senegalesa.

Angola, en particular, es muy acogedora con los demás pueblos de África que residen aquí y que contribuyen mucho al comercio y los servicios en general. Muy cerca hay otro barrio muy importante donde la mayoría es congoleña. Cuando tienes un problema con un teléfono, por ejemplo, no importa la marca, ahí es donde se resuelve.

Cuando llegué ya estaban allí. Son pacíficos, ordenados y muy cariñosos. Muy diferente a la imagen estereotipada que vende la prensa occidental.

En el fondo se sienten como en casa. Y realmente están en casa. Incluso si nací al otro lado del océano, me siento como en casa. La prensa está ocupada mostrando casos aislados de xenofobia, lo que da la idea de que este tema de la migración, el trabajo y el empleo es algo imposible. De hecho, puedo decir que ya existe y en gran parte del territorio africano la armonía y la paz entre pueblos de diferentes países es real. Los africanos se ayudan mucho y se respetan.

Participación de la diáspora y la sociedad civil

La Dirección de Organizaciones de Ciudadanos y Diáspora (CIDO) es responsable de implementar la visión de la Unión Africana de una organización orientada a las personas basada en la asociación entre los gobiernos, la sociedad civil y la diáspora. La dirección consta de la sociedad civil y las divisiones de la diáspora.

La división de la sociedad civil es responsable de integrar la participación de la sociedad civil en los procesos, departamentos y órganos de la Unión Africana. Dentro del área de migración y desarrollo, CIDO, a través de la división de la diáspora, está construyendo una familia africana global, asegurando la participación de la diáspora africana en la agenda de integración y desarrollo del continente.

El artículo 3 del Protocolo sobre enmiendas al Acta Constitutiva de la Unión Africana reconoce el importante papel que la Diáspora Africana debe desempeñar en el desarrollo del continente y declara que la Unión "invitará y alentará la plena participación de la Diáspora Africana como una parte importante de nuestro continente, en la construcción de la Unión Africana. "

"La Diáspora Africana está formada por pueblos de origen africano que viven fuera del continente, independientemente de su ciudadanía y nacionalidad y que están dispuestos a contribuir al desarrollo del continente y la construcción de la Unión Africana".

Áreas de resultados de CIDO

CIDO contribuye directamente a diez áreas de resultados en el marco de la Agenda 2063:

- Desarrollo de estructuras para la resolución de conflictos a través del diálogo interreligioso;
- Proyecto Legado del Cuerpo de Voluntarios de la Diáspora Africana;
- Proyecto de legado del mercado global de la diáspora africana;
- Proyecto de legado del fondo de inversión de la diáspora africana;
- Participación de la diáspora africana en las actividades de la Unión Africana;
- Enciclopedia Africana;
- Captura de datos de estudio y cartografía de la diáspora africana;
- Estrategias de asociación intercontinental;
- Plataforma intercontinental interreligiosa;
- Hoja de datos
Información del contacto:
Sitio web: www.au.int/cido

Correo electrónico: cido@africa-union.org
Facebook y Twitter: @AUC_CIDO
Podcast: AU sobre la marcha

Este importante tema de la UNIÓN AFRICANA es fundamental para acelerar el crecimiento del continente africano.

Como afrobrasileña, el país con mayor población afrodescendiente fuera de África, con unos 114 millones de habitantes, aproximadamente el 60% de la población brasileña, conozco la importancia de mi rol y las acciones que culminaron en los 12 libros de la Colección África.

Quien tenga el privilegio de leer todos los libros de la Colección África, del autor Celso Salles, verá que la atención se centra en el futuro próspero del continente africano.

En el libro NUEVA ÁFRICA BRASILEÑA terminé hablando de NUEVA ÁFRICA DEL NORTE AMERICANA, INGLÉS, FRANCESA, BELGA Y BRITÁNICA, porque creo que con esta FAMILIA GLOBAL AFRICANA, podemos acelerar muchos de los temas previstos en la Agenda 2063.

Los pesimistas, cuando acceden a la Agenda 2063, acaban imaginando un tiempo aún más largo para que logremos los objetivos de la Agenda. Yo, en particular, como quiero estar vivo y contemplar esta NOVENA MARAVILLA DEL MUNDO, soy muy optimista y veo que, con la FAMILIA GLOBAL AFRICANA, podremos adelantarnos a la Agenda, ¿Por qué no AGENDA 2043?

De hecho todo está en nuestras manos. El poder de cambiar es nuestro.

Democracia, derecho y derechos humanos

La Agenda 2063 prevé un continente en el que exista una cultura universal de buen gobierno, valores democráticos, igualdad de género y respeto por los derechos humanos, la justicia y el estado de derecho. La Unión Africana trabaja con los estados miembros para desarrollar e implementar políticas que tengan como objetivo construir instituciones sólidas y bien gobernadas y promulgar leyes que aseguren que los ciudadanos africanos estén plenamente comprometidos e involucrados en la formulación de políticas e iniciativas de desarrollo y que estos ciudadanos tengan entornos. .seguro y seguro en el que vivir.

La Unión Africana aseguró la implementación de varios tratados y políticas para garantizar la buena gobernanza, así como la protección de las libertades civiles y la preservación de los derechos de los ciudadanos africanos. Los tratados de la Unión Africana sobre los derechos de las personas incluyen la Carta Africana sobre los Derechos y el Bienestar del Niño, la Carta Africana sobre los Derechos Humanos y de los Pueblos, el Protocolo de la Carta Africana sobre los Derechos Humanos y de los Pueblos sobre los Derechos de la Mujer en África, la Juventud Africana Africana Carta de la Unión y Convenio para la protección y asistencia a los desplazados internos en África.

Se establecieron órganos judiciales, de derechos humanos y jurídicos de la Unión Africana para apoyar la aplicación de la buena gobernanza y el respeto de los derechos humanos en el continente. Entre ellos se incluyen la Comisión Africana de Derechos Humanos y de los Pueblos (CADHP), la Corte Africana de Derechos Humanos y de los Pueblos (AfCHPR), la Comisión de Derecho Internacional de la UA (AUCIL), el Consejo Asesor de la UA sobre la Corrupción (AUABC) y el Comité Africano de Expertos. sobre los Derechos y el Bienestar del Niño (ACERWC)

El Departamento de Asuntos Políticos es responsable de promover, facilitar, coordinar y fomentar los principios democráticos y el estado de derecho, el respeto de los derechos humanos, la participación de la sociedad civil en el proceso de desarrollo del continente y lograr soluciones duraderas para abordar las crisis humanitarias. El departamento también coordina la implementación de la Arquitectura de Gobernanza Africana, así como la implementación de soluciones sostenibles a las crisis humanitarias y políticas, incluida la diplomacia preventiva.

Al leer esta información puedes hacerte una idea exacta de cuánto ha evolucionado el continente africano en los últimos años y cuánto evolucionará, especialmente en lo que respecta a la calidad técnica de sus gobernantes.

Como ya puede ver, África ha estado hablando mucho y quien tenga la visión de escucharlo seguramente podrá establecer innumerables asociaciones. La famosa línea ÁFRICA ES EL CONTINENTE DEL FUTURO es ampliamente publicitada, se puede cambiar a ÁFRICA ES EL CONTINENTE DEL PRESENTE Y DEL FUTURO.

Y lo más importante, ÁFRICA PARA AFRICANOS y no una África que yo pueda entender es para mi futuro. Es para el futuro de toda la humanidad, pero siempre teniendo en cuenta que ÁFRICA ES PARA AFRICANOS.

Todas las políticas internacionales que visualicen esta nueva actuación serán muy bienvenidas y tendrán una fuerte reverberación desde el continente.
Aquellos que aún permanezcan en el ámbito de la dominación o usurpación ciertamente serán eliminados, ya que el trabajo en BLOCK no acepta este tipo de comportamientos. Aislado cualquier país del mundo tiene muchas debilidades, pero en BLOCO AFRICAN UNION las debilidades individuales son reemplazadas por la fuerza del CONJUNTO DE PENSAR Y ACTUAR.
Como escritor tengo que enfocarme en PUBLICIDAD, PRONÓSTICO y como investigador tengo que nutrir cada vez más mi propia visión para que LA VOZ DE ÁFRICA pueda amplificarse correctamente en todas las formas posibles e imaginables.

Al leer este libro, intente evolucionar en su investigación y visiones. No dejarse rehén de la prensa internacional, que, muchas veces financiada por intereses, insiste en la difusión de verdades singulares que ya no corresponden a los marcos actuales y futuros.

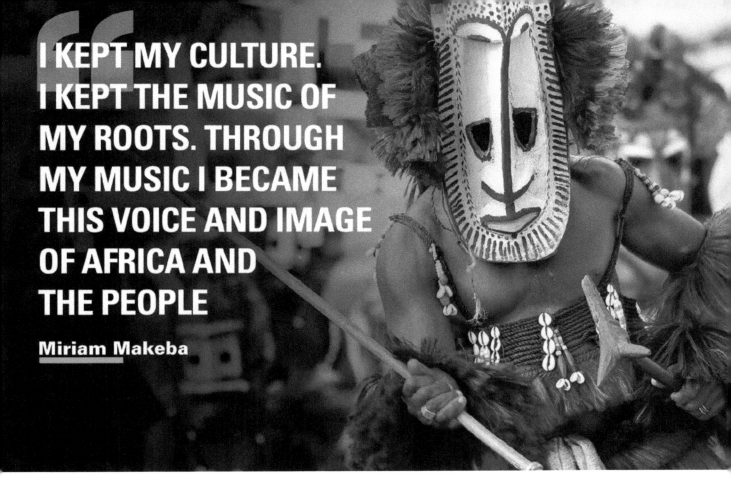

Educación, ciencia y tecnología

La realización de la Aspiración 1 de la Agenda 2063 para "Una África próspera basada en el crecimiento inclusivo y el desarrollo sostenible" requiere que África realice inversiones significativas en educación con el objetivo de desarrollar el capital humano y social a través de una revolución en la educación y las habilidades, haciendo hincapié en la innovación, la ciencia y Tecnología.

La Estrategia de Educación Continental de la Unión Africana para África (CESA) tiene como objetivo reorientar los sistemas de educación y formación de África para ofrecer el conocimiento, las habilidades, las habilidades, la innovación y la creatividad necesarios para nutrir los valores fundamentales africanos y promover el desarrollo sostenible a nivel nacional, subregional y continental. Los principales objetivos de CESA son:

- Revitalizar la profesión docente para garantizar la calidad y pertinencia en todos los niveles;

- Ampliar el acceso a una educación de calidad mediante la construcción, rehabilitación y conservación de la infraestructura educativa y el desarrollo de políticas que garanticen un entorno de aprendizaje permanente, saludable y de apoyo en todos los subsectores;

- Aprovechar la capacidad de las TIC para mejorar el acceso, la calidad y la gestión de los sistemas de educación y formación;

- Asegurar la adquisición de los conocimientos y habilidades necesarios, así como la mejora de las tasas de finalización en todos los niveles y grupos a través de procesos de armonización en todos los niveles para la integración nacional y regional;

- Acelerar los procesos que conducen a la paridad y equidad de género;

- Lanzar campañas de alfabetización integrales y efectivas en todo el continente para erradicar el analfabetismo;

- Fortalecer los planes de estudio de ciencias y matemáticas y difundir el conocimiento científico y la cultura científica en la sociedad africana;

- Ampliar las oportunidades de EFTP en los niveles secundario y terciario y fortalecer los vínculos entre el mundo del trabajo y los sistemas de educación y formación;

- Revitalizar y expandir la educación superior, la investigación y la innovación para enfrentar los desafíos continentales y promover la competitividad global;

- Promover la educación para la paz y la prevención y resolución de conflictos en todos los niveles educativos y para todos los grupos de edad;

- Construir y mejorar la capacidad para recopilar, gestionar, analizar, comunicar datos y mejorar la gestión del sistema educativo, así como la herramienta estadística, a través de la formación para la recogida, gestión, análisis, comunicación y uso de datos;

- Formar una coalición de todos los actores de la educación para facilitar y apoyar las iniciativas que surjan de la implementación de CESA.

La Estrategia de Ciencia, Tecnología e Innovación de la Unión Africana para África (STISA) coloca a la ciencia, la tecnología y la innovación en el epicentro del crecimiento y desarrollo socioeconómico de África y enfatiza el impacto que la ciencia puede tener en sectores críticos como la agricultura, la energía, el medio ambiente, la salud, la infraestructura. desarrollo, minería, seguridad y agua, entre otros. La estrategia prevé una África cuya transformación esté impulsada por la innovación y que creará una economía basada en el conocimiento. STISA se basa en seis (6) áreas prioritarias, a saber:

1 - Erradicación del hambre y logro de la seguridad alimentaria;
2 - Prevención y control de enfermedades;
3 - Comunicación (movilidad física e intelectual);
4- Protección de nuestro espacio;
5 - Vivir juntos en paz y armonía para construir la sociedad;
6 - Creación de riqueza.

La estrategia STISA también define cuatro pilares que se refuerzan mutuamente y son condiciones previas para su éxito, a saber: construcción y / o modernización de infraestructuras de investigación; aumentar las habilidades profesionales y técnicas; promover el espíritu empresarial y la innovación; y proporcionar un entorno propicio para el desarrollo de la ciencia, la tecnología y la innovación (CTI) en el continente africano.

La Estrategia Continental de EFTP proporciona un marco integral para formular y desarrollar políticas y estrategias nacionales para abordar los desafíos de la educación y la formación técnica y profesional para apoyar el desarrollo económico, crear riqueza nacional y contribuir a la reducción de la pobreza mediante el espíritu empresarial, la innovación y el empleo de los jóvenes.

La Unión Africana también está trabajando con los estados miembros para desarrollar la educación superior y la investigación en África, que se ve desafiada por el bajo nivel de oportunidades de formación de posgrado y resultados de la investigación. El proyecto Agenda 2063 para la Universidad Virtual Africana y la Universidad Electrónica tiene como objetivo utilizar programas basados en las TIC para aumentar el acceso a la educación superior y continua en África, llegando a un gran número de estudiantes y profesionales en múltiples ubicaciones simultáneamente. Su objetivo es desarrollar recursos abiertos, a distancia y de aprendizaje electrónico (ODeL) relevantes y de alta calidad para proporcionar a los estudiantes acceso garantizado a la Universidad desde cualquier lugar del mundo y en cualquier momento.

El pan-Africana (PAU) es la primera universidad establecida por la Unión Africana y fue establecida para servir como estándar para todas las demás universidades de África. La misión de PAU es fortalecer la educación superior y la investigación africanas, abordar la calidad de la educación, la colaboración intraafricana, la innovación y establecer vínculos con la industria y el sector social. PAU se centra en cinco áreas temáticas: - Ciencias Básicas, Tecnología e Innovación; Ciencias de la vida y de la tierra (incluidas la salud y la agricultura), la gobernanza, las humanidades y las ciencias sociales; Ciencias de la Energía y el Agua (incluido el Cambio Climático); y Ciencias del Espacio. Las áreas temáticas se asignan a institutos basados en universidades de excelencia existentes en las regiones geográficas de África de la siguiente manera:

1) África Oriental: Instituto PAU de Ciencias Básicas, Tecnología e Innovación (PAUSTI) en la Universidad de Agricultura y Tecnología Jomo Kenyatta, Nairobi, Kenia;

2) África del Norte: Instituto PAU de Ciencias del Agua y la Energía (incluido el Cambio Climático) (PAUWES) en la Universidad AbouBekrBelkaid en Tlemcen, Argelia;

3) África Occidental: Instituto PAU de Ciencias de la Tierra y la Vida (incluida la Salud y la Agricultura) (PAULESI) en la Universidad de Ibadan, Nigeria;

4) África Central: Instituto PAU de Gobernanza, Humanidades y Ciencias Sociales (PAUGHSS) en la Universidad de Yaundé II y en la Universidad de Buea, Camerún. Los campos de estudio de Gobernanza e Integración Regional se imparten en el campus de la Universidad de Yaundé II-Soa, y los programas de Traducción e Interpretación se imparten en la Universidad de Buea.

El Academic Mobility Scheme en África es una iniciativa llevada a cabo por las

AUC en colaboración con la Agencia Ejecutiva de la Comisión Europea que facilita la movilidad de estudiantes y personal académico para potenciar el reconocimiento de titulaciones y la cooperación entre instituciones de educación superior en diferentes países y regiones. del continente. Otorga becas de maestría parciales (a corto plazo) y completas, así como programas de doctorado.

El espacio ultraterrestre es fundamental para el desarrollo de África en todos los campos: agricultura, gestión de desastres, teledetección, previsión meteorológica, banca y finanzas, así como defensa y seguridad. El acceso de África a los productos de tecnología espacial ya no es una cuestión de lujo y es necesario acelerar el acceso a estas tecnologías y productos. Los nuevos avances en las tecnologías de satélites lo hacen más accesible para los países africanos y se necesitan políticas y estrategias adecuadas para desarrollar un mercado regional de productos espaciales en África. La Estrategia del Espacio Ultraterrestre de África de la Agenda 2063 es el proyecto prioritario de la Unión Africana destinado a fortalecer el uso del espacio ultraterrestre en África para impulsar su desarrollo.

El Departamento de Recursos Humanos, Ciencia y Tecnología promueve la labor de la Unión Africana en el ámbito de la educación y el desarrollo de las CTI. El departamento también coordina becas y estudios científicos de la Unión Africana, incluido el Programa de Movilidad Académica y Becas Nyerere, los Premios de Ciencias Kwame Nkrumah, y supervisa el trabajo de instituciones especializadas de la Unión Africana, incluido el Centro Internacional de la Unión Africana para la Educación de Niñas y Mujeres en África (AU / CIEFFA), la Universidad Panafricana (PAU) y el Instituto Panafricano de Educación para el Desarrollo (IPED).

Como ya hemos tenido la oportunidad de mencionar en el Libro MIENTRAS BAILAMOS CULTURALMENTE, la ciencia ha sido colocada entre las 10 PRINCIPALES prioridades en el mundo africano.

UN PUEBLO SIN CIENCIA ES UN PUEBLO SIN FUTURO.

Desarrollo de infraestructura y energía

La Agenda 2063 enfatiza la necesidad de la integración como una de las principales bases para asegurar que África logre sus objetivos de crecimiento y desarrollo inclusivos y sostenibles. La Aspiración 2 de la Agenda 2063 otorga importancia a la necesidad de que África desarrolle una infraestructura de clase mundial que se extienda por África y que mejore la conectividad a través de iniciativas más nuevas y audaces para unir el continente por ferrocarril, carretera, mar y aire; y desarrollar reservas de energía regionales y continentales, así como TIC.

La Unión Africana también está trabajando para implementar los marcos de la Agenda 2063 continental para promover el desarrollo de la infraestructura, como el Programa para el Desarrollo de la Infraestructura en África (PIDA), que proporciona un marco común para que las partes interesadas africanas construyan la infraestructura necesaria para un transporte, energía y energía más integrados. , TIC y transporte. redes de agua fronterizas para impulsar el comercio, estimular el crecimiento y crear puestos de trabajo.

Los proyectos emblemáticos clave de la Agenda 2063 que impulsan los esfuerzos de la Unión Africana en las áreas de energía y desarrollo de infraestructura son:

- La red integrada de trenes de alta velocidad, cuyo objetivo es conectar todas las capitales africanas y los centros comerciales a través de una red africana de trenes de alta velocidad;
- Implementación del Proyecto de la Gran Presa de Inga, cuyo objetivo es transformar África de fuentes de energía tradicionales a modernas y garantizar el

356

acceso de todos los africanos a electricidad limpia y asequible mediante el desarrollo de la Presa de Inga;

- El establecimiento de un mercado único africano de transporte aéreo (SAATM), que tiene como objetivo garantizar la conectividad intrarregional entre las capitales africanas y crear un mercado único unificado de transporte aéreo en África, como impulso para la integración económica y la agenda de crecimiento del continente;

- Red electrónica panafricana, cuyo objetivo es promover aplicaciones y servicios electrónicos transformadores en África, especialmente la infraestructura terrestre de banda ancha intraafricana; y ciberseguridad, haciendo de la revolución de la información la base para la prestación de servicios en las industrias de la biotecnología y la nanotecnología y, en última instancia, transformando África en una sociedad electrónica;

- Ciberseguridad que tiene como objetivo promover el uso seguro de tecnologías emergentes, así como garantizar que estas tecnologías se utilicen en beneficio de las personas, instituciones o estados nacionales africanos, garantizando la protección de datos y la seguridad en línea.

A medida que evoluciona el panorama digital, la Unión Africana se ha embarcado en una misión para garantizar que las TIC desempeñen su papel en el desarrollo de África, a través de la creación de la propia identidad en línea de África, lo que llevó al lanzamiento de DotAfrica (.africa), que es el top geográfico. -Dominio de nivel (gTLD) para las personas y el continente africano. Este nombre de gTLD ofrece a individuos, gobiernos, empresas y otros la oportunidad de vincular sus productos, servicios e información con el continente y la gente de África.

El Departamento de Infraestructura y Energía de la AUC lidera la implementación de estos programas insignia de la Agenda 2063, así como las actividades de la Unión Africana destinadas a promover, coordinar, implementar y monitorear programas y políticas para el desarrollo de infraestructura, transporte, energía y tecnología en África. comunicación (TIC) y servicios postales.

Cuando se trata de INFRAESTRUCTURA Y ENERGÍA, el continente africano ofrece una verdadera fuente de oportunidades.

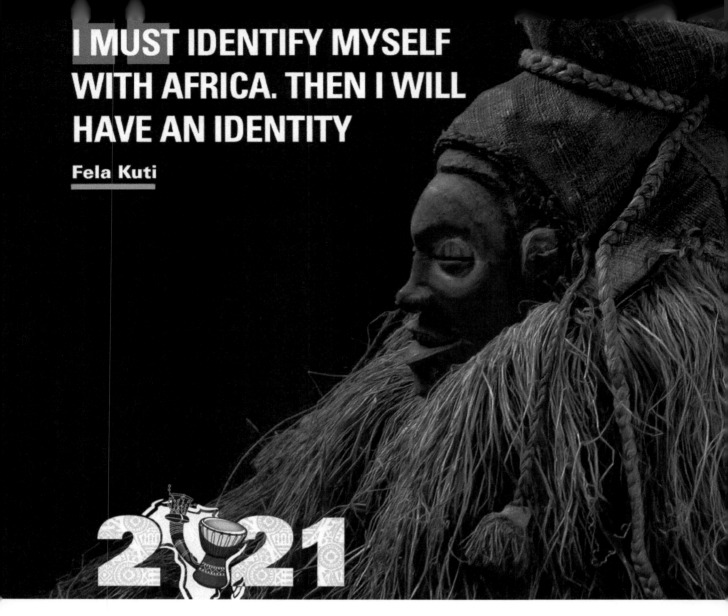

> **I MUST IDENTIFY MYSELF WITH AFRICA. THEN I WILL HAVE AN IDENTITY**
>
> **Fela Kuti**

Desarrollo agrícola

Para que África logre la aspiración de la Agenda 2063 de "Una África próspera basada en el crecimiento inclusivo y el desarrollo sostenible" (Aspiración 1), el continente debe invertir en la agricultura moderna para aumentar la proactividad y la producción, así como aprovechar el vasto potencial del azul / economía del océano de áfrica. Además, se deben tomar medidas para abordar los problemas del cambio climático y otros factores ambientales que representan un riesgo importante para el sector agrícola.

El Programa Integral de Desarrollo Agrícola Africano (CAADP) es uno de los marcos continentales de la Agenda 2063 y tiene como objetivo ayudar a los países africanos a eliminar el hambre y reducir la pobreza aumentando el crecimiento económico a través del desarrollo impulsado por la agricultura, así como promoviendo una mayor provisión del presupuesto nacional para el sector agrícola. A través del CAADP, se espera que los gobiernos africanos aumenten el nivel de inversión en agricultura, asignando al menos el 10% de los presupuestos nacionales a la agricultura y el desarrollo rural, y logren tasas de crecimiento agrícola de al menos el 6% anual. El CAADP también establece metas para reducir la pobreza y la desnutrición, aumentar la productividad agrícola y los ingresos, y mejorar la sostenibilidad de la producción agrícola y el uso de los recursos naturales. A través del CAADP, la Unión Africana aboga por que los estados miembros pongan énfasis en la propiedad africana y el liderazgo africano para establecer la agenda agrícola y el escenario para el cambio agrícola.

La Unión Africana también está liderando la implementación de iniciativas que fortalecerán la resiliencia de las comunidades y los ecosistemas en las tierras secas de África, combatiendo la degradación de la tierra, la desertificación, la pérdida de biodiversidad y el cambio climático mediante la promoción de la restauración y ordenación sostenible de la tierra. Bajo la iniciativa de la Gran Muralla Verde (GGW), la Unión Africana está implementando acciones para poner fin o revertir la degradación de la tierra, la pérdida de biodiversidad en las tierras secas africanas y para garantizar que los ecosistemas sean resistentes al cambio climático, continúen brindando servicios esenciales y contribuyan al bienestar humano. -ser y la eliminación de la pobreza y el hambre. La Iniciativa GGW tiene como objetivo apoyar a más de 425 millones de africanos que viven en las tierras secas para que adopten prácticas de desarrollo sostenible que protejan el medio ambiente y luchen contra el hambre y la pobreza.

El Departamento de Economía Rural y Agricultura lidera los esfuerzos para promover el desarrollo agrícola y la gestión ambiental sostenible, así como apoyar la implementación de CAADP, GGW y otros programas de agricultura sostenible en todo el continente.

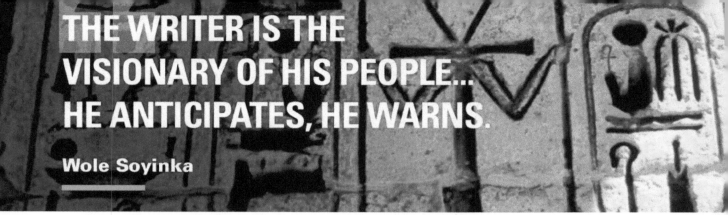

Integración económica y desarrollo del sector privado

Para promover la integración económica y el desarrollo del sector privado, la Unión Africana está implementando varios proyectos emblemáticos clave en el marco de la Agenda 2063, además de promover la adopción de la Zona de Libre Comercio Continental Africana (AfCFTA) y el Protocolo de Libre Circulación como motores de las iniciativas regionales. integración y desarrollo económicos.

Para promover la participación del sector privado, la Unión Africana ha implementado programas que buscan formar asociaciones estratégicas con el sector privado a través de compromisos de asociaciones público-privadas, incluido el desarrollo de asociaciones estratégicas con filántropos africanos para apoyar la implementación de iniciativas de desarrollo clave a nivel regional y continental. El Foro Económico Africano (Plataforma) de la AEP se lanzó como una reunión de múltiples partes interesadas para reunir a los líderes políticos africanos, el sector privado, el mundo académico y la sociedad civil para reflexionar sobre cómo acelerar la transformación económica de África, aprovechando sus vastos recursos para mejorar el desarrollo de África. el pueblo africano. El foro analiza las principales oportunidades, así como las limitaciones que obstaculizan el desarrollo económico, y propone medidas a tomar para hacer realidad las aspiraciones y objetivos de la Agenda 2063. El Consejo Empresarial Africano.

La creación de instituciones financieras continentales africanas tiene como objetivo acelerar la integración y el desarrollo socioeconómico del continente mediante el establecimiento de organizaciones que desempeñarán un papel central en la movilización de recursos y la gestión del sector financiero africano.

Las instituciones financieras previstas para promover la integración económica son el Banco Africano de Inversiones y la Bolsa Panafricana de Valores; el Fondo Monetario Africano y el Banco Central Africano.

La Unión Africana también promueve el uso de datos africanos de fuentes nacionales oficiales para mejorar el uso de estadísticas y datos verificados para el desarrollo. La Carta Africana de Estadísticas promueve el uso de las estadísticas para el desarrollo en África y establece los principios metodológicos y éticos que tienen como objetivo garantizar la producción en tiempo real de estadísticas armonizadas sobre África, con el fin de satisfacer las necesidades y normas que las convierten en el punto de referencia de África. Estadísticas.

El Instituto Africano de Remesas (AIR) es la oficina de la Unión Africana encargada de promover reformas en los marcos regulatorios de remesas de los Estados miembros con el objetivo de reducir los costos de transferencia de remesas; mejorar la capacidad de los Estados miembros para la medición, compilación y notificación estadísticas de datos sobre remesas; y ayudar a los Estados Miembros a diseñar herramientas estratégicas para aprovechar las remesas para el desarrollo social y económico. El instituto está organizado por la Escuela de Estudios Monetarios de Kenia (KSMS) en Nairobi, Kenia.

El Departamento de Asuntos Económicos promueve la labor de la Unión Africana en el ámbito de la integración económica y el desarrollo y la participación del sector privado. El departamento también propone soluciones políticas para resolver el problema de la deuda de África y proporciona un marco para utilizar estadísticas armonizadas. El departamento está dirigiendo los esfuerzos de la Unión Africana para establecer el Instituto de Estadística de la Unión Africana y el Centro de Capacitación Estadística.

La Fundación de la Unión Africana se centra en colaborar con la filantropía del sector privado para apoyar iniciativas de desarrollo clave en el continente, como la agricultura y el desarrollo de la juventud.

Resolución de conflictos, paz y seguridad

La Unión Africana lidera el camino en la formulación de políticas y la aplicación de decisiones para garantizar que África logre la Aspiración 4 de la Agenda 2063, que aspira a "Una África pacífica y segura" mediante el uso de mecanismos que promuevan un enfoque basado en el diálogo para la prevención y resolución de conflictos y resolución de conflictos y establecimiento de una cultura de paz y tolerancia alimentada en los niños y jóvenes africanos mediante la educación para la paz. La iniciativa insignia de la Agenda 2063 para silenciar las armas está en el centro de las actividades que se están llevando a cabo para garantizar que África sea un continente más pacífico y estable.

El principal organismo de la Unión Africana para promover la paz y la seguridad en el continente es el Consejo de Paz y Seguridad (CPS), que es el órgano permanente de toma de decisiones de la Unión Africana para la prevención, gestión y resolución de conflictos. Es un acuerdo colectivo de seguridad y alerta temprana diseñado para facilitar respuestas oportunas y eficientes a situaciones de conflicto y crisis en África. También es el pilar fundamental de la Arquitectura Africana de Paz y Seguridad (APSA), que es el marco para promover la paz, la seguridad y la estabilidad en África.

El Departamento de Paz y Seguridad de la Comisión de la Unión Africana (AUC) apoya al PSC en el cumplimiento de sus responsabilidades según el protocolo del PSC y dirige las actividades de las AUC relacionadas con la paz, la seguridad y la estabilidad en todo el continente. El Departamento apoya varias oficinas y misiones de paz y seguridad y trabaja con representantes especiales designados por el presidente de las AUC en el área de paz y seguridad.

El Departamento supervisa el Centro Africano para el Estudio e Investigación del Terrorismo y también aboga por la firma y ratificación por los estados miembros de los diversos tratados de la Unión Africana en las áreas de paz y seguridad.

Obtenga más información sobre el trabajo de la Unión Africana en la resolución de conflictos y el mantenimiento de la paz en el continente visitando el Departamento de Paz y Seguridad.

Promoción de la salud y la nutrición

La aspiración 1 de la Agenda 2063 prevé una "África próspera basada en el crecimiento inclusivo y el desarrollo sostenible". Para lograr esta ambición, uno de los principales objetivos de África es garantizar que sus ciudadanos estén sanos y bien alimentados y que se realicen niveles adecuados de inversión para ampliar el acceso a servicios de salud de calidad para todas las personas.

La Unión Africana trabaja para garantizar que África desarrolle y gestione de manera sostenible su sector de la salud, estableciendo instituciones sectoriales pertinentes para apoyar la creación de conocimientos y gestionar las emergencias y los brotes de enfermedades en el continente. Los Centros de la Unión Africana para el Control y la Prevención de Enfermedades (CDC de África) se han establecido como la institución líder para apoyar a los países africanos en la promoción de la salud y la prevención de brotes de enfermedades, mejorando la prevención, detección y respuesta a las amenazas para la salud pública. El CDC de África busca fortalecer las capacidades y las asociaciones de las instituciones de salud pública africanas para detectar y responder rápida y eficazmente a las amenazas y brotes de enfermedades, basándose en la ciencia, políticas e intervenciones basadas en pruebas y programas. África CDC desempeña un papel clave en la vinculación de las distintas partes a través de la Unidad de Vigilancia Basada en Eventos (EBS), el desarrollo de capacidades de los Estados Miembros, las actividades de campo realizadas a través del Centro Continental de Operaciones de Emergencia (EOC), así como en el establecimiento de Centros Colaboradores Regionales (RCC)).

La Unión Africana planea lanzar un cuerpo de voluntarios de salud dentro de los CDC de África. El Cuerpo de Salud Voluntario Africano se desplegará durante los brotes de enfermedades y otras emergencias sanitarias.

Los estudios muestran que la desnutrición prolongada, el retraso en el crecimiento y la mala salud contribuyen a aumentar las tasas de ausentismo y abandono escolar, las tasas de asistencia más bajas y la disminución general de la cognición. Esto puso de manifiesto los posibles resultados nutricionales y sanitarios de los programas de alimentación escolar como complemento de los resultados de la educación y el aprendizaje. La Unión Africana trabaja con los estados miembros para mejorar los niveles de nutrición en el continente y ha emprendido actividades específicas como el Estudio del costo del hambre en África (COHA), que ha mejorado el conocimiento sobre el impacto social y económico de la desnutrición infantil en África y las intervenciones que los países deben tomar medidas para abordar y remediar los problemas identificados como contribuyentes a la desnutrición, como la producción agrícola inadecuada o deficiente en nutrientes.

Además, para apoyar el aprendizaje y mejorar la salud y la nutrición de los niños en edad escolar, la Iniciativa de alimentación escolar de la Unión Africana reconoce que los programas de alimentación escolar tienen un impacto significativo en el acceso y retención, la asistencia y la reducción de las tasas de deserción escolar entre los niños en edad escolar. Además de los beneficios psicológicos, estas iniciativas mejoran el aprendizaje, las funciones cognitivas, el comportamiento en el aula, el rendimiento académico y la capacidad de concentración; y para las familias marginadas y con inseguridad alimentaria, los programas de alimentación escolar mejoran la seguridad alimentaria de los hogares al aumentar las canastas básicas de alimentos de las familias en zonas con déficit de alimentos. La Unión Africana está trabajando con los estados miembros para implementar Programas de Alimentación Escolar que, además de los beneficios mencionados anteriormente, crean transferencias de ingresos para las familias beneficiarias y redes de seguridad social para las familias pobres, beneficiando a comunidades enteras a través de la estimulación de los mercados locales, permitiendo que las familias invertir en activos productivos e impactar la economía en general, facilitando la transformación agrícola a través de vínculos con los pequeños agricultores. El 1 de marzo es el Día de la Alimentación Escolar Africana oficial en reconocimiento a estos programas que se implementan diariamente en diferentes países africanos.

El Departamento de Asuntos Sociales promueve la labor de la Unión Africana en el ámbito de la salud y la nutrición. La Iniciativa de alimentación escolar de la Unión Africana está dirigida por el Departamento de Recursos Humanos, Ciencia y Tecnología como parte de iniciativas educativas destinadas a promover la asistencia escolar.

desarrollo juvenil

África tiene la población más joven del mundo, con más de 400 millones de jóvenes de entre 15 y 35 años. Esta población joven requiere una mayor inversión en factores de desarrollo económico y social para mejorar la tasa de desarrollo de las naciones africanas.

La UA ha desarrollado varias políticas y programas de desarrollo juvenil a nivel continental con el objetivo de asegurar que el continente se beneficie de su dividendo demográfico. Las políticas incluyen la Carta Africana de la Juventud, el Plan de Acción de la Década de la Juventud y la Decisión de Malabo sobre el Empoderamiento de la Juventud, todos los cuales se implementan a través de varios programas de la Agenda 2063 de la UA.

La Carta Africana de la Juventud protege a los jóvenes de la discriminación y garantiza la libertad de movimiento, expresión, asociación, religión, propiedad y otros derechos humanos, al tiempo que se compromete a promover la participación de los jóvenes en toda la sociedad.

El Plan de Acción de la Década de la Juventud se centra en cinco áreas prioritarias, a saber:

- Educación y desarrollo de habilidades;
- Empleo y emprendimiento juvenil;
- Gobernanza, paz y seguridad;
- Salud de los jóvenes y derechos de salud sexual y reproductiva;
- Agricultura, Cambio Climático y Medio Ambiente.

La Estrategia Continental de EFTP proporciona un marco integral para formular y desarrollar políticas y estrategias nacionales para abordar los desafíos de la educación y la formación técnica y profesional para apoyar el desarrollo económico, crear riqueza nacional y contribuir a la reducción de la pobreza mediante el espíritu empresarial, la innovación y el empleo de los jóvenes.

El Departamento de Recursos Humanos, Ciencia y Tecnología promueve la labor de la Unión Africana en el ámbito del desarrollo de la juventud.

2021
ARTS, CULTURE AND HERITAGE:
Levers for Building the Africa we Want
#AfricanHeritage
www.au.int

Igualdad de género y desarrollo

La aspiración 6 de la Agenda 2063 pide "Una África cuyo desarrollo esté impulsado por las personas, que aproveche el potencial de los africanos, especialmente sus mujeres y jóvenes, y cuide de los niños". Por lo tanto, la Agenda 2063 requiere que vivamos en una sociedad más inclusiva, donde todos los ciudadanos participen activamente en la toma de decisiones en todos los aspectos y donde ningún niño, mujer u hombre quede atrás o excluido por motivos de género, afiliación política, religión, origen étnico, ubicación, edad u otros factores. El artículo 3 del Protocolo sobre enmiendas al Acta Constitutiva de la Unión Africana reconoce el papel fundamental de la mujer en la promoción del desarrollo inclusivo y pide a la UA “que asegure la participación efectiva de la mujer en la toma de decisiones, particularmente en los ámbitos político, económico y Ámbitos socioeconómicos.- Culturales. "

La UA reconoce que la igualdad de género es un derecho humano fundamental y una parte integral de la integración regional, el crecimiento económico y el desarrollo social y ha desarrollado la estrategia de la UA, Igualdad de género y empoderamiento de las mujeres (GEWE) para asegurar la inclusión de las mujeres en la agenda de desarrollo de África.

La estrategia de GEWE se centra en 6 pilares principales, a saber:

1) Empoderamiento económico y desarrollo sostenible de las mujeres: el

empoderamiento de las mujeres es la clave para el crecimiento, la prosperidad y la sostenibilidad;

2) Justicia social, protección y derechos de la mujer: los derechos de la mujer son derechos humanos; abarcan todas las esferas: social, política, jurídica y económica;

3) Liderazgo y gobernanza: la buena gobernanza requiere la participación equitativa y efectiva de las mujeres;

4) Sistemas de gestión de género: proporcionando acceso y recursos de inversión (financieros y otros recursos técnicos) para apoyar a las mujeres;

5) Mujeres, Paz y Seguridad - Asegurar que las perspectivas de las mujeres sean incluidas en los temas de Paz - Programas de Prevención, Protección y Promoción;

6) Medios de comunicación y TIC: dar a las mujeres una voz en los medios africanos y acceso a la tecnología para el conocimiento.

La Carta de la Unión Africana de Derechos Humanos y de los Pueblos relativa a los derechos de la mujer en África de la Unión Africana exige que los Estados Partes combatan todas las formas de discriminación contra la mujer mediante medidas legislativas adecuadas.

La Dirección de Mujeres, Género y Desarrollo (WGDD) es responsable de liderar, orientar, defender y coordinar los esfuerzos de la UA para lograr la igualdad de género y promover el empoderamiento de las mujeres y garantizar que los países africanos cumplan con la Declaración solemne de la UA sobre la igualdad de género en África (SDGEA).

LA GRAN FUERZA DE LAS MUJERES AFRICANAS

Kenia ganó el doblete en el maratón femenino de los Juegos Olímpicos de Tokio. Peres Jepchircir se llevó el oro después de más de 42 kilómetros de carrera. Terminó con un tiempo de 2h27min20s. También la keniana Brigid Kosgei se llevó la plata y cruzó la meta 16 segundos después que su compatriota, con 2h27: 36s.

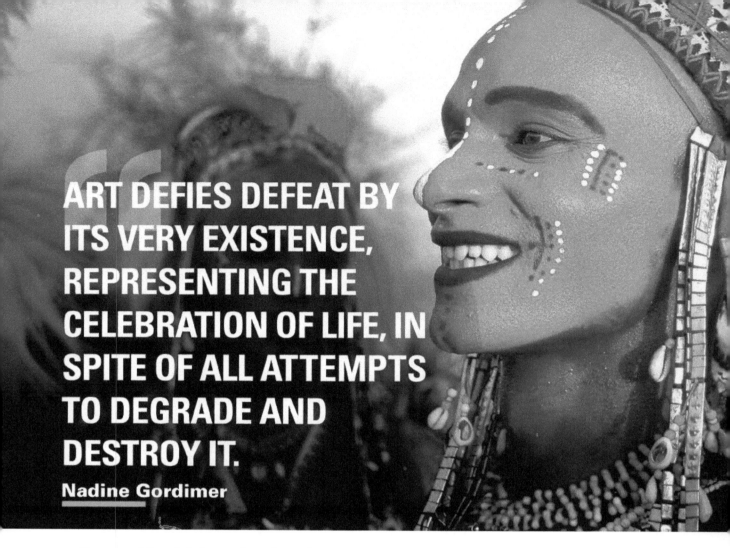

> ART DEFIES DEFEAT BY ITS VERY EXISTENCE, REPRESENTING THE CELEBRATION OF LIFE, IN SPITE OF ALL ATTEMPTS TO DEGRADE AND DESTROY IT.
>
> Nadine Gordimer

Promoción del deporte y la cultura

La aspiración 5 de la Agenda 2063 prevé una África con una fuerte identidad cultural, herencia común, valores y ética compartidos. Esto requiere un renacimiento cultural africano que sea preeminente y promueva el espíritu del panafricanismo; explorar el rico patrimonio y la cultura de África para garantizar que las artes creativas contribuyan de manera clave al crecimiento y la transformación de África; y restaurar y preservar el patrimonio cultural de África, incluidos sus idiomas.

La Carta Africana para el Renacimiento Cultural Africano de la Unión Africana reconoce el importante papel que desempeña la cultura en la movilización y unificación de las personas en torno a ideales comunes y en la promoción de la cultura africana para construir los ideales del panafricanismo. El proyecto insignia de la Agenda 2063 para el Gran Museo Africano tiene como objetivo crear conciencia sobre los vastos, dinámicos y diversos artefactos culturales de África y la influencia que África ha tenido y sigue teniendo en las diversas culturas del mundo en áreas como el arte, la música. , lenguaje, ciencia, etc. El Gran Museo Africano será un centro focal para la preservación y promoción del patrimonio cultural africano. La Unión Africana trabaja para fomentar la cooperación cultural mediante el uso de lenguas africanas y la promoción del diálogo intercultural. La Academia Africana de Idiomas (ACALAN) y el Centro de Estudios Lingüísticos e Históricos por Tradición Oral (CELHTO) se crearon para potenciar las lenguas africanas, promover el uso de varios idiomas en todos los niveles, especialmente en el sector educativo, y asegurar el desarrollo y la promoción de las lenguas africanas como factores de integración y desarrollo africanos, el respeto de los valores y el entendimiento mutuo y la paz.

El deporte es reconocido como un elemento de la cultura y un importante contribuyente al desarrollo humano y al fortalecimiento de la cohesión nacional y el acercamiento de las personas. La Unión Africana lleva a cabo actividades a través de los estados miembros para desarrollar y promover el deporte y garantizar que la contribución de África al deporte mundial sea equilibrada y democrática. Los estados miembros de la Unión Africana han reconocido la necesidad de que África intensifique su campaña contra todas las formas de discriminación racial, religiosa y política en el deporte. El Consejo del Deporte de la Unión Africana (AUSC) ha sido propuesto como el organismo responsable de coordinar el Movimiento Deportivo Africano y el foro que coordinará los esfuerzos de los Estados miembros para promover y desarrollar el deporte en el continente. Sus funciones incluyen la promoción del deporte como derecho humano fundamental, la promoción del desarrollo del deporte, la promoción de la financiación para el desarrollo del deporte y la garantía de que los países desarrollen políticas, programas, sistemas y estructuras deportivos. AUSC es responsable de los Juegos Africanos.

El Departamento de Asuntos Sociales promueve la labor de la Unión Africana en el ámbito de la cultura y el deporte.

REFINAMIENTO

En estas dos últimas páginas quiero dejar aquí mi más sincero agradecimiento a todos los conocidos y desconocidos, que participaron directa o indirectamente en este contenido. Cuando se trata de VOZ DE ÁFRICA, nos enfrentamos a un gran desafío. En nuestro presente, no podemos ignorar un pasado tan difícil y todo el sufrimiento atribuido a la raza negra en África y el resto del mundo. El futuro, sin embargo, depende de nuestros esfuerzos y capacidad para trabajar en grupo.

Creo que no tenemos otro camino que este: INFORMACIÓN Y FORMACIÓN. Si nos dejaron limones agrios, tenemos que hacer limonadas riquísimas.

Necesitamos trabajar duro para que con cada nueva generación, las condiciones de vida mejoren sustancialmente en África y en toda la diáspora africana.

Por el conocimiento que tengo de la vida fuera del continente africano y desde 2011 también en el continente africano, puedo decir categóricamente que África y la Diáspora africana se complementan. Cualquiera que llegue a territorio africano como profesor, pronto verá que hay mucho que aprender de los nativos.

Por otro lado, los nativos deben estar preparados para beber el conocimiento de los que están aquí en África. Imítalos en todo lo bueno. Exactamente porque el éxito nunca llega sin mucho esfuerzo. Del cielo solo caen lluvia y tormentas eléctricas.

Los negros no tienen absolutamente nada inferior a cualquier otro pueblo del planeta. Tenemos mentes grandes y brillantes que ya han comenzado el arduo trabajo de construir esta NUEVA ÁFRICA.

Mi responsabilidad como escritora es inmensa, por eso siempre estoy investigando en diferentes fuentes e interactuando con los mayores que son verdaderas bibliotecas de conocimiento.

Todos los medios posibles para transmitir buena información deben utilizarse incansablemente. Los más jóvenes necesitan la experiencia de los mayores, los mayores la fuerza y el entusiasmo de los más jóvenes.

ÁFRICA

DE KIMBANGU A KAGAME

Celso Salles

Simon Kimbangu y Paul Kagame, dos destacadas entidades africanas, cada uno en su tiempo, cada uno en su tiempo, que acaban tomando el sueño de Occidente. Kimbangu por el gran legado que dejó en el campo material y espiritual y Kagame por los resultados obtenidos durante su tiempo en el gobierno al frente de Ruanda, manejando de una manera mucho más adecuada el modo de vida africano. Otro libro extremadamente valiente del autor afrobrasileño Celso Salles, residente en Angola en 2021, cuando escribió este libro. Es necesario reflejar una serie de certezas y verdades. Simon Kimbangu, hecho prisionero belga por asumir un cristianismo con una postura cristiana muy diferente a la adoptada por los colonizadores europeos en ese momento, estuvo preso durante 30 años y aún así, metafísicamente, realizó innumerables milagros que demostraron que Cristo no tenía nada que hacer. con el proceso colonizador de la época. Paul Kagame, con una historia en progreso al momento de escribir este libro, que ha asumido un país de innumerables enfrentamientos, dándole cifras positivas, muy por encima de la media de innumerables países dentro y fuera del continente africano.

Cualquiera que quiera escribir sobre África, frente a un verdadero océano de complejidades, puede estar seguro de que no será fácil vivir en ninguna de las líneas de su libro.

La historia de la humanidad, tal como se cuenta, trae innumerables contradicciones y lagunas que hay que afrontar de frente, con el objetivo, principalmente, de dejar un legado mejor a las nuevas generaciones, que el que realmente podríamos heredar de las generaciones que nos precedieron.

El gran poder que ejerció y sigue ejerciendo el cristianismo europeo en África tiene en la figura de Simon Kimbangu un verdadero muro en lo que se refiere al cristianismo. Al presenciar un culto kimbanguista, se puede ver una fe cristiana de inmensa fuerza y originalidad. Tiene todo lo que el cristianismo europeo predica, enseña Y MUCHO MÁS. Esto se debe mucho más a la forma en que los diversos grupos existentes en la Iglesia Kimbanguista interactúan, generan recursos y trabajan colectivamente, innumerables proyectos sociales y evangelizadores.

En mi opinión, numerosas denominaciones cristianas, especialmente aquellas que optaron por la teología de la prosperidad terminaron distanciándose y mucho de las enseñanzas de Cristo y convirtiendo la fe cristiana en una verdadera búsqueda del tesoro. El "da al César lo que es del César" casi se puede decir hoy, "da al César lo que es del César y también al César lo que es de Dios".

En general, somos capaces de identificar los errores de nuestros antepasados, pero identificar nuestros errores en nuestro tiempo presente no es una tarea fácil. Requiere un alto poder analítico, reflexiones profundas y no tener miedo de nadar contra la corriente.

EL CIELO NUNCA ESTUVO A LA VENTA Y NUNCA LO ESTARÁ.

El comercio de la fe aumenta cada vez más, ya que el lado César, alimentado por el capitalismo financiero, domina todo y todos, afortunadamente: CASI TODOS.

Kimbangu, incluso después de más de 100 años de su trabajo, sigue siendo un gran sol en la forma de vivir el verdadero cristianismo hoy, precisamente porque el lado predominante de Kimbangu es el "DAR A DIOS LO DE DIOS".

Los horrores cometidos por el gobierno belga en ese momento, convirtieron a Kimbangu en un legítimo defensor del cristianismo de raíz, que estaba radicalmente en contra de los intereses coloniales europeos de la época.

Muchos tienen dificultades para ver el lado espiritual de Kimbangu y otros lo ubican como un Profeta más.

En este trabajo intentaré poner numerosos textos míos, basados en los estudios que vengo haciendo desde 2015, cuando tuve contacto por primera vez con UNIVERSO KIMBANGU, a través del reverendo Bitombokele Lei Gomes Lunguani, quien literalmente fue a buscarme. en Brasil. También publicaré textos investigados y compilados para facilitar una mejor comprensión de la vida y obra de Simon Kimbangu.

Nunca me pregunté, ¿por qué yo? Simplemente vi rápidamente la grandeza de todo lo que acababa de tener acceso y que no podía guardar el conocimiento para mí. De alguna manera tenía que hacerlos avanzar. Este libro es otro mensajero de conocimiento al que he tenido acceso. En la Colección África hay numerosos libros en los que menciono a Simon Kimbangu.

Nacido y criado en la Iglesia Católica, teniendo como primo al obispo brasileño José Luis Ferreira Salles, hijo de mi tío Luis Ferreira Salles, me siento muy honrado por la elección que hizo Simón Kimbangu por mí y espero estar a la altura de su Expectativas. He tratado de hacer lo mejor que puedo, contribuyendo para que un Dios VERDADERO pueda inundar las almas de los pueblos de todo el mundo, sin ser rehén de diferentes intereses económicos.

No nací en el cristianismo kimbanguista, por eso no me considero un kimbanguista. Me hubiera gustado haber nacido formalmente dentro del kimbanguismo, pero me considero un publicista de Simon Kimbangu e hijo legítimo de Simon Kimbangu.

¿Porque yo?

Porque Simon Kimbangu quería.

Estoy seguro de que los que están leyendo este libro tienen una misión. Encontrarlo y cumplirlo dependerá de usted.

Creer en lo que pondré en las próximas páginas dependerá de usted. Mi misión de llegar a ti se está cumpliendo.

DOCUMENTAL SIMON KIMBANGU - Parte 1 - Portugués y francés.

Son 33 minutos en los que recibirás un rico mensaje. Conocerás aún más al cristiano africano Simon Kimbangu, un resumen de la trayectoria del kimbanguismo, Su Eminencia DIANGIENDA Kuntima Joseph y su mensaje justo antes de morir da comienzo al Documental cuyo texto colocaremos en las siguientes páginas de este libro.

Ficha técnica:

Discurso de apertura Su Eminencia DIANGIENDA Kuntima Joseph

Jefe espiritual de la Iglesia Kimbanguista (1959-1992)

Tercer hijo de Papa Simon Kimbangu

Declaración en el idioma original: lingala

Versiones en portugués y francés: Bitombokele

Voz en off en portugués: Celso Salles

Voz en off en francés: Bitombokele

Producción documental: Educasat - Celso Salles

Textos: Bitombokele Lei Gomes Lunguani

Participación: Suzana Sheibel, Rodrigo Orso y Guelda Dikkendjeef

Padres y madres, no tengo un mensaje especial que transmitirles, en los días venideros, si no estamos ya en este mundo de los vivos, ya que estamos de paso y viajando, porque si preguntas, ¿qué hizo el padre se va antes de entregar su alma, mira las enseñanzas que te he dado todos los días, ayer hablé, domingo hablé, todos los días he hablado, lo que he estado hablando es lo que constituye la base de nuestra enseñanza: amor, mandamiento y trabaja.

Si por casualidad descuidas estas tres virtudes, nuestro sufrimiento nunca terminará. De hecho, estamos viendo que Dios está vivo y nos ama mucho. Mi salud es terrible y mi espíritu todavía está muy fuerte.

¿Quería Dios que los tres nos enfermáramos ahora mismo? ¿Cuál sería tu deseo? Es tu voluntad la que se cumplirá y no la nuestra. Como hemos dicho, el día que ya no estemos en este mundo, no preguntes por lo que el padre dejó como recomendaciones, en nuestras oraciones, en nuestros discursos diarios, ha sido nuestro mensaje que siempre te hemos dado para aquellos. que ya no están vivos., para ustedes que están aquí y para los que vendrán, porque el peso que llevamos es una gran y dura responsabilidad. Tú y yo, que hemos aceptado entonces seguir a Simon Kimbangu, tu camino está lleno de dificultades, por eso tú que sigues a Simon Kimbangu, de hecho te he dicho que eres realmente especial, porque la forma en que este camino es tan difícil en relación a otros. vidas, sufrirán burlas dondequiera que vayan, si la gente se da cuenta de que son kimbanguistas. Serán tratados como burros, mientras tú no seas estúpido, al contrario, superas su inteligencia. ¿En qué sentido? Hiciste la elección y tu propio camino a seguir.

¿Cuáles son los orígenes del hombre negro? Ahora, de vez en cuando, cuando estoy descansando en la cama, he estado viendo muchas cosas en la televisión, notando que los negros, estén donde estén, son realmente cero. Ya tenemos muchos intelectuales, que pueden hacer actuaciones espectaculares, hay muchos, pero no pueden hacerlo y ¿qué nos falta, si somos realmente inteligentes? Estudiamos mucho. No podemos poner nuestra inteligencia en aplicaciones mientras estudiamos en la escuela. Algo nos ha faltado. Cristo había dicho, de hecho es para seguir lo que dijo: Busquen primero el Reino de Dios y el resto se les dará además. Y para buscar ese Reino de Dios es necesario practicar el amor, respetar los mandamientos de Dios y realizar buenas obras. Estas tres condiciones que se nos dan son las que nos convertirán en grandes personas. Si fallamos, nuestro sufrimiento no terminará. Estamos caminando. Como dije, somos visitantes de este mundo. Un día volverá el padre Kisolokele, el padre Diangienda, el padre Dialungana. Realmente volvemos, porque vinimos en peregrinación. Estuvimos contigo, nos has visto, hablaste con nosotros, nos mostraste tu cariño, nos vististe y nos hiciste todo lo que necesitábamos. Hoy, 2 de enero de 1992, vinieron a desearnos un feliz año nuevo, muchas gracias. Mis hermanos no están aquí, pero estamos juntos y somos una sola persona. Dejemos de caminar tras la carne. Es imperativo que tengamos un amor considerable y no un amor de hipocresía, es decir, afuera, demostramos un amor mientras que dentro de nuestro corazón no tenemos amor. ¿A partir de qué momento empezamos a tropezar? Assim seria melhor você e eu demonstrarmos que amamos o nosso próximo, do fundo do nosso coração e não na aparência, pois se tivermos a praticar a hipocrisia, vai nos custar caro e vai nos levar a um sofrimento extremo, por isso, vamos nos acautelar de muerte. No tenemos otro solucionador de nuestros problemas que Dios el Padre, Nuestro Señor Jesucristo y el Espíritu Santo que nos ayudará. Así que todo este año le damos a Dios Padre, a nuestro Señor Jesucristo y al Espíritu Santo para que nos acompañe, para que nos ayude a cumplir su voluntad. Si hacemos tu voluntad, todo lo que necesitamos lo lograremos. AMOR, MANDAMIENTO Y TRABAJO.

¿Quién es este hombre cuya vida ha transformado, transforma y sigue transformando la historia de África? En este documental, le presentaremos a Simon Kimbangu y su importancia para el Renacimiento africano moderno.

La personalidad de Simon Kimbangu se puede definir en dos dimensiones. Dimensión del Kimbangu de la Historia y del Kimbangu de la Fe. El Simon Kimbangu de la Historia es la realidad de la personalidad física y humana de Simon Kimbangu, desde la perspectiva del entendimiento humano limitado en el tiempo y el espacio. El Kimbangu de la Historia es un ser humano natural, sujeto a todas las debilidades humanas, que no muestra ninguna apariencia física misteriosa. El rasgo específico de su naturaleza es el sacrificio. El arte de asumir pasiva y pacíficamente la actitud agresiva de los opresores.

El Simon Kimbangu de la fe es la realidad de la personalidad espiritual de Simon Kimbangu, no perceptible para el entendimiento humano. Esta manifestación en el contexto teológico puede considerarse como la plenitud de la manifestación del Espíritu Santo. Para cumplir mejor su misión en el tiempo y el espacio, el Simon Kimbangu de la fe se puede definir de dos formas:

1. Método trascendental o metafísico y
2. Método natural.

Simon Kimbangu es una gran figura africana porque aparece en un período considerado como un período central de la colonización, que va de 1920 a 1950 es un período en el que hubo una estabilidad absoluta del sistema colonial, ya no hubo resistencia política por parte. de africanos, sin resistencia religiosa y en este período en 1921 la responsabilidad y misión fue confiada a Simon Kimbangu, por Jesucristo, para poder evangelizar al pueblo africano.

El sistema colonial tenía 3 pilares:

1. Poder político
2. Empresas coloniales
3. La Iglesia

La Iglesia jugó un papel fundamental en la educación de los africanos para que aceptaran la colonización. En este contexto, la Iglesia hizo uso de los capítulos bíblicos del evangelio para mantener al pueblo africano en subordinación colonial. Fue más suave, los sacerdotes, los pastores protestantes vienen y dicen "Bienaventurados los pobres porque van a heredar el Reino de Dios. El africano, aceptando la pobreza, no tuvo la posibilidad de poder hacer sus demandas. En este contexto de subordinación mental, subordinación política, Simon Kimbangu recibirá la misión de poder reeducar a los africanos en una línea más espiritual, porque ningún desarrollo es posible sin sostenibilidad espiritual.

Simon Kimbangu predicó el renacimiento del pueblo de Dios, desencadenando una acción al mismo tiempo, que movió a miles y miles de personas a su alrededor y amenazó al poder colonial.

¿Qué hizo Simon Kimbangu? Anunció la palabra de Dios y hubo barreras por parte de los africanos, que dijeron: conocemos las prácticas del cristianismo y que Jesucristo es el salvador de los blancos. El colonizador nos está maltratando y esa religión no es nuestra.

Simon Kimbangu dijo: No, Cristo no tiene nada que ver con el sistema colonial.

Cristo es el Hijo de Dios. Tenemos que seguir a Cristo porque Él me eligió, me envió a enseñarnos la palabra de Dios.

DEMOSTRACIÓN, queremos una demostración.

Simon Kimbangu en nombre de Cristo resucitó a los muertos, en nombre de Cristo, los paralíticos caminaban, los ciegos empezaron a ver y esta información se empezó a difundir por toda esa región y empezó a acosar al sistema colonial por toda África Central, con énfasis en Angola, Congo Democrático y Congo Brazaville que se encuentran en el corazón de África, una acción realizada en Nkamba, aldea ubicada en el punto de encuentro de estos 3 países.

El colono belga encontró esto muy amenazante, creó un escenario y arrestó a Simon Kimbangu en el año 1921.

Simon Kimbangu pasó un juicio injusto, fue condenado a cadena perpetua, que duró 30 años. Durante 30 años, que representa el período central de la colonización, como clasifica el historiador británico Basil Davidson, Simon Kimbangu tuvo la facultad de estar en la cárcel, pero también fuera de la cárcel, evangelizando. Apareció en Angola, en el Congo Democrático, en otras regiones. Este potencial que tuvo que multiplicar marcó una gran diferencia.

Simon Kimbangu fue detenido una vez 5 veces, en 5 lugares diferentes el mismo día.
Se llevaron todos los Kimbangus, los metieron en la misma celda y vieron que era la misma persona.

Simon Kimbangu tenía una cierta personalidad que desestabilizó espiritualmente el sistema colonial. Sólo después de este período central de colonización, donde actuó Simon Kimbangu, a partir de 1950, comenzaron a fluir los movimientos independentistas.

Simon Kimbangu fue la plataforma espiritual del movimiento independentista africano. Algunos autores consideran a Simon Kimbangu como el padre de la independencia en África.

Solo después de que Simon Kimbangu deja este mundo, los vientos de la independencia comienzan a soplar en territorio africano.

La Biblia es una de las fuentes teológicas de la Iglesia Kimbanguista. La teología kimbanguista se centra en la Palabra de Dios, el Evangelio de Cristo y el Antiguo Testamento.

La salida de los hijos de Israel de Egipto es la imagen de la salida del pueblo africano del sistema colonial.

La acción de Simon Kimbangu encaja en el contexto de las profecías de Isaías 19, 20, donde Isaías está proyectando la venida de un Salvador que vendría a resolver el problema de Egipto, de África. Simon Kimbangu está a la altura de esta profecía. Y cuando Cristo habla de los Paráclitos, que vendrían a ayudarlo en su trabajo, Simón Kimbangu encaja con estas profecías. Es una acción que Él desencadenó. En 1921, Kimbangu ya profetizaba sobre la independencia. Una de las frases clave en las profecías de Simão Kimbangu es cuando dijo: Un día el negro se volverá blanco y el blanco se volverá negro.

Tenemos mucho de qué hablar sobre Simon Kimbangu y eso es lo que haremos en las próximas partes de su rico documental. Un hombre verdaderamente inspirado por el Espíritu Santo y dueño de numerosos pasajes que marcaron su historia, que sigue siendo escrita por kimbanguistas, repartidos por los 5 continentes.

EL CAMINO DEL KIMBANGUISMO

El kimbanguismo es un cristianismo resultante de las enseñanzas y obras de Simon Kimbangu, basado en el amor, la obediencia a las leyes de Dios y el compromiso con el trabajo.

En realidad, el Kimbanguismo es una NUEVA CIVILIZACIÓN, que pretende implementar las bases del humanismo por el temor a Dios y el respeto al ser humano, sin discriminación de raza, tribus e idiomas.

Pero, como congregación que aglutina a seres humanos, como cualquier institución, el kimbanguismo ha conocido altibajos en su trayectoria dividida en dos caminos:

1. El primer curso se extiende desde 1887 hasta 2001
2. El segundo curso se extiende desde 2001 hasta 2021.

El primer curso se divide en 5 fases:

1. Fase de la Alianza entre Jesucristo y Simon Kimbangu, a partir de 1887, año de nacimiento de Simon Kimbangu, hasta 1921, año de inicio de la acción espiritual de Simon Kimbangu, por el renacimiento del pueblo de Dios en África;
2. Fase de Desestabilización Espiritual del Sistema Colonial en África, en la que Simon Kimbangu predicó el renacimiento espiritual, la no violencia y el equilibrio racial, profetizando la independencia de los países africanos. Una de sus profecías más famosas es cuando dijo: el negro se volverá blanco y el blanco se volverá negro. Este período va de 1921 a 1951, año de la muerte de Simon Kimbangu, después de 30 años de cadena perpetua;
3. Es la fase de transición para la oficialización e institucionalización del

kimbanguismo como Iglesia. Este período va de 1951 a 1959, año de la muerte de la esposa de Simon Kimbangu, Muilu Maria, quien lideró el kimbanguismo en esta fase de clandestinidad y persecución de los kimbanguistas por parte del colonizador;

4. Es la etapa de formación de los kimbanguistas bajo el liderazgo de Su Eminencia DIANGIENDA Kuntima Joseph, donde los kimbanguistas se beneficiaron de una riquísima formación, que tenía como objetivo formar activistas para el desarrollo integral del continente africano. El curso, que duró 33 años, se basó en la formación espiritual, la formación intelectual, la iniciación a la autosostenibilidad absoluta. Este período va de 1959 a 1992, año de la muerte de los padres espirituales que dirigieron la Iglesia Kimbanguista, Su Grandeza Kisolokele Lukelo Daniel Charles y Su Eminencia Diangienda Kuntima Joseph.

5. Fase de revisión y consolidación de conocimientos en el momento de la formación, bajo el liderazgo de Su Eminencia Dialungana Kiangani Salomon. Este período va de 1992 a 2001, año de la muerte del Jefe Espiritual, Su Eminencia Dialungana Kiangani Salomon. Con su desaparición física, el kimbanguismo marcó el final del primer viaje de su historia, abriendo la puerta a una nueva generación de kimbanguistas que serían sometidos a una prueba para identificar a los menores que asimilaran los conocimientos adquiridos en la fase de formación.

De hecho, la trayectoria del kimbanguismo encaja en la perspectiva de la ley de restauración social, donde en nuestro conocimiento consideramos 3 principios importantes:

1. Establecimiento de las mejores condiciones, antes de implementar cualquier proyecto;

2. Elaboración del proceso que proporcionará la restauración;

3. Aplicabilidad.

La trayectoria del kimbanguismo es en realidad la aplicación de estos 3 principios.

El proceso del Renacimiento Africano Moderno que implementó Simon Kimbangu a partir de 1921, así como el proceso de formación agilizan el proceso de implementación, haciendo posible la APLICABILIDAD que en realidad es la más difícil.

Tres tipos de kimbanguistas conviven:
1. Tradicional
2. Eurocentristas
3. Renacimiento

EL GRAN DISCURSO
POR SIMON KIMBANGU

DADO EN NBANZA NANDA
EL 10 DE SEPTIEMBRE DE 1921.

¡Mis hermanos! El Espíritu me revela que ha llegado el momento de entregarme a las autoridades. Tenga en cuenta esto bien, que con mi arresto, comenzará un período terrible de inmensa persecución contra mí y los que me siguen. Será necesario mantenerse firmes, porque el Espíritu de nuestro Dios Todopoderoso no nos abandonará, porque nunca abandona a todos los que confían en él.

Las autoridades impondrán un silencio físico larguísimo sobre mi persona, pero nunca lograrán destruir la obra que vengo realizando, porque venía de nuestro Dios Padre. Es cierto que mi persona física será sometida a humillaciones e inmensas sufrimiento, pero mi persona espiritual se ocupará de la lucha contra las injusticias sembradas por los pueblos del mundo oscuro que vienen a colonizarnos.

Me enviaron para liberar al pueblo Kongo y a la raza negra en general. Por lo tanto, el negro se volverá blanco y el blanco se volverá negro. Y los fundamentos espirituales y morales tal como los conocemos hoy se sacudirán y las guerras persistirán en todo el mundo.

En África, las décadas posteriores a su liberación serán atroces, ya que sus primeros gobernantes trabajarán en beneficio de los blancos y vivirán de sus consejos. Y, como resultado, se instalará un gran desorden espiritual y material, y las poblaciones del continente lucharán entre sí, lo que generalizará la miseria.

Muchos jóvenes abandonarán el continente con la esperanza de encontrar bienestar en los países blancos. Hablaban todos los idiomas de esas partes y muchos de ellos se dejarán seducir por la vida material de estos países. En consecuencia, se convertirán en el alimento de los blancos y habrá muchos casos de mortalidad entre ellos, hasta el punto de que nunca volverán a ver a sus familiares.

Pasará mucho tiempo antes de que el hombre negro alcance la madurez espiritual. Y es con ella que logrará la independencia material. En ese momento, se completará la tercera etapa, de la cual nacerá un gran Rey Divino. Vendrá con sus tres poderes: espiritual, científico y político.

Y seré tu representante. Eliminaré para siempre la humillación que desde la antigüedad no ha cesado sobre los negros, porque de todas las razas de la humanidad, ninguna ha sido tan maltratada y humillada como la raza negra.

Sigue leyendo la Biblia, porque a través de sus enseñanzas llegarás a conocer la inmensa maldad de quienes te enseñaron a leerla, contrariamente a los principios morales contenidos en ese libro.

Sin embargo, llegará el día en que tendremos nuestro propio Libro Sagrado, en el que se escribirán inmensas verdades hasta ahora ocultas sobre la Raza Negra y los pueblos Kongo.

Un Nlongui (Maestro) vendrá antes de mi regreso para escribir este libro y prepararse para la venida del Rey, será combatido por la generación de su tiempo. Sin embargo, durante unos años, la gente entenderá su mensaje y lo seguirá. ¿Y por qué este Nlongui preparará a los pueblos del Congo para la venida del gran

Rey?

Ahora la llegada del Rey será una acción devastadora e implacable. Por lo tanto, será necesario que los pueblos del Congo se eduquen, ya que no saben lo que significa la guerra espiritual. ¿De qué sirve el hombre en la lucha contra Dios, si el día de su muerte, aunque tiene muchos bienes, ni siquiera tendrá tiempo para ordenar su propia casa? No sabes lo que se ha hecho en tu vida y por qué vives. Y existir físicamente no es tan importante.

¿Por qué matar a tu vecino y al mismo tiempo desear que tu vida continúe, y por cuánto tiempo? Dios no tiene tiempo ni espacio. Está íntegro y en todo. El pueblo del Kongo lo perderá todo, ya que se le instará a seguir los principios morales perversos del mundo occidental, olvidando así sus valores más nobles legados por sus antepasados, lo que también resultará en desprecio por las lenguas locales.

Mientras tanto, les insto a que no desprecien sus lenguas. Es necesario que les enseñes cada vez más a tus hijos y nietos, porque llegará un momento en el que se olvidarán las lenguas de los blancos. Dios Padre le ha dado a cada grupo humano un lenguaje que le sirve de comunicación.

Simon Kimbangu
Mbanza Nsanda, 10 de septiembre de 1921

LA IMPORTANCIA DE LA GESTIÓN DE RUANDAS EN LA ERA DE PAUL KAGAME PARA EL CAMBIO EN ÁFRICA.

Cuando me preguntan cuál es la conexión de Simon Kimbangu y Paul Kagame, respondo: puede que no haya ninguno, como puede que haya todos.

A mí, en particular, me entusiasma la gestión de Ruanda por Paul Kagame y Team, que he incluido en los libros de Africa Collection. Son cifras muy positivas.

Al mismo tiempo, veo el cuestionamiento de Occidente en general durante los años que Kagame ha estado en el poder. Siento que Occidente en general ve la democracia de forma pasteurizada, es decir, lo que es para Francia es bueno para el mundo entero. Lo que funciona en los Estados Unidos de América funciona en todo el mundo.

Ruanda demuestra que esta no es una opinión correcta.

La democracia ha evolucionado en todo el mundo, pero necesariamente debe respetar las peculiaridades que existen en varias regiones con sus propias culturas y características.

Una vez más, estaré poniendo en las siguientes páginas el hermoso trabajo realizado por el maestro y escritor angoleño Flávio Januário llamado:

TEMA: Descripción y análisis de la gobernabilidad democrática en África
"Caso específico de la República de Ruanda"

MARCO DE LA TEORÍA DE LA DEMOCRACIA EN LA GESTIÓN POLÍTICA DE RUANDA

Ruanda es visto como un país dictatorial debido al hecho histórico de la situación del genocidio de 1994. Por esta razón, los críticos en la región reconocen que mientras el presidente Kagame y el FPR permanezcan en el poder, se pospondrá la instalación de la democracia. Solo un proceso de reconciliación entre el genocidio no es un hecho aislado. Su historia tiende a vincular pasado, presente y futuro en una línea de causas y consecuencias que van mucho más allá de los límites geográficos y temporales de la eliminación física de las víctimas. En 1994, en Ruanda, 800.000 tutsis y hutus moderados fueron masacrados por milicias, soldados, cuadros administrativos y campesinos, en un "genocidio de proximidad" planeado y organizado por la élite gobernante.

El presidente es el jefe de estado de Ruanda. De acuerdo con la constitución actual del país, es elegido por la población por un período de 7 años. El Presidente de la República nombra al Primer Ministro y a los miembros del Consejo de Ministros. Se adjunta como anexo la lista de presidentes de Ruanda posteriores a 1961. Decir que desde 1961 hasta la fecha actual, con el gobierno del presidente Kagame, hubo 7 elecciones con sus respectivos gobiernos y grupos étnicos.

Dado el mal encaminado proceso electoral, es importante señalar que Ruanda tiene una alternancia al poder muy joven y que a su vez requiere una mayor aceptación y dinamismo en la condición sociopolítica, sin olvidar la amenazante creación de 1994, el caso específico de la genocidio.

Sin embargo, The Economist Democracy Index examinó el estado de la democracia en 167 países, en un intento de cuantificar esto con el Economist Intelligence Unit Democracy Index que se centró en cinco categorías generales: el proceso electoral y el pluralismo, las libertades civiles, el funcionamiento del gobierno, participación política y cultura política. Según el Economist Intelligence Unit Democracy Index 2011, los países se clasifican en "democracias plenas", "democracias imperfectas", "regímenes híbridos" (todos considerados democracias) y "regímenes autoritarios" (considerados dictatoriales). The Economist evalúa a los países según cinco criterios (proceso electoral y pluralismo, funcionamiento del gobierno, participación política, cultura política y libertades civiles), con puntajes que van de 0 a 10.

Sin embargo, de los 167 países evaluados, según The Economist, Ruanda se ubica en la casa de los 136 en una categoría de Régimen Autoritario debido a que tiene una puntuación de 3,16; con proceso electoral y pluralismo reducido correspondiente a 1,42, con funcionamiento de gobierno con una tasa de 4,29, participación política de 2,78, Cultura política 4,38, Libertades civiles 2,94. Lo que significa que Ruanda todavía está lejos de ser una democracia aceptable en relación con los países con una democracia plena e imperfecta, por no mencionar los países con un régimen híbrido.

Gobernanza de Ruanda

Entonces, ¿cómo hablar de democracia cuando la mayoría de la población estaba excluida de los derechos políticos? Porque las mujeres, los metecos, los esclavos no eran considerados ciudadanos y, como tales, no tenían ningún derecho. Para nuestra sensibilidad contemporánea, la exclusión de un número tan grande de personas es incompatible como calificación "democrática". Pero tampoco es menos cierto que vistos con sus ojos, para los griegos, los sistemas por los que gobernamos, aunque sean parte del mundo actual, que llamamos "democracia liberal", serían cualquier cosa menos una democracia, estando más cerca de la poliarquía de Robert. Dahl.

Sin embargo, los griegos no entendieron que llamamos "democracia" a un sistema en el que la mayor implicación del ciudadano con su "polis" ocurre cada 4 o 5 años en las elecciones a los representantes. Las razones de esta disonancia obviamente tienen que ver con la enorme distancia temporal que nos separa, pero también con las peculiaridades de la democracia ateniense. Así, al igual que con las características reales que presenta la democracia, es importante recomendar que Ruanda trate de adaptarse a las nuevas formas de pensamiento globalizado frente a una democracia más acentuada y sobre todo, clara y objetiva, las necesidades y satisfacción de los ciudadanos. deseos de la gente y como si eso no fuera suficiente en la correlación estratégica de la comunidad internacional.

Vale la pena reconocer que, además de la geopolítica interna, Ruanda tiene una característica muy singular y, a su vez, ha expandido su dinámica comercial y económica a una dimensión brutal, lo que a su vez tiende a expandir la condición social de una buena manera, y Estrategias de gobierno de Paul Kagame. Por tanto, es fundamental que, en el contexto del proceso de globalización, Rwanda haya demostrado ser un excelente país con una visión más certera y sobre todo con ideas pragmáticas. Esto es lo que ha llevado a la comercialización y venta diplomática en temas democráticos de la situación que presenta Ruanda ser y estar en el mundo comercial, pero que es fuertemente criticada frente a los países más adultos y los verdaderos estudiosos de la democracia.

Por tanto, es imperativo señalar que la La cultura política desarrollada por el gobierno de Ruanda tiene legitimidad debido a que su gobierno tiene una aceptación puramente política porque, aunque es dictatorial, el gobierno debe aceptar el establecimiento de indicadores que puedan elevar un gran índice de desarrollo político y democrático como Dahl. establece los indicadores. para que la democracia sea factible:
• Libertad de asociación;
• La libertad de expresión;
• Libertad de voto (sufragio universal);
• Libertad para competir por apoyo (líderes políticos);
• Diversidad de fuentes de información;
• Elegibilidad para propiedad pública;
• Elecciones libres, correctas y periódicas;
• Instituciones que aseguren que la política gubernamental dependa de los votos y otras formas de expresar preferencias.
Para Ruanda, estos principios están estrechamente asociados con el sistema

político y el régimen establecido por su gobierno. Sin embargo, es interesante que, paulatinamente, se comienzan a dar pasos significativos hacia el cambio social a través de una democracia acentuada que beneficiará a los pueblos.

Para ello, hoy Ruanda tiene una aceptación más profunda por su desarrollo económico e intelectual y la dimensión de su desarrollo tecnológico que crece día a día en el escenario económico y mundial y esto hace que este país logre mantener los niveles de buena gobernanza, sin descuidar la condición democrática que venimos afirmando constantemente que tiene y merece hacer un replanteamiento profundo dado el encuadre cultural de su impacto histórico del genocidio.

Así, es importante señalar que Ruanda es uno de los pocos países de África con impacto de gran ventaja competitiva dado el nivel de transparencia que ha implementado el gobierno de Paul Kagame, especialmente en lo que respecta a una lucha acelerada contra la corrupción.

Sin embargo, como dijimos anteriormente, es importante recordar que "más de 40 años después de la ola independentista de 1960, no podemos seguir atribuyendo la responsabilidad exclusiva de nuestras desgracias al colonialismo o neocolonialismo de las grandes potencias, a los blancos, a comerciantes extranjeros y no sé quién más. Tenemos que aceptar, de una vez por todas, que somos los principales culpables. El deslizamiento hacia la violencia, la laxitud en la gestión del bien público, el robo a gran escala, el no saber aceptar las diferencias entre etnias y regiones, todo esto tiene principalmente causas endógenas. Admitirlo sería el comienzo de la conciencia y, por tanto, de la sabiduría "Jean-Paul Ngoupande (ex Primer Ministro de la República Centroafricana).

CONCLUSIÓN

El análisis de los aspectos que estructuraron la investigación sobre Descripción y Análisis de la gobernabilidad democrática en África, en el caso concreto de la República de Ruanda en la realización de la política social del Estado, se centran en un estudio real que confirmó las hipótesis, según lo planteado por Jean-Paul Ngoupande, que el deslizamiento hacia la violencia, la laxitud en la gestión del bien público, el robo a gran escala, el no saber aceptar las diferencias entre etnias y regiones, todo esto tiene principalmente causas endógenas, la dimensión del genocidio de 1994 , lo que a su vez, el cambio en las políticas democráticas ha dejado al gobierno algo escéptico en esta perspectiva. Además de la no aceptación de una apertura de candidatos que compiten por las elecciones, ha llevado a Ruanda a una permanencia constante de un régimen autoritario. Con la expansión de sus servicios y el desarrollo económico, político y social de la administración pública del estado, puede equiparar la voluntad política de abrir la candidatura a otros partidos políticos para que Ruanda pueda insuflar nuevos horizontes a los aires reales de una verdadera democracia plena.

Con los objetivos alcanzados en esta investigación, se favorecerá la racionalidad de la República de Ruanda a través del establecimiento de procesos más democráticos para incentivar la búsqueda de la satisfacción de intereses colectivos, aunque en el funcionamiento del gobierno de Paul Kagame existen varios factores que sí lo hacen. No brindan una experiencia formativa, hay, en esta realidad, individuos que preservan la autorreflexión y mantienen el movimiento contrario al primado económico, en la incesante búsqueda de cultura política frente al genocidio de 1994.

Es fundamental que el gobierno se comprometa con la libertad de expresión y comunicación, no descuidando el estricto control de la reactivación de un genocidio más, además de elevar la lucha contra la corrupción y promover la ética laboral. Además del control, verificación, transparencia, rendición de cuentas y aplicación de sanciones severas a los actos relacionados con la emancipación de la discriminación étnica, es fundamental que el directivo promueva acciones formativas, educativas y reflexivas en el trabajo.

El gerente público, cuando está a cargo de los equipos de trabajo, necesita implementar un método de gestión que permita expandir la conciencia de los empleados en relación con el trabajo que realizan. Buscar proporcionar discusiones sobre el propósito de las actividades que están realizando y su impacto en la sociedad y sus propósitos de la institución a la que están vinculados. Facilitar que el funcionario pueda verse en la acción del estado en la ciudad, en el estado y en el campo, viéndose como el habilitador del ejercicio de la ciudadanía.

REFINAMIENTO:

Cuando llegamos al Libro 11 de la Colección África, programado para contener 12 libros, nuestra alegría es muy grande. Un sentimiento de logro, pero con el sentimiento de ser famoso, quiero más. El tema de África es apasionante y debe verse desde muchos ángulos diferentes. Lo que he estado poniendo en los libros son en realidad mis ángulos de visión. Al cumplir exactamente 62 años de edad, en 2021, con prácticamente 20 años de investigación, 10 de los cuales ya en territorio africano, finalizados en septiembre de 2021, mismo mes en el que completo este trabajo, puedo asegurar al lector que el continente africano es el continente del presente y del futuro.

Sin embargo, es necesario abolir definitivamente las prácticas seculares de generaciones pasadas. El respeto por el continente africano, así como por los pueblos africanos, es fundamental para que nos presentemos como seres humanos, dignos de ocupar, aunque sea temporalmente, un espacio en nuestro planeta tierra.

Llegarán nuevas generaciones y, tengo fe, mejor forjadas, dentro de una nueva e importante visión que es el desarrollo del continente africano, sin dependencia de otros continentes.

Por todo lo que fue sembrado de mal y negativo, el continente africano, cuna de la humanidad terminó heredando un pasivo muy alto, dejado por generaciones pasadas que, bajo ninguna circunstancia, podemos aumentar.

En este libro pudimos hablar con más detalle sobre Simon Kimbangu, el inspirador del Renacimiento Africano Moderno y terminar llamando la atención de otros países de África, sobre la Gestión de Ruanda de Paul Kagame.

A lo largo de la Colección África que se finalizará en el próximo libro, llamamos la atención sobre el CAMBIO DE PENSAMIENTOS Y MENTALIDAD.

Los desafíos son inmensos, pero las oportunidades son inmensas. Viniendo de la diáspora africana y en representación de más de 110 millones de afrobrasileños, sé más que nadie la fuerza global que representamos.

El camino es exactamente este. Información y sensibilización. "Si el buey supiera la fuerza que tiene, no habría cerca que lo sostuviera"

En lugar de revoluciones, tenemos que provocar EVOLUCIONES. Los cambios generalmente provienen de quienes los necesitan.

Me gusta ver movimientos del tipo Black Lives Matter, pero no podemos quedarnos en el campo de las reacciones. TENEMOS QUE ACTUAR y la acción requiere mucho compromiso y mucho trabajo. Salgamos de la línea de la comodidad que es más la línea de la resiliencia, porque la comodidad pasa demasiado lejos de la mayoría de las personas negras dentro y fuera de África.

Lo que sí existen son bolsillos con cara de Occidente. Lo que realmente necesitamos es la eliminación de enormes diferencias entre clases sociales.

Como muy bien dice el sueco, NI POCO, NO MUCHO. Tenemos que ser audaces para plantar esto en los corazones y las almas de las nuevas generaciones. No necesito vomitar para poder comer más, mientras millones mueren de hambre en un año. (Dom Helder Camara).

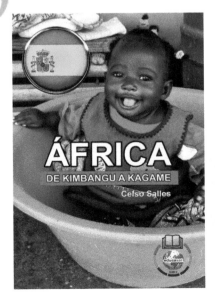

CPSIA information can be obtained
at www.ICGtesting.com
Printed in the USA
LVHW070833101121
702935LV00008B/715